W0229651

Wunderland
am Wegesrand

Berthold
Faust
Claus-Peter
Hutter

Wunderland am Wegesrand

THIENEMANN
Naturwegweiser

Copyright:

© 1988 K. Thienemanns Verlag, Stuttgart – Wien. Alle Rechte vorbehalten, auch die des teilweisen Abdrucks. Fotomechanische Wiedergabe nur mit Genehmigung des Verlags.

Illustrationen, Layout, Umschlag- und Gesamtgestaltung:
Berthold Faust

Zeichnungen zu den Pflanzen-Vergleichsbildern:
Heike W. Bader, Barbara M. Liebiger, Robert A. Bader

Koordination:
Claus-Peter Hutter

Wissenschaftliche Beratung:
Prof. Dr. Gerhard Thielcke (Radolfzell)
Dr. Paul Westrich (Tübingen) zur Biologie der Hautflügler

Das Kapitel „Wir machen große Augen" verfaßte Dr. F. K. Möllring.

Satz:
Steffen Hahn in Kornwestheim

Reproduktionen:
Repro GmbH in Kornwestheim

Druck:
Karl Neef GmbH in Wittingen

Bindung:
Wilhelm Röck in Weinsberg

CIP-Titelaufnahme der Deutschen Bibliothek

Wunderland am Wegesrand / Berthold Faust; Claus-Peter Hutter. [Mit e. Beitr. von F. K. Möllring]. – Stuttgart; Wien: Thienemann, 1988 (Thienemann-Naturwegweiser)
ISBN 3 522 30210 9
NE: Faust, Berthold [Mitverf.]

Die Veröffentlichung dieses Buches dient der Aktion „Jugend erlebt Natur" der Deutschen Umwelthilfe e.V. (7763 Öhningen, Bodensee), der Naturschutzjugend im DBV/LBV, der BUND-Jugend, der Österreichischen Naturschutzjugend und anderen Jugendorganisationen.

Inhalt

Kleine Welt...

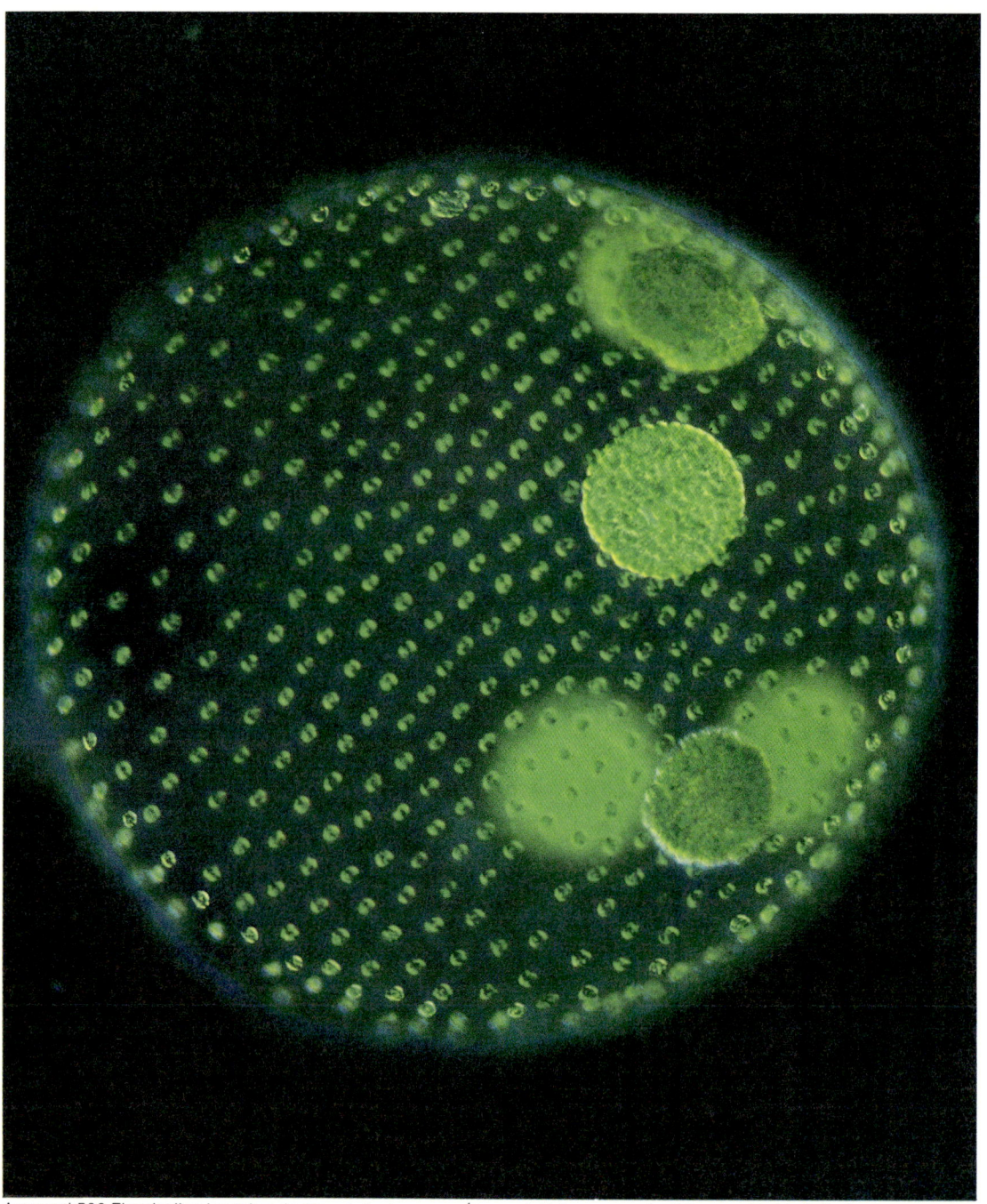

Aus rund 500 Einzelzellen bestehende Algenkolonie von ca. $\frac{1}{2}$ mm ⌀ (Volvox aureus) mit inneren Tochterkolonien

... Grundstein für die große Welt

B. Faust

Planet Erde, 10 Milliarden mal größer im Durchmesser als die Volvox-Kugel. NASA-Foto von Apollo-Fähre

Was ist klein – was ist groß? Gemessen woran ist ein Einzeller „klein", unser Planet aber „groß"? Eine einzellige Alge ist, an einem Elektron gemessen, eine große Welt, verglichen mit einem Planeten, z. B. unserer Erde, jedoch eine unbegreifliche Winzigkeit. Der Planet seinerseits ist im Sonnensystem nur wie ein Elektron. Das Sonnensystem in der Galaxie nur wie ein Atom. Die Alge – einige haben die Fähigkeiten, sich zu kugelgestaltigen Kolonien zusammenzuschließen (Bild) – ist ein einzelliges Wesen in einem Kosmos, dessen äußere Umgrenzung die Peripherie des blauen Planeten ist. Kleinheit und Größe in unbestimmbarer Relativität.

Der uns durch unsere Augen schwarz erscheinende Weltraum wäre vielleicht durch andere Augen gesehen so wenig schwarz, leblos und leer wie die im Mikroskop zufällig durch Lichtbeugung sich darstellende Dunkelheit um den im Fokus eingestellten Einzeller. Was verbindet diese beiden Unbegreiflichkeiten: nicht mehr meßbare Kleinheit der subatomaren Welt auf der einen und ebensowenig meßbare Größe intergalaktischer Grenzenlosigkeit auf der anderen Seite?

Wenn wir für einen Moment unser Bedürfnis nach Meßbarkeit und Berechenbarkeit aufgeben können, dann dürfen wir beruhigt feststellen, daß das, was wir klein nennen, ebenso wie das, was wir groß nennen, Manifestationen ein und derselben Existenz sind. Einzeller und Planet – und alles was dazwischen ist – das ist unsere Welt.

Wir haben eingegriffen in die Wechselbeziehungen der Organismen, die wir klein nennen, und der Organisationen, die wir groß nennen, die zusammen ein ebenso komplexes wie empfindliches Netzwerk bilden – eben unsere Welt.

Wir haben gestaltend und umgestaltend und verunstaltend eingegriffen. Die Anfänge der Umgestaltung waren harmlos. Das Gesamtgefüge wurde dadurch nicht gefährdet. Aber es stand schon zu Beginn eine Absicht dahinter. Nämlich die, über die Natur und ihre Gewalten zu herrschen und die Erde und ihre Organismen zu unterwerfen und auszubeuten, was an ihren inneren Bestandteilen brauch- und nutzbar erschien.

Der universal-geniale Rabindranath Tagore schrieb:

„In einem Tautropfen spiegelt sich das ganze All."

Unsere Umgestaltungsbemühungen haben eindrucksvolle Zeichen gesetzt. Angesichts der neuesten Errungenschaften sind wir nachdenklich geworden, auf eine Weise, die wir entweder nie gekannt oder möglicherweise vergessen haben. Wir müssen damit umzugehen lernen. Allein die gedankliche Auseinandersetzung mit der Möglichkeit, daß das Kleinste im Größten weiterexistiert, daß das eine ohne das andere nicht sein kann, kann schon hilfreich sein. Wir haben heute die Möglichkeit in Händen, unseren Planeten total zu zerstören. Ist das Größe?

Wenn wir lernen können, daß wir das, was wir klein nennen oder was uns bedeutungslos erscheint, nicht zertreten dürfen, nicht zerstören können, ohne dem großen Ganzen zu schaden, dann sind wir ein Stückchen weiter gekommen auf einem neuen Weg. Wenn wir lernen können, daß in einem Urgrund alles miteinander in irgendeiner Form verbunden, ja verwandt ist, dann sind wir abermals ein Stückchen vorangekommen. Auf einem Weg, von dem wir nicht einmal wissen, wohin er uns führen wird. Wie ist das eigentlich, kann ein Weg uns denn in eine Richtung führen, oder ist es nicht so, daß wir durch wiederholtes Gehen in eine Richtung den Weg in diese Richtung führen?

In manchen uralten mythologischen Bildern wurde das Leben als ein sich selbst verschlingendes Ungeheuer dargestellt. Wenn wir mit den Methoden unserer heutigen Naturwissenschaft die natürlichen Stoffkreisläufe studieren, wenn wir sehen, wie die pflanzlichen Produzenten hauptsächlich aus Sonnenenergie Nahrung für viele Tierarten aufbauen, wie diese Tiere die zarten Triebe und Blätter der Pflanzen abfressen (weshalb sie Konsumenten 1. Grades heißen), ihrerseits dann von anderen Tieren aufgefressen werden (Konsumenten 2. Grades), bis die Überreste wieder vergehen, zersetzt werden (von Destruenten), um total umgewandelt dem Werdeprozeß, der vom Vergehensprozeß nicht zu trennen ist, erneut einverleibt zu werden, dann erscheint das alte Bild von dem Monster, das sich selbst verschlingt, auf einmal gar nicht mehr so märchenhaft absurd. Die Alten müssen einiges gewußt haben vom

Die Sonne liefert den energetischen Antrieb für das biologische Geschehen auf unserer Erde.

Wasser wird erwärmt und verdampft. Aufsteigende Warmluftmassen ziehen Winde nach sich. Wolken, Winde, Wetter …

Die grünen Pflanzen leben hauptsächlich von der Energie der Sonnenstrahlung, die sie in Früchten speichern.

andere Vögel. Bis ein größerer kommt, der auch den Vogel holt …

Viele Tiere, die sich von Pflanzen ernähren, dienen anderen Tieren als Nahrung. So die kleinen Raupen für das Schwarzkehlchen oder

Wie der Habicht die Taube, so erbeuten auch Kleintiere andere Kleintiere. Spinnen fangen Fliegen. Raubfliegen fangen sogar andere Fliegen (hier Schwebfliege).

... e Pflanzen bieten auf verschiedenste Weise Nahrung ... r allerlei Tierarten: Blätter, Früchte, Wurzeln, Nektar, ... llen ...

Erbeutete und gestorbene Tiere werden aufgezehrt. Auch abgestorbene Pflanzen, Halm wie Stamm, werden allmählich völlig zersetzt. Dabei arbeiten die unterschiedlichsten Organismen in kompliziertem Wechselspiel zusammen: Bakterien, Pilze, Würmer, Insekten, Gliedertiere und viele andere.

... anzen produzieren, Tiere konsumieren, andere Tiere, ... ze und Mikroorganismen destruieren (zersetzen). Die ... ersetzungsprodukte werden vom großen System wie- ... r aufgenommen.

Über alle Zersetzung wächst wieder Gras und nimmt erneut Sonnenenergie auf. Der Kreis ist rund.

Asseln und Springschwänze verzehren Moderstoffe.

Glockentierchen auf der Rippe eines faulenden Blattes.

ewigen Prozeß des Werdens und Vergehens. Und sie müssen eine Ahnung gehabt haben, wie er funktioniert. Obwohl sie kein Fernrohr, kein Mikroskop kannten.

Wir, die wir Fernrohre und Mikroskope zur Verfügung haben und Rechenapparate, Computer genannt, die Phänomenales zu leisten imstande sind, wir müßten es doch eigentlich schaffen, zu einem Weltverständnis zu gelangen, das über die bloße Bestandsaufnahme, Katalogisierung und Ausbeutung hinausgeht.

Ein Stück Wegrain ist eine relativ kleine Welt. Wenn es uns gelingt, diese kleine Wunderwelt mit Staunen zu beobachten, ohne Maßstäbe und Werturteile, wenn wir es fertigbringen, uns für die Erhaltung dieser kleinen Welt einzusetzen, als sei es die ganze Welt, dann sind wir wieder ein Stückchen vorangekommen. Es ist nicht verrückt, ein Stück Wegrain so zu sehen, als ob es die ganze Welt wäre. Einen Tümpel so zu betrachten, als ob er der ganze Ozean wäre. Denn es ist wahr, was ein alter Poet gesagt hat: „In einem Tautropfen spiegelt sich das ganze All."

Die Kulturgeschichte der Menschheit begann mit einer festen Absicht. Mit dem Willen zu unterwerfen, zu nutzen, zu herrschen. Dieses Buch wurde auch mit einer Absicht begonnen. Aber mit einer gänzlich anderen. Das Hauptanliegen der Autoren ist, daran mitzuwirken, daß eine neue Geisteshaltung gegenüber der Natur Allgemeingut wird. Obwohl in dieser Hinsicht schon viel getan wurde, sind wir der Meinung, daß es weiterhin sehr wichtig ist, auf breiter Basis immer wieder Interesse zu wecken für die faszinierenden Naturvorgänge, für die Besonderheiten und die verschiedensten Lebensweisen der Pflanzen und Tiere, damit Kinder und Jugendliche die oft sehr diffizilen ökologischen Zusammenhänge besser erkennen. Denn nur wer die verschiedenen Organismen und ihre Lebensbedingungen kennt, kann ermessen, wie empfindlich die lebenden Organismen und Systeme sind. Und wer das bei den kleinen Systemen erfaßt und erkannt hat, kann auch die Empfindlichkeit des großen Systems nachvollziehen.

Die von uns so sehr herbeigesehnte neue Geisteshaltung sollte die Bereitschaft einschließen, sich aktiv für die Bewahrung natürlichen Lebens in allen Bereichen zu engagieren. Das mindeste, was diese neue Geisteshaltung braucht, um ihrerseits lebensfähig zu sein, ist eine gewisse Akzeptanz von Seiten derer, die sich nicht aktiv einsetzen können.

Das Anliegen des THIENEMANN Verlags ist es, die Autoren in diesem Bemühen zu unterstützen und durch die Herstellung und Verbreitung des Buches in diesem Sinne verlegerisch zu wirken.

Die Optischen Werke Carl Zeiss sind der lebendigen Wunderwelt, ob am Wegesrand oder am Firmament, ob Mikrobe oder ferner Himmelskörper, seit je mit besonderem Interesse und Sachverstand zugetan. Darum unterstützt ZEISS dieses Werk mit Rat und Tat.

Im Anschluß erlauben wir uns einen kleinen Test in Sachen Naturkunde. Daß wir alle im Supermarkt Natur Kunden sind und uns gern bedienen (aber weniger gern bezahlen), ist nicht zu leugnen. Schön wäre es, wenn wir alle nicht nur Natur-Kunden, sondern auch Natur-Kundige würden.

Man kann davon ausgehen, daß heute fast jeder Jugendliche ein paar Dutzend Autotypen, die Marken der Herstellerfirmen, die PS-Leistungen, die Spitzengeschwindigkeiten usw. kennt. Kann man auch davon ausgehen, daß jeder Jugendliche (Erwachsene nicht ausgeschlossen) aus dem Stand ein Paar Dutzend einheimischer Wildtiere, vom Schmetterling bis zur Singdrossel, vom Grasfrosch bis zum Baummarder kennt, daß er überhaupt Bienen, Hummeln, Wespen und Schwebfliegen unterscheiden kann? Wir wollen noch weiter zurückstecken. Wer kann anhand von einfachen, deutlichen Strichzeichnungen ein knappes Dutzend einheimischer Wildkräuter bestimmen?

Die nachfolgenden Abbildungen geben jedem Gelegenheit, sich selbst zu testen. Wieviel „Richtige" jeder hat, wird sich im Verlaufe der Lektüre des Buches zeigen. Viel Spaß!

So stellte man sich um die Jahrhundertwende das Alltagsleben der stein- bzw. eiszeitlichen „Höhlenmenschen" vor.

Heute haben wir ein anderes Bild.

Von Wegen

B. Faust

Es begann in grauer Vorzeit…

Nämlich in jener, viele Jahrtausende währendden Epoche, die wir heute die „Steinzeit" nennen: Das Erkunden und Erproben von gangbaren Wegen, die, zumindest zu bestimmten Jahreszeiten, von den damaligen Menschen zur Erweiterung ihres Aktionsradius genutzt werden konnten. Denn die Vorstellung, sie hätten sich nur wenige Steinwürfe weit von ihren Wohnhöhlen entfernt, ist falsch. Auch hat es eine „graue Vorzeit" nie gegeben. Jede Zeit war farbig, interessant und voller Abenteuer. Und die Menschen fühlten sich immer in ihrer jeweiligen Zeit wohl und durchaus up to date. Sie waren erfinderisch, expansionsbedürftig, besitzbeanspruchend und wanderlustig. Und selbst wenn sie keine Lust verspürten zu wandern, so wurden sie durch die Natur und die Lebensumstände gezwungen, in unbekannte Gebiete vorzudringen.

Freilich gab es den Trampelpfad vom Lager (das im übrigen nicht immer und unbedingt eine Höhle gewesen sein muß) zur Wasserstelle, die gewohnten Pfade, die anfänglich nicht mehr gewesen sein mögen als weiter ausgetretene Wildwechsel, die von der Sippe auf den täglichen Streifzügen regelmäßig benutzt wurden. Zum Beispiel, um Früchte zu sammeln oder den Fährten jagdbaren Wildes zu folgen.

Die Höhle der steinzeitlichen „Höhlenmenschen" war wohl nie der lebenslänglich feste Wohnsitz, wie man sich das lange Zeit vorgestellt hat. Die allermeisten der bekannten und erforschten Wohnhöhlen dienten immer nur für eine gewisse Zeit als Unterschlupf oder als Winterquartier, vor allem während der ebenfalls Jahrtausende währenden Kälteperioden. In diesen „Eiszeiten" war das Ren die

bevorzugte Jagdbeute der in Europa lebenden Menschensippen. Die Rentierherden folgten im Sommer den zurückweichenden Schnee- und Eisfeldern weit nach Norden. Und die Menschen folgten den Rentierherden, so daß sie ebenfalls den Sommer im Norden verbrachten. Dort lebten sie in den Weidegründen ihres Wildes, welche ihre Jagdgründe waren, und hausten in Zelten. Das ist durch Funde belegt. Mit dem Ende des kurzen Sommers wanderten sie dann, wiederum den Rentierherden folgend, in ihre südwesteuropäischen Winterquartiere. Also zu den Höhlen in Westfrankreich und auf der iberischen Halbinsel. Von den im Norden, etwa den heutigen skandinavischen Ländern, erbeuteten Rengeweihen, brachten sie auf dem Heimweg mit, soviel sie tragen konnten, um daraus später Gebrauchs- und wohl auch schon Kunstgegenstände zu fertigen.

Sammler – Jäger – Händler

Die sammelnden und jagenden Menschensippen sind weit umhergezogen. Aber nicht etwa nur, um dem Wild zu folgen oder einem ungünstigen Klima auszuweichen, sondern auch, um Handel zu treiben.

Ja, Handel und Wandel sind so alt wie die Fähigkeit der Menschen, Werkzeuge und Waffen herzustellen. Nachdem der Mensch erst einmal angefangen hatte, Steine zu bearbeiten, stellte sich bald heraus, daß sich bestimmte Steinsorten dazu besser eignen als zufällig herumliegende Kiesel oder Geröllbrocken und auch die besseren Werkzeuge abgeben. Und da die besten Steinsorten eben nur an ganz bestimmten Stellen zu finden sind, kam man von weit her, um an den begehrten Rohstoff zu gelangen. Und man mußte etwas mitbringen, das diejenigen, die die Fundstelle in Besitz hatten, gebrauchen konnten oder haben wollten.

Man darf auch vermuten, daß um Vorkommen von damals geschätzten Gesteinen wie Hornstein, Silex, Feuerstein, Porphyrit usw. bisweilen auch erbittert gestritten und gekämpft wurde.

So wurde aus dem bescheidenen Trampelpfad zur Wasserstelle, dem ausgetretenen Wildwechsel der frühen Sammler und Jäger zunächst die durch langfristige Klimaschwankungen erzwungene, gemeinsam mit den Wildtierherden benutzte kontinentale, natürliche Zugstraße. Gleichzeitig aber – sofern Jahrtausende für uns als gleichzeitig vorstellbar sind – ergaben sich aus dem Bedürfnis nach geeignetem Rohmaterial für bessere Werkzeuge und Waffen regelmäßig beschrittene Handelswege. Meist waren sie nur Kundigen und besonders Wagemutigen bekannt, und die damaligen Händler waren die besonders Wagemutigen.

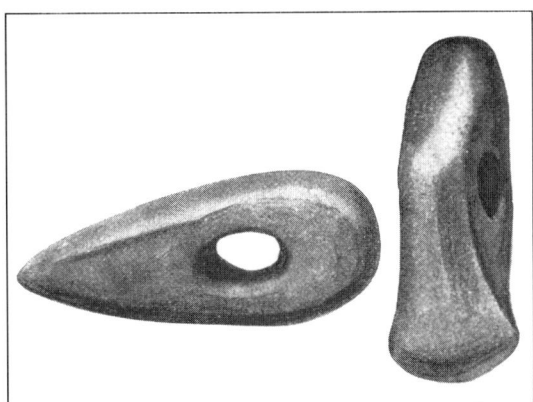

Polierte Steinbeile aus der Jungsteinzeit

Feuersteingeräte (Abschlagsklinge, Faustkeile) der Altsteinzeit

Auf den in prähistorischen Jahrtausenden bereits ausgetretenen Handelswegen wurden nicht nur die Rohstoffe, nämlich zur Werkzeugherstellung besonders geeignete Gesteine, über Land geschafft, es wurden auch Halbfabrikate, wie z. B. Steinbeile ohne Schaft, Steinmesser ohne Griff, transportiert und stellenweise in Mengen deponiert. Derlei Depots wurden in nicht geringer Zahl besonders in skandinavischen Ländern gefunden, und über ihren Sinn und ihr Zustandekommen wurden schon viele Vermutungen angestellt.

Später kam zu den oben genannten Steinsorten noch der Obsidian. In der Bearbeitbarkeit ähnlich wie Feuerstein, aber doch von größerer Härte ergab der Obsidian die schärferen Klingen, Speerspitzen etc. Mit diesem schwärzlichen Rohstoff aus vulkanischer Schmelze wurde sehr lebhaft gehandelt, und die Entfernungen zwischen den Vorkommen und Förderstellen einerseits und den Fundorten von aus Obsidian gefertigten Gerätschaften und sogar kunsthandwerklichen Produkten andererseits waren beachtlich. Zwei Beispiele: Rohstofflager Acigol bzw. Ciftlik, Fundort Artefakt Trapezunt bzw. Knossos. Oder: Vorkommen Bayezid bzw. Nemrut Dag, Fundort Bahrein bzw. Susa. Die Zuordnung der aus einem Material gefertigten Gegenstände zu dem Ort des ursprünglichen Vorkommens ist heute mittels Spektralanalyse einwandfrei zu belegen.

Gesteinsarten, die uns heute nicht mehr viel bedeuten, gehören zu den ersten und ältesten Handelsgütern, und der mit dem Handel ursächlich verbundene Wandel hat von alters her die Wege gebildet. Ohne die Bildung von Wegen wäre vielleicht überhaupt keine Bildung möglich gewesen. So könnte man in jedem Weg – sofern er nicht gerade ein Abweg ist – einen Bildungsweg sehen.

Die bessere Brauchbarkeit gewisser Steinsorten veranlaßte die Menschen auch schon sehr früh, in die Tiefe zu gehen. Denn in den Anfängen des Bergbaus ging es weder um Metalle und schon gar nicht um Kohle, sondern schlicht um Steine.

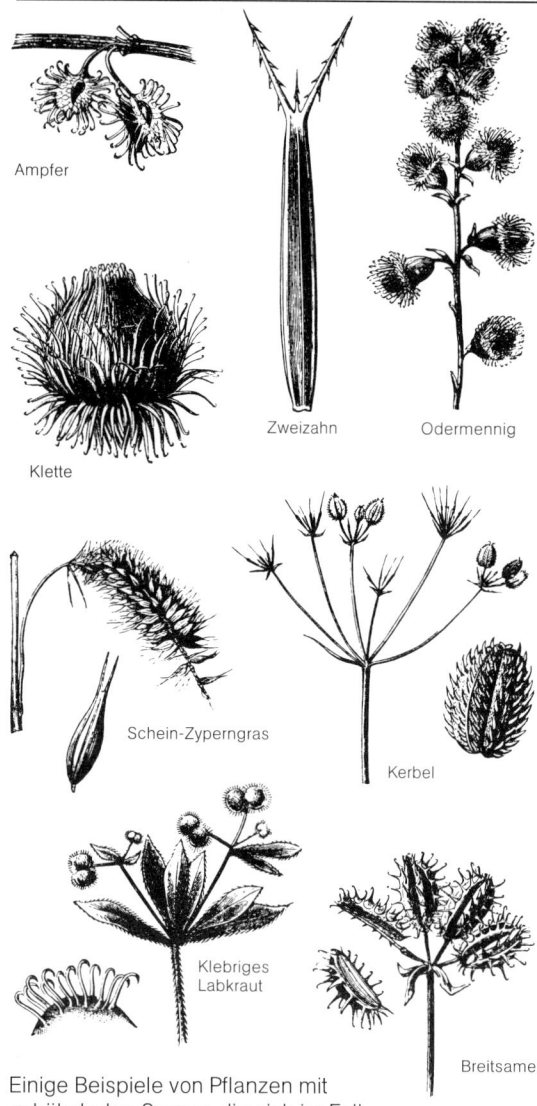

Ampfer

Klette

Zweizahn

Odermennig

Schein-Zyperngras

Kerbel

Klebriges
Labkraut

Breitsame

Einige Beispiele von Pflanzen mit
anhäkelnden Samen, die sich im Fell
von wandernden Tieren transportieren lassen.

Die Handelswege
als Zugstraßen
pflanzlicher Einwanderer

Was mögen das für Wege gewesen sein, auf
denen unsere steinzeitlichen Vorfahren ihre
steinigen Güter befördert haben? Auf die
wahrhaft weltberühmten „klassischen" Handelsstraßen wie Bernstein- und Salzstraßen
und die einzigartige Seidenstraße kommen
wir noch. Jetzt bleiben wir noch bei der Stein-

zeit. Sonst fehlt später der Zusammenhang
zwischen der Begleitflora der Wegränder und
den seit Urzeiten auf diese Flora eingestellten
Insekten und den anderen eingewanderten
Tieren. Denn darauf wollen wir ja hinaus, daß
ohne die rastlose Wandertätigkeit des Menschen, getrieben von Handel und Wandel und
zuzeiten auch durch Krieg, die Lebensgemeinschaften unserer Kulturlandschaft völlig andere geworden wären.

Samen von Pflanzen aus fernen Ländern
wurden, an Schuhen und Gewändern der fahrenden Händler, im Fell der Trag- und Zugtiere
und der die Menschen begleitenden Hunde
eingeschleppt. Tiere, winzige unerwünschte
wie größere jagdbare, folgten nach. Der Weg
wurde ihnen geebnet durch den wandernden
Menschen. Mögen auch die allerfrühesten
„Handelswege" auf weiten Strecken mit einem
heutigen Weg kaum Ähnlichkeit gehabt
haben – so gab es immer Strecken, wo der Pfad
nach längerer Nichtbenutzung wieder zuge-
wachsen oder durch Erdbewegungen nach
Wetterstürzen und Überschwemmungen einfach verschüttet war. Aber die erfahrenen
„Pfadfinder" kannten die Richtung, und bald
war man wieder in der Spur.

Auch später noch, zur Römerzeit und bis ins
Mittelalter hinein, hatten alle Handels- und
Verkehrsstraßen ihre kritischen Stellen. Strek-

Saumpfad an einem Gebirgspaß mit eingemeißelten
Wagengeleisen

ken, die durch Morast führten, versuchte man durch Bohlen, Knüppel, Reisig oder Geröllaufschüttungen gang- und befahrbar zu halten, und bei den gefährlichen Saumpfaden an den Gebirgspässen meißelten die Römer regelrechte Geleise ins Gestein, damit die Wagen nicht umkippten.

Ohne den meist unbeabsichtigten Transport von verschiedenen Samen entlang der Wege gäbe es in Mitteleuropa nicht einmal so bekannte Pflänzchen, wie sie auf dem Wegmittelstreifen Seite 82/83 abgebildet sind. Es ist überhaupt unvorstellbar, wie das Oberflächenprofil, das Antlitz der Erde aussehen würde, wenn es das globale Wege- und Straßensystem nicht geben würde, das wir schon so frühzeitig in den Boden zu stampfen begonnen haben.

Neue Wege – der Schmuckhandel

Wir hatten bis jetzt zunächst nur die gebräuchlichen Steinsorten als die erste Handelsware erwähnt. Da fehlt jedoch noch etwas Wichtiges, der Schmuck! Mit dem Beginn des Menschseins tritt, wie ein Schatten, die Eitelkeit mit hervor. Kaum daß sie aufrecht gehen und Steine klopfen können, sind sie eitel, die jüngst erst den Bäumen entstiegenen Affen.

Steinzeit ist noch und Schmuck brauchen die Menschen schon. Geschmeide aus Gold und Edelstein gibt es noch nicht. Wohl aber erschwinglichen Modeschmuck und echte exotische Kostbarkeiten. Da gab es Schneckenhäuser und Muscheln, Tierzähne, Gehörn, Geweih, Elfenbein, Knochen, Nußschalen, Fruchtkerne und derlei mehr. All diese Dinge konnte man sorgfältig durchbohren, auffädeln und sich damit attraktiv behängen. Nicht nur die Frauen taten das. Ein auf sein Ansehen erpichter Oberjäger oder ein Stammesführer ohne Schmuck von erbeuteten Tieren wäre – übertragen auf heutige Verhältnisse – wie ein Staatsoberhaupt, das zu einem offiziellen Empfang im Nachthemd erschiene.

Das zweite wichtige Handelsgut also war Schmuck. Und damit entstanden auch neue Wegstrecken für den Handel mit diesen Gütern. An Fundstellen der primitivsten Geröllgerätekultur wurden bereits Schneckengehäuse und Muscheln als Schmuck entdeckt. Unter den Grabbeigaben steinzeitlicher Bestattungen in Mitteleuropa waren u. a. Schmuckketten aus durchbohrten Muscheln, die aus dem Mittelmeer stammen! In einem Gräberfeld von Rössen bei Merseburg fanden sich Schmuckstücke – nicht nur Halsketten und Anhänger, auch Armreifen und Perlen, gefertigt aus den dicken Schalen einer Muschel namens Lazarusklappe (Spondylus gaederopus) aus der Familie der Klappmuscheln. Dieses Tier lebte aber damals schon nur im Mittelmeer, vorwiegend in größeren Tiefen, und ist schwer auffindbar, da die purpurrote Färbung der Schale meist von dichtem Bewuchs überdeckt ist.

Irgendwelche „Höhlenmenschen" müssen also auf den Grund des Mittelmeeres getaucht sein, die roten Klappmuscheln gesammelt, heraufgeholt und schließlich die leergegessenen Schalen über die Alpen bis nach Merseburg in Thüringen gebracht haben. Gewiß waren diejenigen, die da ins warme Mittelmeer getaucht sind, nicht dieselben wie die, die nachher die Muschelschalen an der Saale feilboten, im Tauschhandel gegen andere Gebrauchsgüter oder Kostbarkeiten.

Händler – Künstler – Lebenskünstler

Wir haben bereits versucht uns vorzustellen, was für Menschen das gewesen sein mögen, die ohne Kompaß und Landkarte diese – auch heute noch, im Zeitalter motorisierter Verkehrsmittel – ungeheuer weiten Wege ausgekundschaftet, entdeckt, und immer wieder gefunden und begangen haben. Auf solch lange Fahrt zu gehen ist ja gefahrvoll. (Die Worte fahren und Gefahr sind von gleicher Herkunft.) War es reine Abenteuerlust, wollten sie reich werden, oder beides? Denn nach einer gelungenen Handelsreise durch Europa und erfolgreichen Tauschgeschäften war man reicher. An Besitz wie an Erfahrung. Wie gesagt, wenn die Reise gelang.

Nicht nur fremdländische Muscheln und andere als Schmuck geeignete Gegenstände wechselten über große Entfernungen, neben den erwähnten Rohmaterialien und allerfrühesten Kunsterzeugnissen ihre Besitzer. Auch handwerkliche und kunsthandwerkliche Techniken, sowie Bestattungsformen und damit einhergehende Rituale durchwanderten die Alte Welt. Vom Nahen Osten über Nordafrika und die iberische Halbinsel durch Mitteleuropa nach Skandinavien und zu den britischen Inseln.

Für Kunsthistoriker ist es nicht allzu schwer, den Verlauf, den die Wege der Ausbreitung einer neuen oder andersartigen Handwerkstechnik, etwa in der Herstellung von keramischen Gefäßen, Flechtwerk u. ä. genommen haben, ziemlich exakt nachzuzeichnen und zu datieren. Gerade sehr frühe Kunstgegenstände, ganz bestimmte Motive, Schnitz- und Maltechniken weisen mitunter einen sehr ähnlichen oder fast gleichen Stil auf. Und das über weite Distanzen und großräumige Gebiete von vielen hundert oder tausend Kilometern verstreut. So etwa von Südfrankreich oder Spanien bis nach Böhmen, Polen und Rußland.

Demzufolge müssen außer den wagemutigen und wegekundigen Rohstoff- und Schmuckhändlern zu jenen Zeiten auch schon Kunstexperten unterwegs gewesen sein, die Kontakte herstellten und den Leuten im Norden zeigten, was im Süden Mode war. Und das alles ohne Pferd und Wagen. Anfangs jedenfalls.

Bei unseren Überlegungen und Spekulationen lassen wir hier die maritimen Handelswege natürlich außer acht. Denn diese haben keine Wegränder, über deren wunderbare Lebensgemeinschaften wir nachher berichten wollen. Das Meer hat seine eigene Wunderwelt, und es bleibt anderen Büchern vorbehalten, deren Faszination zu schildern. Wir bleiben auf dem Land und vollziehen jetzt langsam den Übergang von der Steinzeit zur Bronzezeit nach. Bei diesen Betrachtungen geht es hauptsächlich darum, zu verdeutlichen, daß die Umgestaltung des Planeten Erde – mit all ihren Konsequenzen – bereits in dem Moment einsetzte, als der aufrechtgehende, Werkzeuge und Waffen herstellende Mensch auf den Plan trat.

Alle Wege führen in zwei Richtungen

Schon der allererste Trampelpfad, der Gebirgspaß, der nur wenige Meter breite Weg stellt eine Zerschneidung eines natürlichen „wilden" Lebensraumes dar. Denn alle Wege führen durch Lebensräume. Ein Weg, der regelmäßig, und sei es nur saisonal, von wandernden Menschen oder Tieren benutzt wird, erfährt eine gewisse Oberflächenverdichtung, eine Veränderung der Vegetation und damit eine Veränderung des ökologischen Netzwerks von Kleinorganismen, Pflanzen und Tieren, mit Auswirkungen auf das Kleinklima. Selbst der älteste, „harmloseste", romantischste Weg – ein Stück der Bernsteinstraße oder der Salzstraße – ist bereits eine Landschaftszerschneidung und ein Eingriff. Nicht erst die Autobahn!

Vor der modernen Oberflächenversiegelung der Fernstraßen und der Motorisierung waren Wege und Straßen, so wie sie eben in früheren Zeiten gewesen sind, de facto neue und teilweise neuartige Lebensräume für Lebensgemeinschaften, deren Einzelelemente und Bestandteile es zwar schon lange zuvor gab, die aber in ihrer *Zusammensetzung* neue Bedingungen für dynamische Neuentwicklungen und Entfaltungsmöglichkeiten vorfanden. Entlang der Straßen und Wege wurden für viele Lebewesen – unscheinbare wie auffallende – im Zuge der Umgestaltung Mitteleuropas vom ehemaligen Wald- und Sumpfgebiet zum vielfältig gegliederten Kulturland wirklich Neuland und damit neue Lebensräume geschaffen. Das hat der brandrodende Ackerbauer der späten Stein- und frühen Bronzezeit nicht gewollt, aber verursacht. Die Menschen wußten damals nichts von Strukturveränderung, sondern trachteten danach, die seit jeher als gefährlich und unberechenbar empfundene Wildnis so weit wie möglich zu beherrschen. Und dafür brauchte man immer besseres Gerät und Wege zu dessen Beförderung.

Der Übergang
von der Stein- zur Metallzeit begann im Bergbau

Auf der Suche nach brauchbarem Gestein zur Geräteherstellung stieg der Mensch ins Innere der Erde. Es war nur eine Frage der Zeit, wann aufmerksame Bergleute andere Mineralien entdecken würden, nach denen sie gar nicht gesucht hatten. Zypern gilt als die älteste und ergiebigste Fundstelle von Kupfer. Aes cyprium heißt „Erz von der Insel Zypern". Später nannte man es nur noch Cyprium oder cuprum. Kupfer war das erste Metall, das wegen seiner ungleich vielseitigeren Formbarkeit und Verwendbarkeit ganz allmählich den Stein als Werkstoff zu verdrängen begann. Ein Vorgang, der sich so unmerklich langsam vollzog, daß er eigentlich nie registriert wurde. Kein Mensch spricht ja auch von einer Kupferzeit. Später fand man das cuprum auch in Spanien. Ebenfalls in reichen Mengen (es gibt dort bis heute große Vorkommen). Wie und wann entdeckt wurde, daß man durch einen geringen Zusatz von Zinn, das seiner-

seits ja auch nicht besonders hart ist, aus Kupfer die wesentlich härtere Bronze mixen kann, bleibt wohl immer ein ungeklärtes Rätsel. Das optimale Mischungsverhältnis, nämlich 9 : 1, wurde in einer Zeit ausgetüftelt, die „amtlich" noch tiefe Steinzeit ist. Die Bronze war da, sämtliche Waffen und Gerätschaften aber bestanden noch aus Stein.

Zur Bronzeherstellung braucht man zwar nur wenig Zinn, aber es ist auch ein relativ seltenes Metall. Also war Zinn bald sehr gefragt, und wieder blühte ein neuer Handelszweig. Die Handelsstraßen mußten neue Richtungen einschlagen, weil Kupfer und Zinn an ganz anderen Stellen in lohnenden Mengen zu finden sind als etwa Flint oder Obsidian. Neue Werkstoffe bedeuteten neue Wege.

Daß Edelmetalle wie Gold und Silber sowie die farbenprächtigen und funkelnden Edelsteine zur Herstellung profaner Gebrauchsgegenstände nie in Betracht kamen, versteht sich von selbst. Daß sie mindestens so lange bekannt waren wie Kupfer, vielleicht schon viel länger, ist hier ohne große Bedeutung. Denn angefangen hat es mit Steinen, die man nicht zu den edlen zählt, und mit Muscheln, Geweihstangen und Tierzähnen. Wirklich kostbares Geschmeide hat man sicherlich auch zunächst nicht in dem Maße für den Handel benutzt und transportiert wie Gesteine, Kupfer und Zinn. Die Metalle, die edlen wie die profaneren, wurden von Anfang an nur zu Schmuck verarbeitet. Sogar die ersten Produkte aus Bronze waren nicht etwa Schwerter, Lanzen, Schilde oder Helme, sondern Halsringe, Armreifen, Gewandspangen, Perlen für Halsketten und ähnliches. Schmuck und Waffen, mit diesen Waren wurden die Handelsstraßen erkundet und befahren. Zu Fuß zunächst, dann mit Wagen aller Art. So wie es sich darstellt, gehören die wandernden oder „fahrenden" Händler mit den Werkzeugmachern und Bergleuten zur ältesten Berufsgruppe der Kulturgeschichte der Menschheit. Und die Künstler. Denn die fahrenden Händler der frühesten Zeit führten in ihren Kollektionen auch schon Kunstgegenstände mit. Immerhin wurde in einer Gegend, die später einmal Ostpreußen hieß, eine hetitische Bronzestatuette gefunden.

Ereignisse an Wegen, über die wieder Gras gewachsen ist

Zu den Händlern, die Erze und Halbfabrikate in großem Stil beförderten – man könnte sie auch als frühe Speditionsfirmen sehen – gesellte sich alsbald eine andere Art von fahrendem Volk. Zum einen wandernde Kleinkrämer, die mit allem handelten, was es zu verhökern gab, damals also schon An- und Verkauf betrieben, zum anderen wandernde Handwerker, die in Gegenden, wo es ihresgleichen noch nicht gab, an Ort und Stelle Gerätschaften auf Bestellung anfertigten, und, in deren Gefolge, die mobilen Ausbesserungshandwerker. Die allerletzten Nachfahren jener Zunft sind den Älteren unter uns noch aus der Kindheit als Kesselflicker, Scherenschleifer, Schirmflicker und dergleichen bekannt.

Ein prähistorischer Fund von höchst origineller Beschaffenheit gibt Kunde von einem jener frühen, reisenden Krämer und von seinem Schicksal. Ich meine den sagenhaften „Musterkoffer von Koppenow". Es handelt sich um ein hölzernes Behältnis aus zwei paßgenau ineinander gearbeiteten Hälften eines ausgehöhlten Baumstammes. An den Rändern befinden sich viereckige Löcher für eine feste Verschnürung. Ein richtiger Koffer also, der eine komplette „Kollektion" von Bronzegeräten verschiedenster Typen enthält. Aber jeweils nur ein Exemplar. Gefunden wurde der unversehrte Koffer mit vollständigem Inhalt in einem Moor bei Koppenow unweit von Stettin.

Nun wollen gelehrte Fachleute vermuten, hier habe ein bronzezeitlicher Handelsmann aus seiner „Vertretertour" plötzlich eine Pilgerreise gemacht und seinen schönen, wohlsortierten Musterkoffer in einer Anwandlung von Götterverehrung als Opfergabe darbringen wollen und mit Schwung ins Moor geworfen. Und die Moorgötter haben das Opfer angenommen und Jahrtausende aufbewahrt, um es den Archäologen in die Hände zu spielen. So etwas kann sich nur jemand ausdenken, der die menschliche Krämerseele so wenig kennt wie eine Schildkröte ein Skateboard. Welcher Händler wirft seine Musterkollektion, die sein ganzes Kapital bedeutet, mir nichts dir nichts ins Moor, um sie irgendwelchen Göttern zu schenken, die mit Bronzegeräten absolut nichts anfangen können?

Meine Version sieht ganz anders aus. Der Händler bemerkte, daß ihm finstere Gestalten, Wegelagerer folgten und versteckte seinen Koffer eiligst im Gebüsch. Daß darunter Moorboden war, darüber konnte er nicht lange nachdenken. Als die Gesellen merkten, daß der Mann sie um eine leichte Beute gebracht hatte und sein Versteck nicht preisgeben wollte, brachten sie ihn um. Der Koffer, den sie nicht finden konnten, versank allmählich im Moor und wurde erst Jahrtausende später durch Zufall wiedergefunden.

Die Salzstraßen

Steinzeit – Bronzezeit – Eisenzeit – wer kann sagen, von wann bis wann sie jeweils gedauert haben (verwenden wir doch heute noch Eisen). Gänzlich in rätselhaftes Dunkel ist getaucht, wann und warum Menschen ihre anfänglich ja salzlose Roh- und Naturkost als fad empfanden und ihr Salz in der Suppe haben wollten.

Auf alle Fälle war in der Jungsteinzeit das Salz schon ein begehrtes Gut und auch eine einträgliche Handelsware. Der Handel mit dem Salz fand bereitete Wege vor. Die Hauptabbaustellen, die ergiebigsten, die größten Lager- oder auch Gewinnungsstätten wurden zu den Zentren der wiederum die Alte Welt durchziehenden Salzstraßen. Es gab zwar „die via salaria" von Rom nach Truentum, aber von „der Salzstraße" zu sprechen, wäre irreführend. Die Handelswege für das Salz waren verzweigter und hatten mehr Nebenstrecken. Da gibt es schon eher „eine Bernsteinstraße", die das Gold des Nordens in den Süden brachte. Obwohl auch das so simpel nicht ist, wie es sich anhört.

Viel Aufhebens wurde getrieben mit Gewinnung, Transport und dem Handel mit dem Salz. Einmal auf den Geschmack gekommen, wird der Mensch vielleicht süchtig danach. Aber auch Tiere, besonders manche Huftiere, lecken gerne Salz. Man muß es wohl zu den Genußmitteln zählen. Außerdem kann man durch Einsalzen Fleisch und Fisch haltbar machen. Der Salzhandel prägte über lange Zeit Machtverhältnisse, Besitzverhältnisse und – unsere Wegesysteme, deren Frequentierung und ihren weiteren Ausbau. So manche Stadt und die sie umgebende Region verdankt ihren Namen, ihre Bedeutung und den (einstigen) Reichtum dem Vorkommen des Minerals Natriumchlorid (Kochsalz).

damit Knotenpunkte für weitere Salzstraßen.

Es gibt zwei Arten der Salzgewinnung. Einmal den bergmännischen Abbau stark salzhaltigen Gesteins (wie in Hallstatt, in Hallein und Heilbronn), zum anderen das Sieden bzw. Verdampfen stark salzhaltigen Wassers (Sole), das oft aus warmen Solquellen kommt. Eine solche Salzgewinnungsanlage heißt Saline. Merkwürdigerweise ist das althochdeutsche Wort für Saline „Halhus", während das mittelhochdeutsche Wort „Hal" Salzbergwerk be-

Hallstatt.

Hallstätter See.

Nehmen wir als Beispiel eine weltweit bekannte Stadt, die einer ganzen Kulturepoche (ca. 750–450 v. Chr.) ihren Namen gegeben hat und für ihre reichen Grabbeigaben vornehmlich der „Salzherren" bekannt ist: Hallstatt im oberösterreichischen Salzkammergut. Natürlich kein Zufall, daß das Salzburger Land in das Salzkammergut übergeht. Die ganze Gegend knirscht von Salz. Die nächstgelegene Großstadt heißt Salzburg, das Flüßchen, das diese durchrauscht, ist die Salzach, ein Vorort von Salzburg ist Hallein – der Zusammenhang von Hall und Salz wird im folgenden zu erläutern sein.

Vom Zentrum der Hallstatt-Kultur, von dem gleichnamigen Siedlungsort, führen strahlenförmig die Salzstraßen in alle Winde. Eine gen Norden bis zur Nordsee. Eine ostwärts bis zum Schwarzen Meer, die andere südlicher zur Adria, eine westlich nach Frankreich hinein. Es gab aber noch andere Salzvorkommen und

deutet. Sicherlich gibt es einen sprachlichen Herkunftszusammenhang von Hal, Halle, Höhle (Salzbergwerk) und verhehlen (zu verbergen). Auf alle Fälle sind Städte, die Hall, Halle oder ähnlich heißen oder das Wort Hall als Namensbestandteil tragen, mit Sicherheit alte Salzgewinnungsstätten. Kulturhistorisch bedeutende Salzstädte mit Salinengewinnung sind: Schwäbisch Hall, Bad Nauheim, Halle a. d. Saale, Bad Reichenhall und Kolberg in Pommern. Sie waren jahrhundertelang Zentren des Salzhandels und damit Schnittpunkte der Salzstraßen. Man darf wohl annehmen, daß schon in sehr frühen Zeiten große Strecken der Fernhandelsstraßen weder dem einen noch dem anderen Handelsgut vorbehalten blieben, sondern mehreren dienten. Oft werden auf der gleichen Straße, dem gleichen Weg etwa Bernstein nach Süden, Salz nach Norden, Schmuck in diese, Waffen in jene Richtung gewandert sein.

Die Seidenstraße

Selbst auf der wahrhaft weltberühmten Seidenstraße wurde beileibe nicht nur Seide transportiert. Seit ihrer Entstehung, die immerhin auch in die Zeitenwende zurückreicht, wurden auf ihr Seide und Gold nach Westen gebracht, und andere Edelmetalle, Glas und die verschiedensten Luxuswaren nach Osten. Die Seidenstraße dürfte die längste der frühgeschichtlichen Fernhandelsstraßen sein: vom hintersten China, etwa in der Mitte zwischen den östlichsten Ausläufern des Himalaya und dem Ostchinesischen Meer, durch Zentralasien, Westasien, durch den Nahen Osten nach Antiochia, bzw. noch über Damaskus bis Alexandria, das dann als Umschlaghafen Nordafrika und Europa belieferte.

Eine alte Herrscher-Dynastie im Reich der Mitte hieß Ts'in. Die ersten westlichen Kaufleute, die sich ins Reich der Ts'in wagten, des glänzenden Stoffes für kostbare Gewänder wegen, brachten den Namen des fernöstlichen Herrscherhauses in ihre weiter westlich gelegenen Heimatländer mit, dem Artikulierungsvermögen ihrer Zungen angepaßt. Aus Ts-in wurde Tschin, Tsching, Chin und schließlich, als Bezeichnung für das Reich der Ts'in samt aller umgebenden Provinzen, Tschina oder China. Die Bewohner des Reiches der Ts'in haben sich jemals so wenig selbst als Chinesen bezeichnet, wie die Angehörigen der von den Griechen Keltoi genannten Stämme sich als Kelten benannt oder begriffen hätten.

Verwegene Leute, die das enorme und gänzlich unberechenbare Abenteuer einer Karawanenreise auf der Seidenstraße auf sich zu nehmen bereit waren, mußten wissen, daß sie – einmal China und zurück – sechs bis acht Jahre unterwegs sein würden. Übrigens: über weite Strecken folgen die heutigen Fernstraßen und Eisenbahnlinien der Volksrepublik China heute noch der ehemaligen Seidenstraße.

Römischer Reisewagen aus der Kaiserzeit

Die Römerstraßen

Der Ausbau der kontinentalen und interkontinentalen Straßen zu einem schon nahezu perfekten System erreichte einen vorher nicht gekannten Aufschwung mit der Blüte des römischen Weltreiches. Hier war kaum noch etwas dem Zufall überlassen. Der Hauptantrieb war der Herrscherwille, das Reich zu vergrößern, und die mit für damalige Verhältnisse erstaunlicher Präzision angelegten Straßen waren in erster Linie Heerstraßen. Dennoch dienten auch diese von Anfang an in nicht geringem Maße dem Handel. Und zwar einem Handel mit allen erdenklichen Gütern, die zum Gebrauch oder für den Besitz der anspruchsvoll gewordenen Bürger des Imperiums interessant sein konnten, z.B. allerlei Kulturpflanzen. Dies war für die Gestaltung der Kulturlandschaft teilweise von großer und bis heute fortwirkender Bedeutung. Was haben die Römer auf den von ihnen angelegten oder ausgebauten Straßen nicht alles hin und her verfrachtet! Die im Mittelalter hinzugekommenen Verbindungsstraßen von Stadt zu Stadt, von Dorf zu Dorf sind, zusammen mit den uralten Handelsstraßen, die Grundlage für das heute weltumspannende Straßen- und Wegenetz.

Über Jahrtausende hat sich die Technik des Straßenbaus kaum geändert, wie das wieder an das Tageslicht geholte Stück Römerstraße in Benningen am Neckar (oben) sowie die Hofeinfahrt aus der Jahrhundertwende (unten) zeigen.

Frachtverkehr um 1550

Siebenspänniger Frachtwagen um 1830

Nun zum Wunderland am Wegesrand

Soviel über die prähistorischen und antiken Handelsstraßen. Zur Einstimmung und zum besseren Verständnis für das, was am Rande der Straßen und Wege lebt; und um daran zu erinnern, daß dieses Leben, die Flora und Fauna – nicht nur der Wegränder – eine ganz andere wäre, wenn es die Wege und Straßen nicht schon so unvorstellbar lange geben würde.

Wenn wir uns im folgenden fast ausschließlich den Lebensgemeinschaften der Kleinlebensräume am Wegesrand zuwenden, so hat das zwei Gründe. Erstens, weil es solche vielfältigen Lebensgemeinschaften (Biozönosen) auf den großen, monotonen land- und forstwirtschaftlichen Nutzflächen, auf den überbauten und versiegelten Flächen sowie auf den sterilen, angeblich zur Zierde der Siedlungsgebiete angelegten „öffentlichen Grünflächen" kaum noch oder überhaupt nicht mehr gibt. Zweitens, weil diese kleinen Welten viel zu faszinierend sind, um bloß daran vorbei oder darüber hin zu laufen.

Alle Wege führen durch Lebensräume

Großräumig gesehen durchqueren alle Wege und Straßen die verschiedensten Lebensräume. Im Kleinen gesehen ist jeder Weg ein Kleinlebensraum, der sich in Zusammensetzung und Struktur von dem Lebensraum, den er durchquert, mehr oder weniger unterscheidet. Betonierte und asphaltierte Wege natürlich ausgenommen. Sie stellen nur Zerschneidungen dar, und zwar lebensfeindliche. Ein befestigter Kiesweg, vielleicht noch mit einer sonnenexponierten Böschung auf der einen Seite, der an einer Feuchtwiese mit Hochstaudenflur vorüberführt, zeigt ganz gewiß eine nicht zu vergleichende, völlig andersartige Lebensgemeinschaft als die Feuchtwiese, die er passiert. Kleinklima und Luftfeuchtigkeit werden stark differieren. Es ist an solchen abrupt gezogenen und ja wohl auch im Grunde unnatürlichen Nahtstellen interessant, zu beobachten, wie sich die Bewohner sowohl des einen wie des anderen Biotops verhalten, wenn sie irrtümlich mit wenigen Sprüngen oder Flügelschlägen in die „falsche" Welt geraten. Sie fühlen sich augenscheinlich unwohl und versuchen, schnell wieder in das artgemäße Milieu zu gelangen.

Fast alle Wege und Straßen sind, vor allem seit der Zeit der Motorisierung, Fremdkörper in der Landschaft. Die meisten im negativen, manche aber auch im ökologisch positiven Sinn. Gerade die Böschungen und Raine, sogar manche Strecke von Wegmittelstreifen, sind mitunter Relikte der Landschaftsstruktur aus Zeiten vor der radikalen Flurbereinigung. So manches Stück Böschung, Rand oder Rain wurde auf diese Weise zum schützenswerten Kleinod. Wer Augen hat, zu sehen, sollte sie stets offenhalten und nach solchen Reliktflächen suchen. Es gibt Möglichkeiten, derartige Streifen zu schützen. Und wo ein Wille ist, ist auch ein Weg. Alle Wege dieser Welt sind ja sichtbare Spuren menschlichen Willens.

Auf die Einsicht der noch vom egoistischen Unterwerfungswillen bestimmten Teile unserer Gesellschaft werden wir noch ein Weilchen warten müssen. Diese Wartezeit sinnvoll zu überbrücken und inzwischen auf eine neue Geisteshaltung gegenüber der Natur hinzuwirken, ist unsere Aufgabe. Und wenn dies unser Wille ist, wird auch dafür ein Weg gefunden!

Wir haben doppelseitige Illustrationen sowie Erkennungs- und Vergleichstafeln. Die zweiseitigen Lebensraumbilder nennen wir Entdeckungsbilder. Sie sind gedacht als „Hometrainer", z.B. in Schlechtwetterzeiten, sowie vor und nach Entdeckungs-Pirschgängen mit Lupe, Fernglas und den anderen, auf Seite 192 empfohlenen Utensilien.

Die Tafeln, die nur eine eng verwandte Tiergruppe (etwa nur Schmetterlinge) übersichtlich angeordnet zeigen, sind Erkennungsbilder, und die je nach Lebensraum gemischt zusammengestellten Tafeln (sowohl Pflanzen wie Tiere) nennen wir zweckmäßigerweise Vergleichsbilder. Der Leser wird somit dem gleichen Tier, der gleichen Pflanze im Buch mehrmals begegnen. So soll anschaulich gemacht werden, daß die verschiedenen Lebensräume keine absoluten Grenzen haben und daß viele Organismen so anpassungsfähig sind, hier wie dort existieren zu können. Darüber hinaus soll dem Leser eine Hilfe angeboten werden, womit etwa er in diesem oder jenem Gebiet mit einer gewissen Wahrscheinlichkeit zu rechnen hat.

Bevor wir in die Ferne schweifen...

C.-P. Hutter

Kaum sitzt die Familie an einem herrlichen Spätsommernachmittag beim gemütlichen Sonntagskaffee, da geht's auch schon los! Erst landet eine Wespe auf dem leckeren Zwetschgenkuchen, dann macht sich ein ganzer Trupp am Sahnebecher zu schaffen. Da nützt es auch nichts, wenn jung und alt am Tisch wie wild um sich schlagen. Das bewirkt nur, daß sich die Wespen bedroht fühlen und dann doch – ganz entgegen ihrer Gewohnheit – stechen. Freilich kann es lästig sein, wenn die gelb-schwarzen Insekten einzeln oder in Massen so ungeniert um uns herumschwirren. Aber wer sich beherrschen kann und Ruhe bewahrt, wird schnell feststellen, daß die Wespen eigentlich recht harmlos sind. Sie haben nun einmal eine Vorliebe für Süßes. Und wenn dann Kuchen, Torten, süße Früchte oder zuckerige Limonade auf dem Garten- oder Balkontisch stehen, fliegen die Wespen herbei, um süße Flüssigkeit aufzunehmen.

Mancher Gartenbesitzer ärgert sich, wenn Birnen oder Zwetschgen von Wespen angefressen werden und die Früchte dann vorzeitig faulen. Aber auch die Früchte werden nur angenagt, um austretende Zuckerflüssigkeit aufzusaugen. Natürlich ist es unangenehm, wenn die gehegten Beeren und Früchte so mitunter unbrauchbar gemacht werden. Wir sollten dabei aber nicht vergessen, daß alljährlich viel Obst gar nicht geerntet oder sogar Tausende von Tonnen an Äpfeln, Birnen und anderen Früchten wegen der sinnlosen europäischen Agrar-Überproduktion sinnlos vernichtet werden. Was sind dagegen schon ein paar angenagte Früchte.

Nützliche Biester

Gemeine Wespe besucht einen Zwetschgenkuchen. Hornisse auf einer süßen Birne.

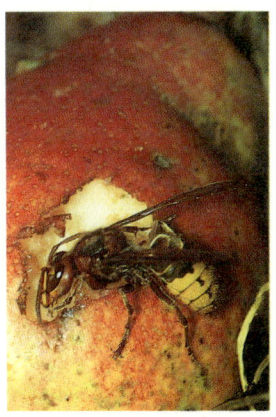

29

Vielen ist auch nicht bekannt, daß Wespen im Naturhaushalt eine wichtige Rolle spielen, indem sie zu anderen Insekten und Kleintieren ein Gegengewicht bilden.

Nun, den Weberknecht, der mit seinen stäbchendünnen Beinen gemächlich über die Wegplatten im Garten krabbelt, hätte es nicht gerade erwischen brauchen. Plötzlich wird er von einer Wespe attackiert. Es dauert nur wenige Sekunden, und die Wespe hat ihrem Opfer, das vergeblich zu entkommen versucht, alle Beine abgebissen. Dann trägt sie den rundlichen Körper im Flug davon. Kurz zuvor hatte der Weberknecht mit seinen Mundwerkzeugen einige Milben zerzupft und verzehrt. Jetzt wird er selbst zum Futter für den Wespennachwuchs.

Die Wespenlarven brauchen nämlich eine eiweißreiche Kost. Dafür fangen die erwachsenen Wespen eine Menge von Insekten, Spinnen und andere Kleintiere, die sie in Sekundenschnelle mit ihren scharfen Kieferzangen zerschneiden und zu einem flüssigen Brei zerkauen.

Ein Hornissenvolk kann innerhalb einer Stunde gut dreitausend Stubenfliegen fangen. Aber wenn die bis dreieinhalb Zentimeter großen Brummer im Garten auftauchen, ist genausowenig Panik angebracht, als wenn eine Biene umhersummt. Wissenschaftler haben herausgefunden, daß ein Hornissenstich auch nicht viel gefährlicher ist als der einer Biene. Kritisch wird es nur, wenn Allergiker oder Menschen mit schwachem Kreislauf gestochen werden. Aber die kann auch schon ein Bienenstich vorübergehend umwerfen.

Die Hornisse als größte heimische Wespenart ist jedoch kein stechwütiges Ungetüm. Wer in der Nähe einer Hornisse keine hastigen Bewegungen macht und nicht nach den Tieren schlägt, hat nichts zu befürchten. Schließlich wird der Stachel nur zur Verteidigung gegenüber Angreifern benutzt. Es ist bedauerlich, daß jahrzehntelang die Nester von Hornissen und anderen Wespen ausgeräuchert oder mit Gift vernichtet wurden. Letztlich schadet der Mensch dadurch sich selbst, weil ein natürliches Regulativ im Naturhaushalt fehlt.

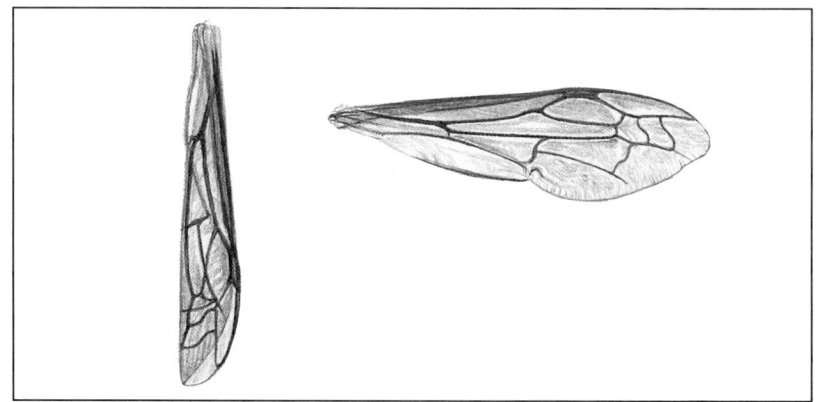

Rechter Vorderflügel einer Faltenwespe (Vespula vulgaris). Links in Ruhestellung zusammengefaltet – das führte zu der Bezeichnung „Faltenwespen" – rechts zum Flug auseinandergespreizt.

Wer an Wespen denkt, meint meistens die gelb-schwarzen, staatenbildenden Insekten. Aber diese typischen Wespen haben zahlreiche nähere und entferntere Verwandten. „Wespe" ist nämlich für Insektenkundler ein Sammelbegriff für eine große Anzahl verschiedener

Insektenfamilien. So gibt es neben unseren „echten Wespen" u.a. noch Wegwespen, Grabwespen, Dolchwespen, Holzwespen, Goldwespen und Blattwespen. Wenn es um die oft ungebetenen Besucher im Garten geht, handelt es sich meistens um die staatenbildenden Faltenwespen. Man nennt sie so, weil die Vorderflügel in Ruhestellung längsgefaltet sind.

Nest der Sächsischen Wespe (Dolichovespula saxonica) unter einem Dachvorsprung. Es hängt auch oft in Gebäuden wie Scheunen, Dachböden oder Wetterschutzhütten für Wanderer. Oft baut die Sächsische Wespe ihr Nest auch in Büschen oder Bäumen.

Nest der Gallischen Feldwespe (Polistes gallicus). Es war unter einem losen Dachziegel gebaut.

Nester aus Pappmaché

Für den Bau ihrer interessanten Nester schaben Wespen Fasern von Holz oder anderen Pflanzen ab. Das Baumaterial wird dann zu einem Klümpchen zusammengerollt und zum Nest befördert. Die so gewonnene „Pappmaché" wird in Streifen an die schon gebauten Nestteile „angeheftet". Stammt das Baumaterial von unterschiedlichen Stellen, erhält das Nest ein gemasertes, fast furnierartiges Aussehen. Zuerst wird eine Wabe gebaut, die mit einem oder mehreren Stielchen am Untergrund festhängt. Und so werden die übrigen Waben auch an den zuvor gebauten angebracht.

Wie viele Arten umgibt auch die Mittlere Wespe – dem Aussehen nach fast eine Hornisse in Kleinformat – ihr Nest mit einer Hülle aus Pappmaché. Zwischen Hülle und Waben verbleibt ein Luftraum, der das „Wohnklima" im Nest reguliert. Wespen isolieren so ihre Bauten, wie wir unsere Häuser mit Doppelfenstern. Wird es im Nest zu kalt, können Wespen durch Körpervibration die Temperatur erhöhen. Besteht durch große Hitze Gefahr für den Nachwuchs, schwirren Wespen im Bau mit ihren Flügeln, so daß ein kühlender Luftstrom entsteht. Hilft auch das nicht mehr, wird Wasser auf die Waben gebracht. Die Verdunstung erzeugt Kälte, und die Temperaturen sinken wieder.

Eine Königin der Mittleren Wespe im Herbst auf der Suche nach einem geeigneten Winterquartier.

Während die Deutsche Wespe ihre Nester in alten Mäusenestkesseln im Boden errichtet, bauen die Mittlere Wespe und die Sächsische Wespe ihre tennisball- bis kokosnuß- oder kindskopfgroßen kugelförmigen Nester in Büschen oder Bäumen. Die Feldwespe nistet in Mitteleuropa jedoch nicht im Freien wie ihre Verwandten südlich der Alpen, sondern errichtet die Waben ohne Hülle unter Dachziegeln, in Dachböden oder Scheunen. Auch Wespen haben Feinde: sie werden von verschiedenen Spinnenarten gefangen, und Schlupfwespen parasitieren bei den Wespen; und der Wespenbussard hat sich – wie der Name schon sagt – diese Insekten als Lieblingsspeise auserkoren.

Eine Falle auch für wehrhafte Wespen: Netz einer Radnetzspinne. Die hauchdünnen Fäden sind nur zu sehen, weil sie mit winzigen Frühtauperlen behangen sind.

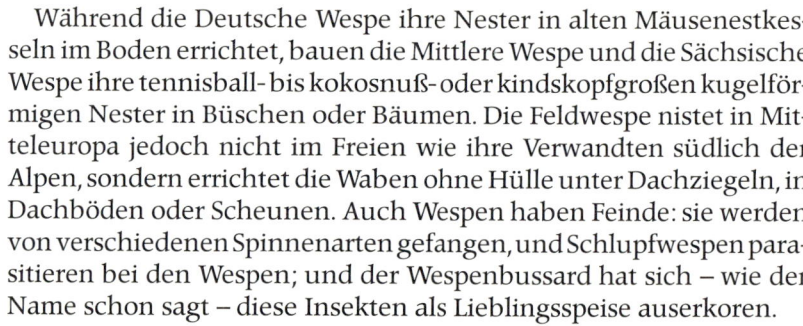

Momentaufnahmen aus typischen Bauerngärten.

„Verwilderte" Öko-Ecke in einem Hausgarten

Eine Mischung aus alten Zier- und Nutzpflanzen und deren „wilden Verwandten" bringt bunte Natur in den Garten.

Die mittelalterlichen Klostergärten mit ihren geometrischen strengen Formen waren „Geburtshelfer" für die in Kreuzform angelegten Bauerngärten, die man noch heute in ländlichen Gegenden bewundern kann. Viele Heil- und Gewürzpflanzen wurden zuerst in Klostergärten angebaut.

Die einst modernen Gärten sind heute „out". Einheitsrasen bedeuten Einfalt statt Vielfalt (unten rechts).

Verborgene Klein-Lebewelt unterm Stein

Es war schon lange an der Zeit, wieder einmal den Gartenweg zu richten. Seit der Gestaltung des Gartens hatte sich die Erde gesetzt und so die Trittplatten verschoben. Beim Anheben der ersten Platte staunen der Vater und seine ihn umringenden Kinder nicht schlecht. Denn da macht sich nicht nur ein Weberknecht, der sich zwischen den Platten versteckt hatte, schnell aus dem Staub, sondern es wuselt richtig an der Stelle, wo kurz zuvor noch die Steinplatte lag. Ein Regenwurm entzieht sich den Blicken und verschwindet durch seine schleimige Röhre in die unterirdische Kleinlebewelt. Und gleich daneben laufen einige Asseln hastig davon. Man sieht es den kleinen Tieren nicht an, daß sie zur Gruppe der „Höheren Krebse" gehören und somit weitläufig mit dem Flußkrebs, dem Hummer oder den Nordseekrabben verwandt sind. Im Laufe von Jahrmillionen haben sich Asseln in verschiedenen Formen an das Landleben angepaßt. Ungefähr tausend verschiedene Landassel-Arten gibt es auf der Erde.

Die einstige Herkunft aus dem Meer zeigt sich daran, daß alle Asseln – wenigstens teilweise – mit Kiemen atmen. Dazu dienen die Innenäste der Hinterleibsbeine, die daher immer mit einem dünnen Wasserfilm überzogen sein müssen. Die Tiere halten sich deshalb fast immer an feuchten Stellen auf, wie z. B. unter Baumstümpfen, im feuchten Laub, in Kellern oder eben gerade unter Wegplatten im Garten. Nur bei hoher Luftfeuchtigkeit kommen sie tagsüber aus ihrem Versteck. Aber meistens gehen sie nachts, wenn mit der sinkenden Temperatur die Luftfeuchtigkeit steigt, auf Futtersuche. Asseln ernähren sich vorwiegend von weichen, saftigen und zerfallenden Pflanzenteilen. Die kleinen Tiere spielen deshalb im Naturkreislauf eine wichtige Rolle, weil sie abgestorbenes Pflanzenmaterial zersetzen und so wichtige Kompostbereiter sind.

Als eines der Kinder vorsichtig ein Tier antippt, rollt sich die Assel blitzschnell zu einem kleinen Kügelchen zusammen. Es ist eine Rollassel, die sich auf diese Weise möglichen Feinden entziehen kann. Denn als Kügelchen rollt die Assel dann oft in Stein- oder Erdritzen und zwischen Pflanzenstengel. Rollasseln sind durch einen speziellen Verdunstungsschutz am besten von allen Asseln an das Landleben angepaßt, so daß man sie am ehesten tagsüber beobachten kann. Eine andere Assel-Art, die Kellerassel, kann sich nicht einrollen, sie ist mehr an die feuchten Stellen gebunden. Man findet sie oft auch im Komposthaufen.

Laufend sieht die Rollassel ihren Asselverwandten recht ähnlich.
Bei Gefahr werden die Tiere plötzlich zu kleinen Kügelchen.

Verborgenes Leben unter unseren Schritten (und Tritten) – Steckbriefe der „Lichtscheuen" im Untergrund

1 Weberknecht *(Phalangium opilio)*
Über 20 Arten in Mitteleuropa, die jedoch nur von Fachleuten genau bestimmt werden können. Das Weibchen legt seine Eier in den Boden oder an vermodertem Holz ab. Weberknechte ernähren sich überwiegend von vermodertem pflanzlichen Material, aber auch von toten Tieren.

2 Ackerschnecken *(Deroceraf)*
Nacktschnecken, die nur nachts oder bei Regenwetter ihr feuchtes Versteck verlassen, um vor allem Pflanzentriebe zu fressen.

3 Erd-Schnurfüßer *(Julus terrestris)*
Weltweit kennt man über 2.800 Schnurfüßer-Arten, von denen manche gut 30 cm lang werden können. Unsere mitteleuropäischen Arten erreichen meist eine Länge von nicht mehr als 5–7 cm. Man nennt diese Tiere zwar auch Tausendfüßer, doch haben die meisten Arten nicht viel mehr als 100 Beinpaare.

4 Große Glanzschnecke *(Oxychiluf draparnaudi)*
Das scheibenförmige, hornbraune Gehäuse wird seitlich vom bläulichen Körper getragen. Dies ermöglicht der 12–14 mm großen Schnecke, unter Wegplatten, Steinen, Holz u. ä. zu kriechen.

5 Regenwürmer ...
... sind wichtigste Humusbereiter. Rund 30 Regenwurmarten gibt es in Mitteleuropa (über das Leben der Regenwürmer s. Seite 77).

6 Kellerasseln *(Porcellio scaber)*
Eine typische „Versammlung" von mehreren Exemplaren Kellerasseln im schattig-feuchten Versteck. Die Tiere verlassen im Gegensatz zu den etwas mehr an trockenere Bereiche angepaßten Mauerasseln fast nur nachts das Versteck. Keller- und Mauerasseln findet man oft in denselben Lebensräumen.

7 Brauner Steinläufer *(Lithobius forficatus)*
Ein bemerkenswert schnell laufendes Bodentier, das seine Beute mit den Fühlern findet. Der Braune Steinläufer gehört zu den häufigsten Hundertfüßern.

8 Erdläufer *(Pachymerium ferrugineum)*
Ebenfalls eine häufige Hundertfüßart. Bewohnt feuchte, dunkle Stellen unter Steinen, in der Laubstreu und in den obersten Schichten des Bodens (wie fast alle anderen abgebildeten „Wegplattentiere" gut auch im Komposthaufen zu beobachten).
Dieser Erdläufer scheidet aus den Poren seiner Bauchplatten einen Abwehrstoff aus, der Blausäure enthält.

9 Rollassel *(Armadillidium vulgare)*
Ähnliche Gestalt wie Kellerassel. Rollt sich jedoch bei Gefahr oder bei Trockenheit zusammen und sieht dann – flüchtig betrachtet – wie ein kleines Knetkügelchen aus.

10 Mumien-Puppe eines Nachtfalters aus der Unterfamilie Spinner.

11 Larve des Saatschnellkäfers *(Agriotes lineatus)*
Die Larven des Saatschnellkäfers sind im Volksmund auch als „Drahtwürmer" bekannt. Sie ernähren sich zuerst von Kleinsttieren (Springschwänze, kleine Insektenlarven), sowie von vermodertem Pflanzenmaterial. Später bevorzugen sie Wurzeln von Getreide und anderen Pflanzen, wie Gräser, Kohl, Salat, Kartoffeln und Rüben.

12 Maulwurfsgrille *(Gryllotalpa gryllotalpa)*
Die bis 5 cm großen Maulwurfsgrillen leben versteckt in ihren selbst gegrabenen Gängen im lockeren Boden. Die Vorderbeine sind zu regelrechten Grabschaufeln umgebildet. Maulwurfsgrillen ernähren sich von kleinen Bodenlebewesen und teilweise von Pflanzenwurzeln.

13 Pfennigkraut *(Lysimachia nummularia)*
Eine am Boden „kriechende" Pflanze, die im Frühsommer auffallend gelb blüht.

Aber es tut sich noch mehr dort, wo noch kurz zuvor die Trittplatte lag. Einige Tausendfüßer wurden durch die plötzliche Helligkeit erschreckt und versuchen nun schnell, ein neues Versteck zu erreichen. Aber keiner der Tausendfüßer hat tatsächlich so viele Beine, wie ihm der Volksmund nachsagt. Bei den einzelnen Arten schwankt die Zahl der Beinpaare zwischen 8 und 240. Die flinken Tiere sind vor kleineren Feinden durch ihr panzerartiges, hartes Außenskelett geschützt. Vor größeren Feinden – etwa Vögeln und Säugetieren – schützen sie sich durch ihre versteckte Lebensweise. Aber die Tausendfüßer sind auch mit einem chemischen Abwehrmittel ausgestattet. Der etwas mehr als zwei Zentimeter große Bandfüßer zum Beispiel erzeugt Blausäure. Und der auf den ersten Blick wie ein glänzender Wurm aussehende Schnurfüßer produziert ein keimtötendes Giftgemisch, das auch sehr schleimhautreizend ist. Wie ein kleiner Wurm sieht der nur etwa vier Zentimeter lange, zerbrechlich wirkende Leuchtende Erdläufer aus. Er bewegt sich im Gegensatz zu dem gleichlangen, aber breiter und robuster wirkenden Steinläufer nur sehr langsam. (Auf der Erde gibt es insgesamt mehr als tausend Steinläuferarten.) Außerdem sitzen noch verschiedene Käferlarven und Wegschnecken unter dem schützenden Stein.

Man sieht, ein kleines Stück Natur-Wunderland ist mitten unter uns in unseren Gärten, in Parks und all jenen Grünanlagen, wo man die Wege lebendig gestaltet und nicht in schwarze Asphaltbänder umfunktioniert hat.

Der Garten – ein Platz für Tiere?

Kein Garten ist wie der andere. Aber überall, wo die Gärten noch nicht zu sterilen Einheitsrasen umgewandelt wurden, gibt es viele Plätzchen, Ecken und Winkel, in denen sich Wildpflanzen und Wildtiere inmitten unserer Gemüsekulturen und Blumenrabatten halten können. Und so können wir auch entlang der Gartenwege eine interessante kleine Welt voller Leben entdecken, bevor wir aufbrechen, um außerhalb von Dörfern und Städten den kleinen Geheimnissen der Natur auf die Spur zu kommen.

Häufig nisten gleich unmittelbar neben dem Gartenweg oder den Trittplatten spezialisierte Wildbienen, die wichtige Arbeiten im Garten „verrichten". So die nur zwölf Millimeter große Fuchsrote Sandbiene, die einzeln nistet. Die Weibchen graben einen bis zu dreißig Zentimeter langen schrägen Gang in die Erde, von dem mehrere Zellen seitlich wegführen. Die Wände der Zellen sind zur Stabilisierung mit Speichel durchtränkt. Die Brutzellen werden nach dem Eintragen von Pollen und der Eiablage mit Erdklümpchen verschlossen. Ende März/Anfang April, wenn die ersten warmen Sonnenstrahlen locken, fliegen auch die Honigbienen aus. Sie haben aber meist etwas Besseres zu tun als die dann blühenden Stachel- und Johannisbeersträucher im Garten zu bestäuben, denn sie bevorzugen dann meist Pollen und Nektar von Löwenzahn und Wiesenschaumkraut. Zum Glück für unsere spätere Ernte ist jetzt aber auch die Zeit der Fuchsroten Sandbiene gekommen. Sie bevorzugt Stachel- und Johannisbeerblüten und sorgt so dafür, daß wir im Sommer ernten können. Diese Sandbie-

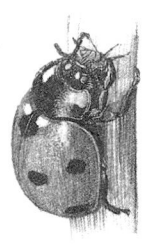

Läusevertilger im Garten, von oben: Schwebfliege, Florfliege, Ohrwurm, Marienkäfer mit Marienkäferlarve.

nenart nistet manchmal sogar zwischen den Steinen gepflasterter Straßen.

Noch mehr oft unbeachtete Helfer kann es im Garten geben, wenn wir die Natur ein bißchen sich selbst überlassen. So trägt die Sächsische Wespe Blattläuse als Futter für ihre Larven in den Bau, und längst schon steht es in den Schulbüchern, daß Marienkäfer, Florfliegen und Ohrwürmer sowie deren Larven fleißige Blattlausvertilger sind.

Die kleine Wegschnecke hat keine Chance mehr. Plötzlich ist der schwarze Läufer da und macht sich über seine Beute her. Das Opfer wird mit den starken Zangen überwältigt und zerstückelt. Der Käfer erbricht eine Flüssigkeit, mit der die Beuteteile vor der Nahrungsaufnahme zersetzt werden. So kann der nächtliche Räuber den Körperinhalt seines Beutetieres regelrecht aufsaugen.

Der Lederlaufkäfer ist mit vier Zentimetern Länge ein wahrer Goliath der Insektenwelt im Garten. Man kann förmlich riechen, wenn ein Lederlaufkäfer in der Nähe ist, weil diese Tiere einen ganz eigenartigen Geruch verströmen. Bei vermeintlicher Gefahr spritzen sie ein stinkendes Sekret aus einer Hinterleibsdrüse. Nachts gehen die schnellen Lederlaufkäfer auf Beutesuche und vertilgen neben Schnecken und Würmern vor allem Raupen und Käfer. Dadurch können sie auch die Populationen von Kartoffelkäfern in erträglichen Grenzen halten. Diese tiefschwarzen Laufkäfer betätigen sich sogar als Panzerknacker, indem sie ihre scharfen Zangen als Werkzeug benützen, um kleinere Schneckenhäuser aufzubrechen.

Der Lederlaufkäfer ist jedoch kein bösartiger Räuber, denn ihm ist diese Rolle im ökologischen System zugedacht. Wie alle Jäger im Tierreich holt er sich nur das, was er für seine eigene Existenz braucht. Und in dieser Funktion sorgen solche Jäger unter den Tieren – egal, ob es sich um Insekten oder Greifvögel handelt – für ein Gleichgewicht. Fällt dieses naturgegebene Regulativ weg, dann können sich andere Tiere so stark vermehren, daß sie zu Schädlingen werden. Wir können im Garten aber nicht erwarten, daß sich Lederlaufkäfer, Florfliege, Marienkäfer, Schwebfliege und Ohrwurm zusammen mit Wildbienen, Schlupfwespen und anderen Insekten nützlich machen, wenn wir ihnen die notwendigen, naturnahen Refugien aus falsch verstandenem Ordnungssinn vorenthalten.

Panzerknacker unterwegs

Auch Zierpflanzen haben Wilde Verwandte
(zu den Abb. Seite 40)

Ob Herbstaster, Lupine, Garten-Türkenbund oder Zierrose – alle unsere bekannten Gartenpflanzen haben „Wilde Verwandte" die in unterschiedlichsten Lebensräumen gedeihen.
Manche sogar in anderen Ländern. Sie sind oft über lange Wege und Umwege zu uns gekommen. So etwa die Lupine, deren Heimat eigentlich aus China ist. Andere Lupinenarten stammen aus Nord-Amerika und wurden und werden bei uns angebaut oder als Zierpflanzen gepflanzt. Im Garten sind Lupinen oft Ziel von Hummeln. Also auch Zierpflanzen können Natur in den Garten bringen, wenn man die richtigen wählt. Ganz so überprächtig wie manche Zier- und Pfingstrosen sollten sie jedoch nicht gefüllt sein. Denn sonst kommen Schmetterlinge, Bienen, Hummeln, Schwebfliegen und andere Insekten nicht einmal mehr an den Nektar heran.
Apropos Schmetterlinge: für sie ist der Phlox eine ideale Nährpflanze. Wir haben auf der nächsten Seite einen Feld-Rittersporn abgebildet. Er sieht im Vergleich zu den Gartenformen sehr schlicht aus. Aber die vielfach bunt gefärbten Rittersporn arten vom Staudengärtner sind durchaus mit ihm verwandt. Beim Garten-Türkenbund ist die Ähnlichkeit mit dem Türkenbund unserer Laubwälder eigentlich unverkennbar. Die vielen Astern-Sorten unserer Gärten haben sowohl einheimische Verwandte als auch Stammformen im fernen Asien und in Nordamerika.

Herbstaster

Feld-
Rittersporn

Chrysantheme

Lupine

Garten-
türkenbund

Zierrose

Garteniris

Pfingstrose

Phlox

40

Weißlingstöter

Rosenkäfer

♂ Großer Kohlweißling ♀

Kleiner Fuchs

Tagpfauenauge

Leder-Laufkäfer

Deutsche Wespe

Gemeine Wespe

Fuchsrote Sandbiene

Sächsische Wespe

Hornisse

Gallische Feldwespe

Wiesenhummel

Steinhummel ♂

Zweifarb-Mauerbiene

Braune Mauerbiene

Gartenhummel

Ackerhummel

Erdhummel ♀

41

Wege als Grenzen –
an Zäunen und Mauern

C.-P. Hutter

Jeden Tag gehen viele Leute an dem ergrauten, alten Lattenzaun vorbei. Kaum jemandem fällt die Veränderung auf, und doch ist dort etwas geschehen. Die Kinder, die an dem Zaunstück täglich zweimal auf dem Weg zur Schule und zurück nach Haus vorbeischlendern, haben oft mehr Gespür für die kleinen Veränderungen in ihrer Umgebung als die Erwachsenen. Schon oft sind sie am Zaun stehengeblieben, weil sich auf dem sandigen Boden vor den Zaunlatten an heißen Tagen immer mal wieder Zauneidechsen sonnen. Auch interessante Käfer kann man dort beobachten, und die waren dann schuld, wenn die ersten Minuten des Unterrichts versäumt wurden.

An einem warmen Julimorgen fällt es Carolyn zuerst auf. „Letzte Woche waren doch hier noch keine Schlingpflanzen um die Zaunlatten", sagt sie erstaunt zu ihren Freunden. „Die Kakteen meiner Mama haben auch manchmal so große weiße Blüten", meint Christian. Einige Stunden später kann die Biologielehrerin den interessierten Kindern weiterhelfen. Und da staunen dann die jungen Naturkundler nicht schlecht, als sie hören, daß eine solche Zaunwinde – die sie entdeckt haben – schon ein Phänomen ist.

Die ursprüngliche Heimat dieser Pflanze sind die Röhrichte, wo sich die Winde an Schilfstengeln und anderen „Gerüst-Pflanzen" emporschlingt. Aber seit langer Zeit wachsen Zaunwinden auch an Waldrändern, Gebüschen, Hecken und eben an Zäunen. Und das Winden ist schon ein erstaunlicher Vorgang. Entgegen dem Uhrzeigersinn beschreibt die Stengelspitze während des Wachstumsvorgangs einen Kreis. So versucht die Pflanze, eine geeignete Unterlage zum Emporranken zu finden. Bei diesen „Suchbewegungen" braucht die Zaunwinde für einen vollen Kreis, der im übrigen mehrere Zentimeter Durchmesser haben kann, nur zwei Stunden. Und so kann es unter günstigen Bedingungen recht schnell passieren, daß der Zaun innerhalb von wenigen Tagen zu grünen beginnt. Nach wenigen Wochen schon kann ein Zaunstück vollständig von der Zaunwinde überwachsen sein.

Ein anderer Rekordler am Zaun ist die eigenartige Zaunrübe. Diese, zu den Kürbis-Gewächsen gehörende, Pflanze gedeiht an warmen Stellen auf nährstoffreichen, humushaltigen und lockeren Lehmböden. Die Sprossen der Zaunrübe wachsen bei günstigen Temperaturen 0,056 Millimeter in der Minute, und die Pflanze bringt es so am Tag auf acht Zentimeter Zuwachs. Das ist schon erstaunlich, wenn man weiß, daß die meisten Pflanzen mit einer Geschwindigkeit von weniger als 0,005 Millimetern in der Minute wachsen.

Kleines Wunder am Lattenzaun

Die Zaunwinde sucht sich selbst durch kreisende Bewegungen einen Halt. Für einen Kreis braucht die Pflanze etwa zwei Stunden.

Lebensraum für Spezialisten und Grenzgänger

Zäune und Mauern sind in erster Linie auch Grenzen. Aber nur für uns Menschen und für einige Tiere, die nicht fliegen können, und die zu groß sind, um durch Spalten und zwischen oder unter Latten und Drahtgeflecht durchkriechen zu können, oder die zu klein sind, um darüber hinweg zu springen oder zu klettern.

Für viele Tiere und Pflanzen aber sind Zäune und Mauern und auch die schmalen Streifen entlang dieser „Grenzen" ganz spezielle Lebensräume. Da gibt es Pflanzen und Kleintiere, die dorthin von den umgebenden Gärten, den Wiesen, Hecken und Waldrändern eingewandert sind. Andere haben sich als richtige Überlebensstrategen der schmalen Welt angepaßt. Manche Tiere kommen immer mal wieder als Grenzgänger am Zaun vorbei, um dort auf Nahrungssuche zu gehen, sich im Schutz der rankenden Pflanzen und der Stauden zu verstecken oder um Baumaterial zu holen wie die Wespen, die hier vom ergrauten Holz Fasern abschaben, um damit die furnierartigen Nester zu bauen.

Die kleine Welt entlang von Zaun und Mauer ist oft auch Heimat der Wolfsspinne.

Zäune sind nicht nur „Visitenkarten" für ein Grundstück, sondern auch Mini-Lebensraum vieler „Grenzgänger".

Lassen wir doch zum Gartentor auch ein Stück vielfältiger „wilder Natur" herein.

Wissenschaftliche Untersuchungen haben bewiesen: alte Weidenzäune mit ihren unbehandelten Holzpfählen sind „Kinderstube" vieler Schlupfwespen und Wildbienen.

Wo die Natur eine Chance bekommt, entwickelt sich auf schmalstem Raum eine „bunte" Dorfvegetation. Randsteine sind zugleich „Trittsteine" für viele gefährdete Wildpflanzen unserer Siedlungen. Was wir hier brauchen, ist lediglich Mut zur Natur.

Wo es feuchte Verstecke zwischen Steinen und hinter Holzlatten gibt, sind nach Regenwetter oder bei feucht-schwüler Witterung auch unterschiedliche Schnecken unter den Grenzbewohnern: Gartenbänderschnecke (links oben), Hainbänderschnecke (rechts oben), Weinbergschnecke (links unten) und Rote Wegschnecke (rechts unten).

Aber nur dort, wo die Natur noch nicht von den Randzonen vertrieben wurde und chemisch reingehaltene Betonmauern und plastiküberzogene Drahtzäune noch nicht Lattenzaun und Natursteinmauer ersetzen, können sich „grüne Grenzen" entlang der Wege entwickeln.

Daß sich viele Tiere und Pflanzen auf die Grenzwelt spezialisiert haben, zeigen uns nicht nur Pflanzennamen wie Zaunwinde, Zaunrübe, Zaunwicke, Mauerraute, Mauerpfeffer und Mauerlattich, sondern auch Tiernamen wie Zaunkönig, Zauneidechse und Mauereidechse.

Wo unverfugte Natursteinmauern erhalten oder wieder gebaut werden, finden die selten gewordenen Mauereidechsen auch künftig einen Lebensraum durch „Menschenhand".

Trockenmauern sind „Kunstfelsen" im Miniformat. Sie bieten Heimat für viele „Überlebensstrategen".

Mauern sind Kunstfelsen im Kleinen. Und spätestens seit die Römer die Kenntnis des Bauens mit Steinen über die Alpen brachten, bestimmen Mauern auch als Abgrenzungen oder Böschungsstützen das Bild menschlicher Siedlungen. Natürlich gibt es sehr viele unterschiedliche Mauern, z. B. aus Kalk-, Granit- oder Sandsteinen. Werden die Steine ohne Mörtel – also „trocken" – aufeinandergesetzt, dann wird dieselbe Bauweise wie schon vor 2.000 Jahren praktiziert. Solche fugen-, ritzen- und spaltenreichen Mauern bieten mitten in den Dörfern und Städten vielen Pflanzen, die aus natürlichen Felsstandorten eingewandert sind, einen idealen Lebensraum. So sieht man mitunter kleine Farnbüschel, die sogar aus trockenen Mauerritzen hängen. Bei starker Sonneneinstrahlung sehen die graugrünen Pflänzchen schon recht vertrocknet aus. Aber das ist nur die Überlebensstrategie der Mauerraute. Wären die nur zwischen fünf und fünfzehn Zentimeter langen Blättchen nicht zusammengeschnurrt, würde die Pflanze schnell austrocknen, denn an einem heißen Sommertag kann die Temperatur an der Oberfläche von Mauersteinen bis zu 70 Grad Celsius erreichen. Durch das Zusammenziehen verkleinert die Mauerraute ihre Blattoberfläche und schützt sich so vor der Verdunstung.

Aus den Mauerfugen quillt Leben, das an die extremen Bedingungen besonders angepaßt ist: Mauerraute (links) und Brauner Streifenfarn.

Ähnlich kann sich auch ein anderer Kleinfarn am Mini-Felsen halten. Der Braune Streifenfarn rollt bei starker Sonnenbestrahlung die kleinen Blättchen ganz eng zusammen. Das oft an Mauern vorkommende Frühlingsfingerkraut – eine der ersten Blütenpflanzen im Frühjahr – ist mit einem rosettenartigen Polsterbewuchs ausgerüstet, der den Wurzelansatz vor der Hitze schützt. Außerdem ist die Wurzel des Frühlingsfingerkrauts so lang, daß sie durch die Fugen der Mauer bis in das dahinter liegende Erdreich vordringt und so die Pflanze mit Nährstoffen versorgen kann. Viele mauerbewohnende Gewächse können Wasser in ihren walzenförmigen und oft mit einer verdunstungshemmenden Wachsschicht überzogenen Blättern speichern.

Der weiße Mauerpfeffer (Kleine Fetthenne) kann Feuchtigkeit in den fleischigen Blättchen speichern und ist so bestens an die Existenz auf den trockenen Mauern angepaßt.

Das Zymbelkraut.

Der Natternkopf gedeiht auf steinigen, trockenen „Ödlandböden" ebenso wie auf Mauerkronen. Übertriebener Ordnungssinn hat viele Lebensräume dieser und anderer Dorfwildpflanzen vernichtet.

Botaniker nennen solche Pflanzen „Blatt-Sukkulenten". Dazu gehören der scharfe und weiße Mauerpfeffer sowie die verschiedenen Fetthennen-Arten. Ein typischer Wasserspeicher ist auch die rosettenartige Hauswurz, die man früher oft in die Mauerfugen und sogar auf Hausdächer gepflanzt hat. Manche Pflanzen, die ursprünglich keine Fels- oder Steinflur bewohnen, können an den Mauern überdauern, weil sie durch verholzte untere Stengelteile gegen Verbrennung geschützt sind. Dazu gehört der Wilde Majoran, der sonst auf sonnigen und mageren Böschungen und Halbtrockenrasen wächst, sowie der Dornige Hauhechel und der Quendel. Manche pflanzliche Mauerbesiedler schützen sich durch starke Blattbehaarung vor dem Austrocknen. So etwa der blau blühende Natternkopf, der wie die Königskerzen oft auf Mauerkronen wächst.

Der Schriftfarn – der sein Hauptverbreitungsgebiet im Mittelmeerraum hat – dreht als Sonnenschutz bei zu großer Hitze seine behaarten Blattunterseiten nach oben.

Pflanzen auf Wanderschaft

Es ist kurios, wie manche Pflanzen in die Mauerritzen kommen, obwohl die Samen auf den angrenzenden Weg fallen – sie werden regelrecht von Ameisen transportiert. Verschiedene Pflanzensamen besitzen fett- oder stärkehaltige Anhängsel, die von den Ameisen als Abwechslung auf ihrem Speiseplan sehr geschätzt werden. Mit den Anhängseln aber verschleppen die Ameisen auch die Samen etwa vom Schöllkraut, vom Ackerhornkraut und von der Schafgarbe in Spalten und Ritzen von Mauern. Dort bleiben die abgefressenen Samen liegen und können bei günstigen Bedingungen auskeimen.

Das Zymbelkraut – ein ganz typischer Mauerbewohner – hat eine spezielle Einrichtung zur Verbreitung seiner Samen. Nachdem die Blüten befruchtet sind, wächst der heranreifende Fruchtstand vom Licht weg und neigt sich in Richtung Mauerspalten. Damit ist gewährleistet, daß ein Großteil der Samen in die Spalten fällt und dort günstige Bedingungen für die Keimung findet. Ursprünglich stammt das Zymbelkraut aus dem Mittelmeergebiet, und man vermutet, daß es von dort einst als Zierpflanze nach Mitteleuropa gebracht wurde. An den Trockenmauern geben sich also Natur und Kultur die Hand.

Natürliches Baumaterial, künstlich zusammengefügt, ergibt neue Strukturen für Wild- und Zierpflanzen. Dies zeigt sich vor allem, wenn typische Gartenflüchtlinge zur Mauerpflanzen-Gesellschaft hinzukommen. So findet man an alten Dorfmauern auch bunt gefärbte Löwenmäulchen und den Goldlack.

Nur selten bekommt man den versteckt lebenden Ameisenlöwen zu Gesicht. Aus dem „gefräßigen" Räuber entwickelt sich die libellenähnliche, zart aussehende Ameisenjungfer.

Räuber mit Fangtrichter

Wenn der asphaltierte oder gepflasterte Bereich eines Weges nicht unmittelbar bis an die angrenzende Mauer oder den benachbarten Zaun reicht, bildet sich dort oftmals eine Miniatur-Steppe. Weil diese sehr schmalen Streifen wegen der unmittelbaren Nähe zu Mauer oder Zaun nicht begangen werden, können dort Schwarznesseln, Breit- und Spitzwegerich, Ackerwinden, Disteln, Löwenzahn, Klee und andere Pflanzen einen grünen Mauern- oder Zaunfuß bilden. An warmen, sonnenexponierten und unbewachsenen Stellen mit lockerem, feinem Sand oder Erdsubstrat kann man mit etwas Glück im Sommer kleine, regelmäßige ca. zwei Zentimeter breite Vertiefungen finden. Bei genauer Betrachtung sieht man, daß sich die Vertiefungen nach unten verjüngen und wie richtige Trichter aussehen. Mit viel Geduld und einer guten Lupe kann man am Grund des kleinen Trichters zwei kleine, krumme Stäbchen erkennen. Es sind die geöffneten Fangkiefer des Ameisenlöwen. Der Rest des nur knapp einen Zentimeter großen Tieres ist im lockeren Substrat eingegraben. Dort lauert der Ameisenlöwe perfekt getarnt auf Beute. Wenn kleine Insekten – vor allem Ameisen – an den Rand des Trichters kommen, rutschen sie in die Falle. Dort werden sie von den gezähnten Saugzangen des Ameisenlöwen ergriffen; nachdem er das Opfer mit einem Biß gelähmt hat, saugt er die Beute aus. Wollen die überlisteten Ameisen wieder aus dem Trichter klettern, bevor der Wegelagerer zuschlagen konnte, schleudert der Ameisenlöwe gezielt Sandkörnchen auf sein Opfer, die es wieder in den Fangtrichter reißen. Damit er von kräftigeren Insekten, die versehentlich in den Trichter fallen, nicht herausgezogen wird, verankert sich der Ameisenlöwe fest im Boden und versucht sich dann noch tiefer einzugraben, um so die unerwartet große Beute festhalten zu können.

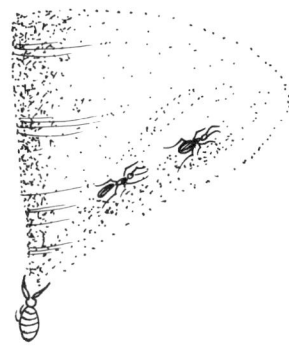

Der Ameisenlöwe fängt seine Beute in einem Fangtrichter, den er in lockerem, sandigem Boden anlegt.

Der Trichter wird stets sauber gehalten, indem der Ameisenlöwe die Reste der ausgesaugten Beutetiere mit den Zangen hinauswirft. Diese Zangen dienen dem Ameisenlöwen auch als Wurfschaufel für den nachrutschenden Sand. Ameisenlöwen sind keine „fertigen" Tiere, sondern Larven, die sich oft erst nach drei Jahren verpuppen. Aus der Puppe schlüpft dann ein Insekt, das man leicht für eine Libelle halten könnte; man nennt es jetzt Ameisenjungfer. Auch die Ameisenjungfern leben räuberisch und fangen kleine Insekten. Man sieht sie jedoch recht selten, weil sie vorwiegend in der Dämmerung aktiv sind und sich tagsüber regungslos in niedrigem Gebüsch versteckt halten.

Pflanzen an Zäunen und Mauern (Kurzbeschreibungen zu den Erkennungsbildern der nächsten Seite)

Zymbelkraut *(Cymbalaria muralis):* An warmen, jedoch eher halbschattigen Mauern. Nach der Blüte wachsen die Fruchtstände vom Licht weg in Richtung Mauerritzen. Dadurch erhöht sich die Chance, daß die Samen in Erdsubstrat gelangen können. **Zaunwinde** *(Convolvulus sepium):* Die sich linkswindende Pflanze hat bis 70 cm tiefe Wurzeln und blüht im Sommer. **Scharfer Mauerpfeffer** *(Sedum acre):* Auf Mauerkronen, in Mauerritzen, auf Lesesteinhaufen, in Weinbaugegenden, Stein-Geröll- und Schuttfluren, im Gebirge. Bildet richtige – ca. 5 bis max. 12 cm hohe – Polster. Blüht gelb im späteren Frühjahr. **Kleine Fetthenne** *(Sedum album):* Pionierpflanze auf Felsköpfen und auf Mauerkronen, auf Kiesdächern, in Felsschuttfluren und auf Lesesteinhaufen. In den Alpen bis etwa 1800 m Höhe. **Brombeere:** Über 70 Arten in Mitteleuropa, die nur von Fachleuten sicher unterschieden werden können. An Böschungen, auch an Zäunen (oft Gartenformen), an Hecken- und Waldrändern, in Waldlichtungen. **Mauerraute** *(Asplenium ruta-muraria):* An Kalkfelsen und in Mauerritzen (zwischen Kalksteinen oder

dort wo die Mauersteine mit einem lockeren – oder locker gewordenen – Kalkmörtel verfugt sind). Der Kleinfarn wird meist nicht größer als etwa 12 cm. **Efeu** *(Hedera helix):* Eine bekannte Kletterpflanze, die nur in tieferen, milden und luftfeuchten Lagen zum Blühen kommt. Dort bildet dann das Efeu in Baumkronen oder auf Mauern, ebenso wie an Felsen, struppig aussehende Büschel mit gelbgrünen, halbkugeligen und aufrecht stehenden Blütendolden. Beim blühenden Efeu bildet sich auch eine andere Blattform. Die Blätter sind dann nicht mehr gebuchtet, sondern ganzrandig. **Zaungiersch** *(Aegopodium podagraria):* Am kahlen, hohlen Stengel und den einfach oder doppelt dreiteiligen Blättern gut zu erkennen. An Böschungen, Mauerbereichen und im Zaunbereich auf feuchten, stickstoffreichen Böden. **Ackerkratzdistel** *(Cirsium arvense):* Bildet bis zu 2,80 Meter lange Wurzeln und kann so auch an extremen Standorten, an Mauern, Zäunen oder selbst zwischen Randsteinfugen noch Nährstoffe erschließen. **Schöllkraut** *(Chelidonium majus):* Sicherstes Kennzeichen: aus einem abgepflückten Stielchen quillt ein orangegelber Milchsaft. Früher meinte man, dieser Saft sei ein Mittel gegen Warzen. Blütezeit: Frühling bis Spätsommer. Die Pflanze wird bis zu 1 m hoch.

Zymbelkraut

Kleine Fetthenne
(Weißer Mauerpfeffer)

Scharfer
Mauerpfeffer

Zaunwinde

Brombeere

Mauerraute

Efeu

Zaungiersch

Acker-Kratzdistel

Schöllkraut

52

Zweifarb-
Mauerbiene

Braune
Mauerbiene

Gemeine Wespe

Sächsische Wespe

Deutsche
Wespe

Rote Wespe

Schutthummel ♀

Erdhummel ☿

Steinhummel ♀

Gartenhummel ☿

Schwarze
Schlupfwespe

Admiral

Bienenwolf

Pelz-Mörtelbiene

Kleiner
Puppen-
räuber

Gemeiner
Totengräber

Töpfer-
Pillenwespe

Mauerbiene Osmia cornuta ♂

Mauerbiene Osmia tridentata ♀

Osmia rufa, eine der noch häufigsten Mauerbienen.

Bienen als Maurer

An Mauern finden sich auch interessante Wildbienen mit erstaunlichen Anpassungen an ihren Lebensraum. Die Mauerbiene „Osmia rufa" bewohnt vorhandene Hohlräume in Mauerfugen oder besiedelt verlassene Fraß- und Bohrlöcher anderer Insekten in Zaun- und Weidepfählen. Nach dem Eintragen von Pollen als Nahrungsvorrat für die später dort aufwachsende Larve und der Eiablage mauert die Osmia mit einer Art Mörtel, bestehend aus Lehm und ihrem Speichelsekret, die Nahrungs- und Brutkammer zu. Anschließend legt sie die nächste Zelle an. Dann wird das Nest der solitär – also einzelnlebenden – Biene endgültig vermauert.

Man kann diese Insekten auch am Haus und im Garten beobachten. So bauen sie, an die Zivilisation angepaßt, ihre gemauerten Zellen auch in die hohlen Stoppklötze von Rolläden. Wer eigens dazu angebohrte (Bohrloch ca. 6–7 mm) Hartholzklötze an sonnigen, trockenen Stellen aufhängt, kann mit ziemlicher Sicherheit ab Ende April die ersten Mauerbienen einfliegen sehen.

An Mauern und entlang von Zäunen gibt es immer auch Gehäuse-schnecken. Die Zweifarbmauerbiene „Osmia bicolor" hat sich als Nachmieterin auf leere Schneckenhäuser spezialisiert. Hauptsächlich in die leeren Häuschen von Schnirkelschnecken bringt sie Pollenvorrat ein. Er wird wie bei allen Mauerbienen nicht an den Beinen gesammelt, wie dies unsere Honigbiene macht, sondern mit dem Bauch aufgenommen. Man nennt diese Insekten deshalb auch Bauchsammlerbienen. Der Pollen wird geerntet, indem die Wildbiene die Unterseite ihres Hinterleibs als „Haarbürste" benützt und damit über die Staubgefäße der Blüten streift. Im Nest wird die „Ernte" dann mit den Beinen abgestreift. Die Zweifarbmauerbiene mauert im leeren Schneckenhaus nach jeder Eiablage eine Zwischenwand, um danach weitere Zellen anzulegen. Schließlich wird auch der Eingang zur billig erworbenen Wohnung vermauert.

Jede Mauerbienenart hat ganz spezielle Nestbauweisen entwickelt. Allein in Mitteleuropa gibt es rund 30 Arten der Gattung Osmia.

Wo an Zäunen und Mauern Brombeeren ranken, lebt die interessante Lehm-Pillenwespe (Odynerus laevipes). Sie zeigt eine den Mauerbienen ähnliche Nestbauweise.

Im Gegensatz zu den Wildbienen trägt sie für die Brut keinen Pollen, sondern gelähmte Beutetiere ein. In eine Brutzelle im hohlen Brombeerstengel bringt die Lehm-Pillenwespe zwischen fünf und sechs Raupen. Die Beute wird nicht getötet, sondern durch einen Stich lediglich gelähmt. So wird der Nahrungsvorrat für die Larven konserviert und bleibt frisch. In dem hohlen Brombeerstengel werden die einzelnen zylinderförmigen Zellen ganz aus Lehm gemörtelt. Der Tübinger Insektenspezialist Dr. Paul Westrich vermutet, daß diese Wespenart – wie es andere Arten auch heute noch tun – vor Urzeiten ihre Nester im Freien gebaut hat. Im Laufe der Evolution hat die Lehm-Pillenwespe dann ihre Lebensweise geändert und für ihre Nester die schützenden Brombeerstengel ausgewählt. Bis heute hat diese „Strategie" der Art genützt. Wenn aber im Frühjahr außerhalb der Ortschaften die Vegetation an Mauern, Böschungen und Rainen leider immer noch abgebrannt wird, Kleinlebensräume weiterhin vernichtet werden und im besiedelten Bereich naturnahe Elemente sterilen Einheitsgrünflächen, Asphalt und Beton weichen müssen, sieht es für die Zukunft dieser Tiere und vieler anderer Kleinlebewesen düster aus.

Wegrain – Kleine Welt in langen Streifen

C.-P. Hutter

Ein würziger, appetitanregender Duft weist schon von weitem den Weg zur Pizzeria „Bella Napoli". Seit das gemütliche Lokal am Marktplatz eröffnet wurde, schätzen jung und alt die italienische Küche. Die Stammkunden im „Bella Napoli" wissen, daß der Inhaber Salvatore Barberi höchstpersönlich die runden, knusprigen Pizzas zubereitet und alles frisch aus dem Backofen auf den Tisch kommt. Alle möglichen Pizza-Sorten sind zu haben. Doch egal, ob auf den Hefeteig neben Tomaten und Käse noch wahlweise Salami, Pilze, Zwiebeln, Sardellen oder Schinken aufgelegt werden; bevor das Ganze in den heißen Backofen geschoben wird, streut Salvatore über jede Pizza noch ein Gewürz. Es ist Oregano, das der Wirt des „Bella Napoli" immer direkt aus seiner italienischen Heimat importiert.

Viele Pizzeria-Besucher, die an einem heißen Sommertag im Juli oder August durch die Fluren wandern oder radeln, bemerken an trocken-warmen Wegrainen, Böschungen und Dämmen vielleicht die weißlich-rosa bis tief lila leuchtenden Blütenrispen. Die allerwenigsten aber wissen, daß es sich dabei um nichts anderes als Oregano – eben die typische Pizzagewürzpflanze – handelt. Bekannter ist die 30–60 Zentimeter hohe Pflanze schon eher als Dost oder Wilder Majoran. Daß es sich tatsächlich um Oregano handelt, läßt sich leicht am würzigen Duft eines zerriebenen Blättchens erkennen. Aber auch der lateinische Name „oreganum vulgare" deutet schon darauf hin.

So wie viele nicht wissen, daß es Oregano nicht nur in der Toscana oder in der Provence, sondern auch an unseren Wegrainen, an trockenen Bahndämmen und Böschungen gibt, halten die meisten Thymian für eine rein südländische Pflanze. Man schätzt ihn als Gewürz für kräftige Suppen, schmackhafte Soßen, Fisch- und Fleischgerichte. Freilich kommt der meiste Thymian aus dem Mittelmeerraum von zwergstrauchartigen Pflanzen, die dort an Wegen, an Magerböschungen, an Mauern und Steinwällen wachsen und schon seit Jahrhunderten auch in unseren Gärten zu finden sind. Unser heimischer Thymian ist zwar nicht ganz so aromatisch wie sein südländischer Verwandter, entfaltet aber beim Zerreiben der meist nicht einmal einen halben Zentimeter großen Blättchen dennoch einen würzigen unverkennbaren Duft. Die wärmeliebende und oft regelrechte Polster bildende Pflanze wird leicht übersehen. Aber überall dort, wo an einen Weg magere Böschungen, Trockenrasen, steinige oder felsige Bereiche angrenzen, besteht die Chance, daß man den eigentlich recht weit verbreiteten heimischen Thymian findet. Von Juni bis Oktober blüht die Pflanze und ist dann an den zahlreichen, gehäuften kleinen Blüten, die auf rund zehn Zentimeter langen, vierkantigen und meist behaarten Stengeln sitzen, zu erkennen.

„Würz-Burg" Wegrain

Wilder Majoran. Als „Oregano" schmeckt er köstlich auf der Pizza.

Thymian verfeinert Saucen und Suppen.

Der südeuropäische „echte" Thymian hat heute als Gewürz eine größere Bedeutung als unser gewöhnlicher Thymian. Unsere heimische Pflanze, die übrigens in zahlreichen Sippen vorkommt, wurde jedoch früher als Arzneipflanze sehr geschätzt. Viele nützliche Eigenschaften unserer Wildpflanzen sind ja in Vergessenheit geraten oder nur noch im Wissensschatz einiger weniger Spezialisten gespeichert. Eine Vielzahl von Heil- und Arzneimitteln, die früher in der Volksmedizin auf der Basis von Pflanzenextrakten hergestellt wurden, gewinnt man heute synthetisch. Und so wandert mancher Naturfreund an unscheinbaren Pflänzchen – wie etwa am Thymian oder am wilden Majoran – vorbei, ohne deren Bedeutung zu kennen.

Dabei gibt es eigentlich am Wegrand ein eigenes kleines Wunderland zu entdecken. Da sind interessante Pflanzengemeinschaften mit ungewöhnlichen Abhängigkeiten, Schmarotzertum und regelrechten Überlebensstrategien zu ergründen. Abenteuerliche Einzelkämpfe, verborgene Nahrungskammern und emsige Teamarbeit kennzeichnen die Kleinlebewelt des Tierreichs am Wegrain. Überhaupt eignen sich Wegraine, Böschungen und Randflächen bestens, um ein klein wenig den vielen Geheimnissen der Natur auf die Spur zu kommen. Bei Spaziergängen, Wanderungen oder kurzen Exkursionstouren hinaus vor die Dörfer und Städte läßt sich manches entlang der Wege beobachten. Und jeder ist dann auf dem richtigen Weg, wenn er die Pfade nicht verläßt und vom Wegrand aus seine Naturkenntnisse erweitert.

Mini-Landschaft mit großer Bedeutung

Wie die Wege selbst sind auch deren Randzonen und Böschungen vom Menschen geschaffene Landschaftselemente. Dabei brauchen wir nicht einmal zwischen Fußwegen, Straßen und Schienenverkehrswegen zu unterscheiden. Die Randzonen aller dieser Verbindungslinien haben eine hohe ökologische Vielfalt mit standörtlich unterschiedlicher Ausprägung gemeinsam.

Entstehen konnte das vielseitige Leben am Bahndamm, Wegesoder Böschungsrain, weil es sich dabei meist um nicht genutztes oder nur extensiv bewirtschaftetes Grenzgelände handelt. Oft sind die Wegränder und Böschungen nur schmale Streifen im Verhältnis zur übrigen Feldflur. Eben jene Flächen, die sich etwa in steilerem Gelände nicht für die intensive landwirtschaftliche Nutzung eignen, oder solche, die zwischen den Wegen und der angrenzenden Acker- oder Wiesenfläche noch verblieben sind.

Es gibt wohl so viele Wegraintypen wie Wegränder überhaupt. Ein Geländestreifen mit angrenzendem Graben in einem feuchten Wiesental weist eine andere Pflanzen- und Tiergemeinschaft auf als eine trockene, sonnenexponierte Wegböschung auf felsigem Untergrund. Und der Wegrain in sandigem, magerem Gelände wird sich anders präsentieren als ein Bahndamm, der vor Jahrzehnten aus lehmigem, nährstoffreichem Bodenmaterial aufgeschüttet wurde, oder ein beweideter Deich an Nord- und Ostsee, an Elbe und Weser. So kann man den Thymian als Spezialisten für trockenere Gebiete nicht am Rand des Weges in der Flußaue erwarten; genausowenig wie die eher feuchtigkeitsliebende Kuckuckslichtnelke eine magere Böschung besiedeln wird. Mit den Tieren ist es nicht anders. Wegraine beherbergen fast immer ein richtiges Sammelsurium von Pflanzen- und Tierarten, die – aus den unterschiedlichsten Lebensräumen kommend – hier eine Existenzmöglichkeit finden und zusammen eine neue Lebensgemeinschaft bilden. Sie werden bereichert durch Arten, die solchen Strukturen angepaßt sind.

Dämme, Böschungen und Wegränder sind immer ein kleines Spiegelbild der sie (zumindest früher) umgebenden Landschaft. Weil es sich jedoch um extremere Standorte handelt – etwa durch Trittbelastung oder steinigen Untergrund – sind diese Mini-Streifenbiotope mit anderen Lebensräumen nicht direkt vergleichbar. Und das macht sie auch so interessant. Betrachten wir doch einen jener typischen, mehr trockenen Wegraine einmal näher:

Wenn der Frühling seinen Höhepunkt fast erreicht hat und die warmen Tage den nahenden Sommer schon erahnen lassen, entfaltet der Wegrain seine bunte Blütenpracht. Margariten, Salbei, Skabiosenflokkenblumen leuchten in der ersten Junihitze um die Wette, und im leichten Nachmittagswind wiegen sich die Rispen von Knäuelgras, der Fieder-Zwenke und des Glatthafers. Es sind allesamt Pflanzenarten, die in verschiedenen Wiesen ihren Hauptlebensraum haben. Den Roten Wiesenklee und den recht kleinblütigen gelben Feldklee findet man sowohl in Wiesenbereichen als auch auf Ackerfluren. Die mit filigranen Rispen versehene Aufrechte Trespe ist eine Grasart aus den kargen Halbtrockenrasen und Magerwiesen. Diesem Lebensraum entstammt auch die leuchtend purpurrote Karthäusernelke und der gelb blühende Klappertopf. Dort, wo unmittelbar am Wegrand der Boden immer wieder gestört wird, wo Autoreifen und Traktorräder mitunter die Grasnarbe aufreißen oder einfach ständiges Begehen die Bildung eines dichteren Pflanzenbestandes verhindert, finden sich speziell angepaßte Arten wie Breitwegerich, Strahlenlose Kamille und Vogelknöterich. Es sind Pflanzen, die im Gegensatz zu den reinen Wiesenpflanzen ständige Trittbelastungen oder auch andere Bodenstörungen vertragen. Wir treffen diese und andere „Trittflur-Arten" vor allem auch im Mittelstreifen unbefestigter Feldwege an (vgl. S. 82/83). Gerade am Wegrand können sich diese Tritt-Spezialisten gegen Konkurrenten behaupten, was an anderen Standorten nicht möglich ist. Ein klein wenig abseits der Trittflur, aber außerhalb der geschlossenen Pflanzendecke des Wegrains, bestimmen von Ende Juli bis Anfang September die hellblauen Blüten der Wegwarten das Bild. Diese mit der Endivie verwandte Pflanze ist sehr lichtbedürftig und könnte inmitten einer Wiese unter dem Konkurrenzdruck vieler anderer Blumen und Gräser nicht überdauern. Weil die Wegwarte also wenig Nachbarschaft verträgt, stehen ihr nur sehr schmale Grenzbereiche zur Verfügung; dort aber gibt es keine Platzkonkurrenten. Juli und August ist auch die Hauptblütezeit des Klatschmohns. Er gehörte einst zu den meist verbreiteten Getreide-„Unkräutern", die zusammen mit der Saat immer wieder ausgebracht wurden. Heute findet man diese Pflanze, außer in Ödlandbereichen, gerade an den Wegrändern.

Straßen trennen Lebens-
räume. Wo jedoch die
Randbereiche nicht
gedüngt oder totgepflegt
werden, kann sich eine
artenreiche Pflanzenwelt
entwickeln.

An die extremen Bedingun-
gen der Wege und
Wegränder besonders
angepaßt ist die im
Hochsommer blühende
Wegwarte.

Ökologisch wertvoller
Magerrasen am Wegrain,
Heimat interessanter
Insekten.

Ein Beweis für die ökolo-
gische Bedeutung der
Disteln: Drei verschiedene
Arten von Widderchen auf
Distel-Blüten. Von links
Blutströpfchen neben Wie-
senhummel, Thymian-Wid-
derchen (6 Exemplare auf
einer Blüte!), Grünwidder-
chen.

Ein Ölkäfer-Weibchen,
auch Pflasterkäfer oder
Maiwurm genannt.

Ein naher Verwandter aus
der Familie Ölkäfer:
Die Spanische Fliege.

An sonnigen Tagen im Mai kann man mitunter plump wirkende, bis vier Zentimeter große, schwarzbläulich glänzende Käfer auf Wegen und Wegrainen umherkriechen sehen. Es sind weibliche Tiere des Ölkäfers „Meloe" auf der Suche nach geeigneten Stellen für die Eiablage. Der gewölbte Hinterleib ist enorm aufgedunsen; kein Wunder, denn ein einzelnes Ölkäfer-Weibchen legt zwischen 2000 und 5000 Eier in kleinen Päckchen an sonnigen und trockenen Stellen in ein bis zwei Zentimeter tiefe Erdmulden, die der Käfer selbst gräbt. Die hohe Eizahl ist die einzige Chance zur Erhaltung der Art. Denn bis aus einem Ei ein „erwachsener" Ölkäfer wird, wird eine merkwürdige und äußerst gefahrvolle Entwicklung durchlaufen. Schon bald nach der Eiablage schlüpfen aus den Eiern der Ölkäfer kleine, nicht einmal einen Millimeter große Larven. Sie sind jetzt noch recht flink und erklettern mit Hilfe der drei „Klauen", die an jedem der sechs Beinchen sitzen, die am schnellsten erreichbaren Blütenpflanzen des Magerrasens am Wegrain oder der Trockenwiese. Schon mit dem Erklettern der Pflanzen entscheidet sich, welche Larven Überlebenschancen haben. Ölkäferlarven sind nämlich auf bestimmte Bienenarten angewiesen, um in ihre eigentliche „Kinderstube" zu gelangen. Die weitere Larvenentwicklung kann nur im Nest bestimmter Wildbienen erfolgen. Es sind solitär lebende Bienenarten, wie Erdbiene, Langhornbiene, Mauerbiene und Mörtelbiene (vgl. Seite 125), in deren Erdröhren die Meloe-Larven schmarotzen. Und Bienen wählen eben fast immer Blüten als Landeplatz. Die Natur trifft eine Zufallsauslese: die kleinen „Dreiklauer" können weder Wildbienen von Wespen noch Schwebfliegen von Schmetterlingen unterscheiden, sondern klammern sich an den ersten behaarten Blütenbesucher. Larven, die das „falsche" Insekt erwischt haben, werden ebenfalls schon bald eingehen. Meloe-

Als blinder Passagier in die Kinderstube

Larven, die den richtigen „Blütenjet" bestiegen haben und mit der Wildbiene in deren Nest gelangen, springen dort in dem Moment ab, wenn die Biene ihr Ei in eine mit Pollen gefüllte Brutzelle legt. Zunächst frißt die Larve das Bienenei auf und macht sich anschließend nach einer ersten Verwandlung in ein anderes Larvenstadium an den Nektar- und Pollenvorrat. Bei dieser Kost wächst die jetzt nur noch mit Stummelbeinen versehene Ölkäferlarve rasch heran und häutet sich ein zweites Mal. Schließlich verläßt sie den Bienenbau, um sich vor einer weiteren Häutung in die Erde einzugraben. In diesem dritten Larvenstadium verbringt das Tier in einer Art Ruhestarre auch den Winter. Im Frühjahr erfolgt eine weitere Häutung, der bald die Verpuppung folgt. Erst jetzt schlüpft nach einer weiteren Ruhezeit das fertige Insekt – der neue Ölkäfer – aus. Bei dieser komplizierten und gefahrvollen Jugendzeit der Ölkäfer ist es eigentlich nicht verwunderlich, daß nur eine ungewöhnlich hohe Eizahl die Nachkommenschaft sichern kann. Ölkäfermännchen wird man übrigens seltener entdecken; sie sind nicht einmal einen Zentimeter groß.

Die jeweils unfreiwillig bewirtende Biene indessen kann sich gegen die Eindringlinge nicht wehren. Sie wird nicht einmal bemerken, daß der eigene Nachwuchs dezimiert wurde. Ein Beispiel von den unzähligen Abhängigkeiten, Verflechtungen und Gesetzmäßigkeiten in der Natur.

Fliegende Giftbomben am Wegrain

Bereits 0,03 Gramm des Giftes „Cantharidin" reichen aus, um einen Menschen zu töten. Das wußte man schon im Altertum und im Mittelalter. Damals wurde dieses Gift in geringeren Dosierungen als Arznei verwendet, und man hoffte, damit verschiedene Leiden heilen zu können. Im 17. Jahrhundert aber nahm man Cantharidin zur Herstellung des „Aqua Tofana", mit dem man kaltblütige Giftmorde verübte. Nun ist Cantharidin nichts anderes als ein Giftstoff, der aus getrockneten und zerriebenen „Spanischen Fliegen" gewonnen wird. Und die Spanische Fliege ist eigentlich ein Ölkäfer. Das metallisch grünlich schimmernde, rund zwei Zentimeter große Insekt ist mitunter ebenfalls an trockenen, sonnigen Wegrainen zu beobachten. Vor allem im Hochsommer tauchen die fliegenden kleinen „Giftbomben" an den Wegrainen, insbesondere in der Nähe von Waldrändern auf. Die Giftigkeit ist nicht weiter gefährlich für uns Menschen, denn wer ißt schon Käfer.

Die Larven der Spanischen Fliege entwickeln sich übrigens auch in den Nestern von verschiedenen Erdbienen. Sie lassen sich aber nicht von den Bienen als blinde Passagiere dorthin tragen, sondern machen sich selbst auf den Weg. Im Bienenbau – hauptsächlich werden die Nester von Seidenbienen aufgesucht – angekommen, macht sich die Larve sofort über den vorhandenen Honig- und Pollenvorrat her. Die weitere Entwicklung läuft dann ähnlich ab wie beim Ölkäfer „Meloe".

Die erwachsenen Käfer fliegen zu geeigneten Futterpflanzen wie Liguster, Flieder, Skabiose, Geißblatt, Esche und Ahorn. In Südeuropa – vor allem in Spanien – fliegen diese Ölkäfer in großer Zahl um Olivenbäume, von deren Blättern sie sich ernähren. Deshalb heißen sie auch Spanische Fliegen. Die Bezeichnung Ölkäfer ist dagegen auf eine Eigenschaft dieser interessanten Insekten zurückzuführen: Bei Gefahr scheiden sie an den Kniegelenken eine ölige Flüssigkeit aus.

Aus den Spanischen Fliegen werden heute keine zweifelhaften Heilmittel mehr hergestellt. Und glücklicherweise sind die gar nicht so guten, alten Zeiten vorbei, in denen man diese Ölkäferart für heimtückische Giftmorde mißbraucht hat. Trotzdem ist das interessante Insekt äußerst selten geworden. Ursache dafür ist die schleichende Lebensraumvernichtung. Überall in Europa kann man nachvollziehen, wie aus blumenbunten Wegrainen monotone Ackerflächen wurden. Über Jahrzehnte hinweg wurden sogar Böschungen und Bahndämme nach jedem Winter abgebrannt. Die Ölkäfer wurden während ihrer Suche nach geeigneten Stellen für die Eiablage genauso von den Flammen vernichtet wie die gerade erst geschlüpften Wildbienen, Schmetterlinge und tausende anderer Kleintiere.

Wer der kleinen Welt am Wegrain helfen will, sollte seinen Bürgermeister und die anderen Verantwortlichen in Dorf und Stadt bitten, daß die Wegraine nicht mehr – wie so oft – chemisch behandelt werden und die landwirtschaftliche Nutzung dieser Restbiotope unterbleibt.

Wenn die Gemeinden darauf achten, daß die eigentlich zum Weg gehörende Fläche wieder der Kleinlebewelt zur Verfügung steht, könnte schon bald überall ein Netz ökologisch wertvoller Kleinzellen entstehen.

Seidenes Leben – auf Kosten anderer

In vielen Gegenden sind die Wegränder – und ihre Seitenstreifen – letzte, lebende „Natur-Archive" inmitten einer intensiv genutzten, in den vergangenen Jahren immer mehr industriell geprägten Agrarflur. Eine Vielzahl von Pflanzenarten konnte sich nur auf den ungenutzten oder extensiv gepflegten Saumbiotopen halten. Diese ökologischen Zierleisten zeigen uns heute in kleinsten Ausschnitten, wie die Pflanzenwelt der umliegenden Kulturlandschaft einst ausgesehen hat. Die kräuter- und blumenreichen Randstreifen sind nicht nur eine unersetzliche „Hausapotheke" für den Feldhasen, sondern mit den vielen Insekten und den Sämereien im Herbst auch oftmals letzte Nahrungsquellen für Rebhuhn, Fasan und viele Vogelarten der Feld- und Wiesenfluren. Rund 500 Pflanzenarten hat man als Wegrainbewohner festgestellt, manchmal sind auch botanische Kostbarkeiten wie Orchideen und Enziane darunter. Während solche Blumen wegen ihrer ausgefallenen Formen und Farben schnell auffallen, braucht man für andere kleine Geheimnisse am Wegrand schon etwas mehr Entdeckerglück.

Im Sommer kann man beim Beobachten und Studieren der kleinen Welt am Wege manchmal faden- oder schnürchenähnliche, 10–40 Zentimeter lange Gebilde entdecken, die entgegen dem Uhrzeigersinn um Pflanzen gewunden sind. Es handelt sich dabei um eine Seide, die man auch Teufelszwirn nennt. Wer nach der Wurzel der Seide sucht, wird kein Glück haben; sie hat nämlich keine. Wie aber ist es möglich, daß die bleichgelben, sich windenden seidenartigen Stengelchen ohne Wurzeln existieren?

Fangen wir beim Samen an. Aus ihm keimt ein Sproß, der sich nach links dreht und mit den kreisenden Bewegungen eine „Wirtspflanze" sucht. Wir haben nämlich einen Schmarotzer vor uns. Die Sprosse können bei manchen Arten schon innerhalb einiger Wochen die Länge von 30 Zentimetern erreichen. Ist eine Wirtspflanze erreicht, so wird diese umschlungen und regelrecht angezapft. Eine Art Gewebepfropf der Seide dringt in die Wirtspflanze ein, dann entwickeln sich Zellen, die an die Gefäße der Wirtspflanze Anschluß suchen. Sobald diese „Ankoppelung" gelungen ist, stirbt der erste wurzelartige Sproß ab. Die Seide hat jetzt jeden Anschluß zum Erdreich verloren. Es gibt mehrere Teufelszwirn-Arten bei uns. Die am meisten verbreiteten schmarotzen an Klee-, Thymian-, Heidekraut- und Ginsterarten; andere „befallen" Luzerne und Brennessel.

Blätter hat die Seide nicht. Sie sind zu Schuppen rückgebildet. Die köpfchenartigen rötlichen Blütenknäuel werden nur zwischen fünf und fünfzehn Millimeter breit. Der Teufelszwirn überdauert je nach Art nur eine oder zwei Vegetationsperioden. Auf der Welt hat man übrigens rund 170 Arten gezählt. Ein indisches Sprichwort sagt, daß derjenige, der die Wurzel des Teufelszwirns findet, den Zugang zu allen Reichtümern der Erde habe. Nur schade, daß die Seide keine Wurzeln hat!

Wespenbrut im Erdstollen

Es ist Hochsommer. Nicht das geringste Lüftchen regt sich, und am sandigen Wegrand wird die heiße Mittagssonne besonders intensiv gespeichert. Jetzt, wenn die Temperatur unmittelbar am Boden gut 60 Grad und manchmal sogar 70 Grad Celsius beträgt, kommt das Leben am trocken-sandigen Wegrain, an den ausgedörrten Böschungen sowie an ödlandartigen Seitenstreifen (vgl. S. 132) so richtig in Gang. Grillen zirpen, Heuschrecken und Zikaden singen um die Wette und Hummeln wie Bienen besuchen summend und brummend eine Blume nach der anderen. Scheinbar regungslos verharren Schwebfliegen in der heißen Luft. Dazwischen gaukeln farbenprächtige Schmetterlinge. Man meint fast, die Provence sei im Kleinformat plötzlich ein Teil unserer Fluren geworden.

Dort an der kahlen Stelle landet gezielt ein auffälliges schwarzgelbes Insekt. Auf den ersten Blick meint man, eine besonders große Wespe vor sich zu haben. Bei näherer Betrachtung des emsig im sandigen Boden scharrenden Insekts fällt dann aber doch auf, daß im Gegensatz zur Deutschen Wespe und zur Gemeinen Wespe die Schwarzzeichnung am Hinterleib gegenüber dem charakteristischen Gelb der Wespen überwiegt. Außerdem ist das Insekt fast zweieinhalb Zentimeter groß, während es die bekannteren Wespenarten nur auf ein bis zwei Zentimeter bringen. Es ist eine Kreiselwespe, die da mit den Beinen den Sand wegscharrt, plötzlich im Boden verschwindet, und alsbald nach dem schnellen Verschließen des Schlupfloches wieder abschwirrt. Eine Viertelstunde später ist die Kreiselwespe wieder da und schafft erneut den Sand weg. Die Arbeit scheint jetzt etwas mehr Mühe zu machen. Kein Wunder – denn zwischen den Beinen hält sie ein gelähmtes Beutetier; wahrscheinlich ist es eine Schwebfliege. Kurz darauf schiebt sich die Kreiselwespe mit ihrer Luftfracht in das Loch im Boden. Auch der eifrigste Naturbeobachter kann kaum erahnen, daß der Gang fast einen Meter tief reicht. Dort hat die weibliche Kreiselwespe schon vor drei Wochen Brutkammern angelegt, und vor der Eiablage werden eine ganze Anzahl von gelähmten Fliegen und Schwebfliegen als Beutetiere eingetragen.

Im Gegensatz zu anderen Wegwespenarten überläßt die Kreiselwespe ihre Brut nicht einfach ihrem Schicksal. Sie betreibt sogar eine aktive Brutpflege. Immer wieder wird der Erdbau aufgegraben und nachgeprüft, ob noch genügend Beutetiere als Futter für die gefräßigen Wespenlarven vorhanden sind. Geht der Vorrat zur Neige, wird ein neuer Beutezug gestartet. Die Kreiselwespe überfällt etwa eine Schwebfliege, die nichtsahnend in einem Blütenkelch Nektar leckt. Mit einem Stich wird das Opfer gelähmt, gleichzeitig packt es die Kreiselwespe mit einem Klammergriff, um so beladen wieder zur gut getarnten Bruthöhle zurückzukehren.

Kreiselwespen gibt es dort, wo an wärmeren Stellen sandige, offene Areale zu finden sind. Dort, wo die Trockenrasen an den Wegen durch Überdüngung oder Verbuschung verschwunden sind, wo man sandige Wege asphaltiert hat oder intensiv genutzte Ackerflächen die sandigen „Kleinststeppen" verdrängt haben, können Kreiselwespen keine Brutstollen graben. Mit ihnen verschwinden viele andere Tiere aus den für sie wertlos gewordenen Streifenbiotopen entlang der Wege.

Pflanzen am Wegrain (Kurzbeschreibungen zu den Erkennungsbildern auf der nächsten Seite)

Knäuelgras *(Dactylis glomerata):* Wird zwischen 30 und 100 cm hoch. Wächst an Wegrainen mit nährstoffreichen Böden und in Wiesen, eigentlich unverwechselbar. **Odermennig** *(Agrimonia eupatoria):* Blüht auffallend gelb vom Frühling bis in den Spätsommer. An Wegrainen, Heckenrändern, auf Trockenrasen und Magerwiesen. Die Früchte der Pflanze „häkeln" sich im Fell von Tieren oder an den Kleidern der Spaziergänger fest und werden so verbreitet. **Margerite** *(Chrysanthemum leucanthemum):* Die typische Blume der früheren Muttertags-Sträuße. Heute mancherorts schon seltener, weil einst blumenreiche Wiesen Fettwiesen geworden sind oder Maisäckern weichen mußten. Margeriten finden sich hauptsächlich an solchen sonnigen Wegrainen, Böschungen und Dämmen, die nicht überdüngt sind. Die Wurzeln werden über einen Meter lang. **Wilde Möhre** *(Daucus carota):* Ein Doldengewächs, das an der schwarzen oder tiefdunkelroten Mittelblüte gut erkannt werden kann. Ein anderes Bestimmungsmerkmal: ein zerriebenes Blattstück riecht förmlich nach Karotten. Blüht vom späten Frühjahr bis in den Hochsommer. **Echte Kamille** *(Matricaria discoidea):* An eher nährstoffreichen humosen Wegrainen. Die wärmeliebende Pflanze ist ein typischer Kulturbegleiter und als solcher auch schon früher als Arzneipflanze geschätzt worden. In Mitteleuropa seit der Jungsteinzeit verbreitet. **Ackerkratzdistel** *(Cirsium arvense):* Ein Lehm- und Stickstoffzeiger. Die Ackerkratzdistel ist ein alter Kulturbegleiter, deren Samen hauptsächlich durch den Wind verbreitet werden. **Dost/Wilder Majoran** *(Origanum vulgare):* Auf mageren Böden. Eine alte Heil- und Gewürzpflanze, die sich auch durch Wurzelausläufer vermehrt. Blüht vom späten Frühjahr bis in den Spätsommer hinein. Wurzelt bis 60 cm tief. **Wegwarte** *(Cichorium intybus):* Wächst meistens am Übergang vom Wegrain zum eigentlichen Weg, an Stellen wo andere pflanzliche Konkurrenz klein ist. Die Wegwarte blüht im Hochsommer. Blüten sind jeweils nur Vormittags geöffnet. **Schafgarbe** *(Achillea millefolium):* Pionierpflanze und Bodenfestiger. Blüten weiß oder rosa. **Spitzwegerich** *(Plantago lanceolata):* Die Ährenstielchen werden zwischen 15 und max. 50 cm hoch. Unverkennbar! **Frühlingsfingerkraut** *(Potentilla verna):* Eine der ersten Blütenpflanzen im Jahr. Max. 10 cm Höhe. Bildet auf Magerrasen, besonnten und wärmeexponierten Wegrainen oft dichte Polster.

Knäuelgras

Odermennig

Margerite

Wilde Möhre

Echte
Kamille

Acker-
Kratzdistel

Dost

Wegwarte

Schafgarbe

Spitzwegerich

Frühlings-
Fingerkraut

Waldhummel ♀

Ackerhummel

Wiesenhummel ♀

Steinhummel ♀

Erdhummel ♀

♂

Gartenhummel ♀

♂

Mooshummel ♀

Weichkäfer

Gemeine Wespe

Sächsische Wespe

Deutsche Wespe

Junikäfer

Kreiselwespe

Kleiner Feuerfalter

Aurorafalter ♀

♂

Kleiner Heufalter

Hauhechelbläuling ♀

♂

Vom Winde umweht

Wenn mit der Sommerhitze viele Kleintiere am Wegrain erst richtig aktiv werden, haben sich andere bereits zurückgezogen. So auch verschiedene Schneckenarten. Sie haben sich aber nicht etwa irgendwo am Boden in der schütteren Vegetation des Trockenrains versteckt. Dort wäre ihnen der Tag zu heiß. Denn jetzt, an einem heißen Julitag, werden gegen Mittag schon ungefähr 70 Grad Celsius in Bodennähe erreicht. Und das behagt den Schnecken natürlich im Gegensatz zu den wärmeliebenden Insekten am trockenen Wegrain überhaupt nicht.

Typische Trockenrasenbewohner unter den Schnecken sind die Heideschnecke (ca. 18 Millimeter Durchmesser) und die mit ihrem pyramidenartigen Gehäuse auffälligere Zebraschnecke (ca. 1–3 Zentimeter Länge). Vor der großen Hitze kriechen sie rechtzeitig an Blumen- und Gräserstengeln hoch. In diesem Stockwerk des Wegrains oder der Böschung ist es schon nicht mehr so heiß. Und mitunter kommt auch ein leichter Luftzug auf und die an den Pflanzen klebenden Schnecken wiegen sich sachte im Wind.

Rund um das Mittelmeer – besonders in Südeuropa und in Nordafrika – kann man dasselbe Phänomen bei anderen Schneckenarten beobachten. Sie hängen dichtgedrängt an den äußeren Enden großer Disteln.

Dieses Beispiel zeigt uns, daß die Natur im Laufe von Jahrtausenden immer wieder neue ökologische Nischen als Lebensräume für angepaßte Spezialisten hervorgebracht hat. Und wenn wir bei unseren Spaziergängen und Wanderungen nur ein wenig die Augen aufmachen, ergeben sich manche Augenblicke, in denen wir einem der tausend kleinen Wunder der Natur und damit auch unserem eigenen Dasein wieder etwas näherkommen können.

Vernetzte Natur

Die Randstreifen entlang der Wege in der Feldflur oder seitlich der Wanderpfade im Gebirge sind ebenso wie magere Straßen- und Bahnböschungen sowie naturnah gestaltete Deiche regelrechte ökologische Zierleisten in der Landschaft. Gemessen an der übrigen Fläche sind es zwar nur schmale Kleinbiotope; in unseren Kulturlandschaften stellen jedoch diese Randbereiche wichtige Bindeglieder für die Biotopvernetzung dar. Für eine Vielzahl von Kleintieren sind die Seitenstreifen entlang der Wege nicht nur Lebensraum, sondern auch Wanderstrecken. Molche, Kröten und Frösche können ebenso wie Eidechsen und Blindschleichen sowie viele Insekten von einem Biotop zum anderen gelangen.

Intensiv genutzte Ackerfluren – wie sie überall in Mitteleuropa seit Ende der fünfziger Jahre angelegt wurden – muß man sich aus Frosch- oder Käferperspektive vorstellen wie ein großes, nicht überwindbares Meer. Wenn große Ackerbereiche aber Biotope auf einer zu langen Distanz trennen, so findet zwischen den Lebensräumen kein Individuenaustausch mehr statt. Stirbt dort eine Tierart aus, die nicht fliegen kann, sind die Chancen gering, daß die „Insel" von Individuen derselben Art wieder besiedelt wird. So werden diese Inseln immer artärmer. Biotope wie Tümpel, Feldgehölze oder kleine Trockenrasen

Einige typische Wegrainbewohner in Steckbriefen

1 Aurorafalter *(Anthocharis cardamines)*
Einer der ersten flatternden Frühlingsboten, den man bis in den Juni hinein beobachten kann. Während die Weibchen beim flüchtigen Hinsehen mit anderen Weißlingen – die allerdings später fliegen – verwechselt werden können, sind die an den Vorderflügeln gelborange gefärbten Männchen unverwechselbar. Die Raupen leben von etwa Mai bis August vor allem auf Wiesenschaumkraut.

2 Siebenpunktmarienkäfer
(Coccinella semptempunctata)
Durch seine sieben Punkte ist dieser zwischen 0,5 und 0,8 Zentimeter große Käfer leicht von seinen gut hundert Verwandten in Mitteleuropa zu unterscheiden. Die Weibchen legen im Frühjahr bis zu 400 Eier auf die Unterseiten von Blättern ab. Die Larven – die ebenfalls Blattläuse fressen – schlüpfen schon nach sieben Tagen. Bis sich der Marienkäfer vom Ei über Larve und Puppe bis zum fertigen Insekt entwickelt hat, vergehen 30–60 Tage.

3 Erdhummel *(Bombus terrestris)*
Im Gegensatz zu anderen Hummeln, die mit einem langen Spezialrüssel ausgestattet sind und so auch an den Nektar in tiefen Blütenkelchen gelangen können, muß die Erdhummel mitunter ihre Nahrung stehlen wie der Tresorknacker seine Beute. Dabei wird die Blüte seitlich angestochen, so daß die Hummel indirekt an den Nektar gelangt.

4 März- oder Aprilfliege *(Bibio marci)*
Je nach Witterungsverhältnissen ist ab März bis in den Mai hinein die Märzfliege zu beobachten. Zu den Haarmücken gehörig, ist sie also gar keine Fliege. Ihr träger Tanzflug mit den charakteristisch lang herabhängenden Hinterbeinen der Männchen macht sie so auffällig. Die Paarung findet erst Anfang Mai statt. Eiablage erfolgt in lockerem Boden, Humus oder Mulm, wo sich die Larven durch Benagen von Wurzelwerk entwickeln.

5 Blutzikade
Im Gegensatz zur Wiesenschaumzikade wachsen die Larven der Blutzikaden in Schaumnestern unter der Bodenoberfläche heran, wo sie an Wurzeln saugen. Die auffällig gekennzeichneten, bis 1 cm großen erwachsenen Zikaden ernähren sich vom Saft verschiedener Gras- und Straucharten. Es gibt bei uns zwei sehr ähnliche Arten, die nur Insektenspezialisten wirklich unterscheiden können. In tieferen Lagen findet man an wärmeexponierten Stellen die Cercopis sanguinolenta, während die verwandte Cercopis vulnerata mehr in warmen Mittelgebirgslandschaften vorkommt. Beide Arten brauchen jedoch naturnahe Lebensräume.

6 Goldlaufkäfer *(Carabus auratus)*
Dieses bis 3 cm große Insekt ist schon ein „toller Käfer"; einen Meter Wegstrecke legt er immerhin in nur 10–15 Sekunden zurück. Und im Laufe eines Tages frißt ein Exemplar bis zu zehn Raupen oder Puppen von anderen Käfern oder von Schmetterlingen. Aber auch Schnecken, Engerlinge und Drahtwürmer gehören zum Speisezettel.

7 Zauneidechse *(Lacerta agilis agilis)*
Würmer, Schnecken, Spinnen und Insekten stehen auf dem Speiseplan der bis zu 20 cm großen Zauneidechse. Besonders im Frühjahr sind die Männchen durch die dann leuchtend grünen Flanken von den mehr bräunlichen und an der Unterseite schwarz gepunkteten Weibchen zu unterscheiden.

8 Steinhummel *(Bombus lapidarius)*
An warmen Apriltagen fliegen die ersten Weibchen der Steinhummel. Sie haben den Winter im Erdboden, unter Wurzeln oder Steinhaufen verbracht. Dort und in Mauerspalten legen die schon im vorigen Herbst besamten Hummelweibchen auch ihre Nester an. Mit fortschreitender Jahreszeit wird der Steinhummelstaat immer größer, und am Jahresende können bis zu 300 Steinhummeln zu einem Staat gehören. Die „pelzigen" Tierchen werden 2–2,5 cm groß. Viele Blumenblüten können nur von Hummeln bestäubt werden.

9 Kleiner Feuerfalter *(Lycaena phlaeas)*
Trockene, blütenreiche Lebensräume in offener Landschaft sind die Heimat des nur 2,2–3 cm großen und auffällig rotbraunen Schmetterlings. Man sieht diesem Falter eigentlich nicht an, daß er systematisch zur Familie der Bläulinge gehört. In manchen Jahren bilden sich bis zu drei Generationen aus, so daß man diese Art noch bis in den Spätsommer und Frühherbst hinein fliegen sehen kann.

10–15 Wiesensalbei *(Salvia pratensis)* blüht von Mai bis Anfang August · **Wiesenflockenblume** blüht von Juni bis Anfang September · **Karthäusernelke** *(Dianthus carthusianorum)* blüht zwischen Ende Mai und September · **Margerite** *(Chrysanthemum leucanthemum)* blüht in den Monaten Mai, Juni und Anfang Juli · **Rotklee** *(Trifolium pratense)* blüht von Frühjahr bis Herbst · **Klappertopf** *(Rhianthus alectorolphus)* blüht von Mai bis Juli · **Feldklee** *(Trifolium campestre)* blüht von Juni bis September

verinseln. Wandern keine neuen Tiere mehr zu, so können ganze Populationen durch Inzucht allmählich aussterben.

Damit unsere Feldfluren nicht noch mehr verarmen, müssen überall Biotopverbundsysteme aufgebaut werden. Dazu gehört in erster Linie die Erhaltung und ökologische Reaktivierung der in ihrer Bedeutung lange verkannten Wegraine. Wissenschaftler haben herausgefunden, daß ein möglichst engmaschiges Netz solcher Streifenbiotope der Anfang eines Überlebensprogramms für die Kleinlebewelt der Feldfluren sein könnte. Viele Städte und Gemeinden haben deshalb damit begonnen, Wegraine zu erfassen und die dortige Tier- und Pflanzenwelt zu kartieren. Mit dieser Grundlage werden dann Schutz- und Pflegekonzepte entwickelt. Dazu gehört zum Beispiel auch die Festlegung, wie oft und in welchem Zeitraum solche Wegraine gemäht werden.

Ohne in Privateigentum einzugreifen kann so der Natur in vielen Fällen ganz praktisch geholfen werden. Meistens sind nämlich Wege und Randstreifen öffentliches Eigentum. Und oft sind sie insgesamt breiter vermessen, als es in der Feldmark erkennbar ist. Leider sind viele Wegraine trotzdem verschwunden, weil Landwirte die Flächen trotz Überproduktion beackern.

Raupen mit eigener Leibwache

Es duftet nach Thymian, wildem Majoran, nach Rainfarn und einer ganzen Palette weiterer Parfums der Natur. Wenn der Wegrain im Sommer seine ganze Pracht entfaltet, fühlt man sich beinahe in das Flair der Toscana versetzt. Da möchte man sich am liebsten mitten hineinlegen und für eine Weile die Augen schließen. So auf sich selbst und die umgebende Natur konzentriert, könnte man buchstäblich riechen und hören, wie lebendig es hier ist. Aber wir wollen ja nicht die ganze Kleinlebewelt zerdrücken, sondern vielmehr aufmerksam beobachten und ohne Naturbeeinträchtigung auf Entdeckungsreise gehen.

Überall, wo Wegraine, Böschungen, Dämme und trockene Abhangsbereiche jedes Jahr ihre blumenbunten Reize entfalten können, weil diese Kleinlebensräume der Überdüngung oder Aufforstung entgangen sind, finden wir im Sommer kleine, meist nicht mehr als 2,5 Zentimeter große, leuchtend blaue Schmetterlinge. Es handelt sich dabei um Bläulinge. Zumindest bei den Männchen ist diese Zuordnung oft schon nach einem Blick möglich. Viel schwieriger ist das bei den weiblichen Bläulingen. Sie sind nämlich meistens gar nicht blau, sondern eher bräunlich gefärbt. Und noch schwieriger ist es, die jeweilige Art zu bestimmen. Das ist eine Aufgabe für Spezialisten, denn immerhin gibt es von den Bläulingen in Mitteleuropa mehr als zwei Dutzend Arten. Aber warum nicht am Wegrain den Anfang machen? So mancher spätere Biologe, Zoologe, Botaniker und Ökologe hat mit seinen ersten Naturstudien an der Trockenböschung begonnen und so die unterschiedlichen Arten, Lebensgemeinschaften und Vernetzungen im Naturhaushalt kennengelernt. Gerade die Bläulinge geben uns ein interessantes Beispiel für abenteuerliche Vernetzungen.

Wir können Bläulinge im Tiefland ebenso beobachten wie im Mittelgebirge oder im alpinen Gebiet. Natürlich sind es immer wieder andere Arten, die sich durch spezielle Anpassung die unterschiedlichsten Lebensräume erobert haben. Einer der am häufigsten zu beobachtenden Bläulinge – der Hauhechelbläuling – fliegt von Juni bis Mitte August. Seine Raupen, wie auch die anderer Bläulinge, sehen gar nicht wie „richtige" Schmetterlingsraupen, sondern eher wie flach geratene, grün gefärbte Kellerasseln aus. Sie sind auf Hornklee, Kronwicken und Esparsetten spezialisiert. An den Blüten dieser Pflanzen legen die kleinen Schmetterlinge ihre Eier ab, so daß die Raupen später Teile der Blüte anfressen können. Der Geißkleebläuling legt seine Eier ebenfalls an Schmetterlingsblütlern – wie etwa der Kronwicke – ab. Sein Spektrum an Raupenfutterpflanzen ist jedoch noch etwas breiter angelegt. So findet man die mehr bräunlich oder gräulich gefärbten, kleinen Raupen in Gegenden mit sauersandigen Böden auch auf Heidekraut. Aber wie entdeckt man so kleine Raupen überhaupt? Sie sind ja weniger auffällig als die Raupen unserer großen Schmetterlinge.

Fast überall, wo sich Ende April oder im Mai auf möglichen Raupenfutterpflanzen oder in deren Nähe viele kleine Ameisen aufhalten, hat man die Chance, auch Bläulingsraupen zu finden.

Die Bläulingsraupen fast aller Arten halten sich einen ganzen Stab von Schutzwachen. Dabei haben sie einen Teil ihrer natürlichen Feinde zu emsigen Helfern und „Freunden" umfunktioniert. Die Raupen besitzen nämlich ein Körperorgan, das ein von Ameisen begehrtes süßliches Sekret absondert. Weil die Ameisen interessiert sind, immer wieder an diese süße Nahrung zu gelangen, kommen sie erst gar nicht auf die Idee, die Raupen, wie bei anderen Schmetterlings- und Insektenarten, zu überwältigen und als Beute wegzuschleppen. Vielmehr verteidigen sie ihre lebenden „Nutztiere" gegenüber möglichen Feinden der Raupen. Mancher Angriff von räuberischen Insekten kann von der Ameisengarde erfolgreich abgewehrt werden. Läßt das Interesse der Ameisen nach, so werden sie von den Bläulingsraupen bei Bedarf mit einem neuen Sekretschub versorgt.

Die Raupen verschiedener Bläulingsarten (z. B. Heller Wiesenknopf-Ameisenbläuling, Enzian-Ameisenbläuling und Arion-Bläuling) erhalten sogar von den Ameisen freie Kost und Logis. Nachdem die Raupen an den für ihre jeweilige Art typischen Futterpflanzen bis zum Herbst gefressen haben, suchen sie die im Erdboden angelegten Nester von Ameisen – meist sind es Arten der Gattung Myrmica – auf. Dort werden sie von den Ameisen gleichberechtigt wie die Ameisenbrut gefüttert. Die Raupen bezahlen dann regelmäßig mit ihrem süßlichen Sekret. Nach der Verpuppung, die ebenfalls im Ameisennest erfolgt, schlüpft dann der erwachsene Falter aus dem Ameisennest.

Es gibt auch Bläulingsarten, deren Raupen sich nicht um die Gastfreundschaft der Ameisen scheren und deren Larven und Puppen verzehren. Die Ameisen freilich nehmen es hin, weil ihnen das Raupensekret wohl wertvoller ist.

Durch Feld und Flur

C.-P. Hutter

Die letzten Tage waren schon recht warm gewesen. Das Thermometer war nach dem kalten Winter erstmals auf vier Grad Plus geklettert. Dazu kam ein richtiger Föhnwind. Kein Wunder, daß schon nach einer halben Woche die zuvor verharschte Schneedecke von den Feldern verschwand. An manchen Stellen kann man nun ein Gewirr von verzweigten Gängen erkennen, die nur wenig in die Bodenoberfläche eingetieft sind. Sie sind ein untrügliches Zeichen dafür, daß während des Winters das Leben unter Schnee und Eis eben nur zum Teil zur Ruhe kommt. Mit diesen Gangsystemen haben sich Feldmäuse in der kalten Zeit ihre Wege direkt unter der Schneedecke gebahnt. Dort sind sie dann auf der ständigen Suche nach Futter – wie z. B. Samen, Wurzeln und Kräuter – weit umhergelaufen. Die Schneedecke war zu dieser Zeit der beste Schutz vor ihren Feinden wie Bussard, Schleiereule, Waldohreule und Fuchs. Jetzt sind diese oberirdischen Gänge weitgehend unbrauchbar geworden und die Mäuse halten sich während des Tages fast nur noch in ihren unterirdischen Laufgängen auf. Dort können sie allerdings zu jeder Jahreszeit vom Mauswiesel aufgespürt werden. Dieses „Zwerghermelin" erreicht (ohne Schwanz) nur eine Länge von rund 20 Zentimetern und kann mit seinem schlanken, länglichen Körper mühelos in die Mauselöcher gelangen, wo es auf Mäusejagd geht.

Nager unterm Schnee

Nach der Schneeschmelze wird es sichtbar: auch im Winter tut sich was unter Schnee und Eis. Unter der Schneedecke haben Feldmäuse ein verzweigtes Gangsystem angelegt.

„Hasenwolle"
Zur Zeit der Hasenhochzeit fliegen die Wolleflocken, denn ohne Keilerei geht es nie.

Die braunen Erdhaufen machen es deutlich: Maulwürfe „schlafen nicht"; sie sind auch im Winter aktiv.

Wenn die Feldmäuse – übers ganze Jahr hinweg gesehen – auch sehr viele Feinde haben, so kann das den Gesamtbestand keinesfalls bedrohen. Mäuse sind nämlich äußerst fruchtbar und sorgen stets für eine große Nachkommenschaft. Schon im Alter von 33 Tagen kann eine Maus bereits wieder Junge zur Welt bringen. Und ein Mäuseweibchen kann gut achtmal im Jahr jeweils bis zu zwölf Junge bekommen. In trockenen und nahrungsreichen Sommern kann es so häufig zu Massenvermehrungen der Feldmäuse kommen. Trotzdem halten sich die Schäden in der Landwirtschaft in Grenzen. Denn mit dem Anstieg der Mäusepopulation steigt sofort auch die Anzahl der Feinde. Dann ziehen zum Beispiel Bussarde, Turmfalken und Eulen mehr Junge groß als sonst. In Europa gibt es rund ein Dutzend Mausarten, welche die unterschiedlichsten Lebensräume besiedeln. Die Spitzmäuse sind als Insektenfresser, die nicht zur Ordnung der Nagetiere gehören, hierbei nicht eingerechnet.

Vom alten Erdweg zum befestigten Wirtschaftsweg

Obwohl Wege künstliche, infolge menschlichen Wirtschaftens und Benutzens entstandene Landschaftselemente sind, waren sie seit jeher eine Nahtstelle zwischen Kultur und Natur. Trotz Fahren, Laufen, Lagern, Transportieren und Viehtreiben gab es an den Rändern und in der Mitte der Wege immer wieder genügend Platz für Tiere und Pflanzen. Für manche, auf ganz spezielle und räumlich beschränkte Biotope angewiesene Arten boten Wege neue, zusätzliche ökologische Strukturen. Dazu gehört auch – das sagt schon die Bezeichnung – die Wegwespe. Sie ist ein richtiger Wegelagerer und lauert auf Spinnen, die sie mit dem Geruchssinn aufspürt. Die überfallenen und gelähmten Spinnen werden als konservierte Nahrung in einen Erdbau gebracht, wo die Wegwespe dann ein Ei an das Beutetier legt. Anschließend wird die Bodennische zugegraben.

Seit der Mensch angefangen hat, Pfade zu trampeln, Wege anzulegen und Straßen zu pflastern, ist das so. Immer waren Wege auch Lebensraum für eine spezialisierte Pflanzen- und Tierwelt. Bis Anfang der sechziger Jahre waren nur die Haupterschließungswege in den Feldfluren geschottert. Doch dann wurden aus Wegen asphaltierte und betonierte Fahrbänder; in vielen Gemeinden gibt es heute kaum noch Erd- oder Graswege. Die Wege wurden für die modernen Landwirtschaftsmaschinen dadurch vielleicht etwas fahrtauglicher, aber die Flur wurde mit der Zerschneidung von Lebensräumen lebensfeindlicher. Vor allem nördlich der Alpen wurden seitdem abertausende von Wegen ihrer natürlichen Bewohner beraubt.

Damit Wegwarte, Wegwespe und Erdbiene zusammen mit der übrigen Kleinlebewelt wieder eine Chance haben, sollten bei notwendigen Befestigungen nur noch sogenannte Spurwege gebaut werden. Während die Fahrspuren befestigt werden, bleibt der Wegmittelstreifen zusammen mit den Wegrändern weiterhin als Lebensraum für Kamille, Feld-Sandlaufkäfer, Heuschrecken und Kleinschmetterlinge erhalten.

Es gibt wohl keinen Feldweg, auf dem man nicht nach einem leichten Regenschauer viele Regenwürmer sehen kann. Sie werden vom Wasser aus ihren Röhren im Acker- und Wiesenboden getrieben. Andererseits braucht der Regenwurm – wenigstens bis zu einem gewissen Maß – Feuchtigkeit. Ohne die würde er schon nach kurzer Zeit austrocknen oder in Starre ruhen. Normalerweise kommen Regenwürmer nur nachts an die Bodenoberfläche. Dann besteht keine Gefahr des Austrocknens durch die Sonne, und die Luftfeuchtigkeit ist deutlich höher als am Tage. Auch das für die Tiere auf Dauer gefährliche Licht fehlt.

Der englische Naturforscher und Begründer der Evolutionslehre Charles Darwin war vor gut 100 Jahren der erste, der die für den Naturhaushalt unersetzliche Leistung der Würmer erkannte und auch dokumentierte. Nach den Berechnungen Darwins gehen jährlich auf einem Hektar Land über zwölf Tonnen trockener Erde durch den Darm der Regenwürmer, werden gelockert, aufgeschlossen und zur Oberfläche geschafft. Dafür sind natürlich viele Regenwürmer nötig. Allein auf einem Quadratmeter Ackererde kommen zwischen 70 und 110 Regenwürmer vor. Auf Wiesen und Weiden, wo die Bodenoberfläche nicht durch Pflug und Hacke gestört wird, sind es sogar zwischen 1.000 und 2.000 Regenwürmer pro Quadratmeter. Regenwürmer fressen sich kreuz und quer durch das Erdreich. Dabei hinterlassen sie eine Vielzahl von Gängen und Röhren, die zur Lockerung und Lüftung des Bodens beitragen. Regenwürmer ernähren sich von Algen, Pilzen, Pflanzenresten und Bakterien, welche die gefressene Erde enthält.

Erdbauer unter Tage

Pflanzen der Feldfluren (Kurzbeschreibung zu den Erkennungsbildern auf der nächsten Seite)

Ackerstiefmütterchen (*Viola tricolor*): Außerordentlich vielgestaltige Pflanze. Hellgelb bis intensiv violett „eingefärbte" obere Blütenblätter. Durch die intensive Landwirtschaft seltener geworden. **Ackergelbstern/Ackergoldstern** (*Gagea villosa*): Blüht im zeitigen Frühjahr in Äckern, an Ackerrändern, Weinbergen und anderem Gelände mit „offenem" Boden. Durch intensive Landwirtschaft selten geworden. (Im nordd. Tiefland nur wenig verbreitet). **Ackerrettich/Hederich** (*Raphanus raphanistrum*): Stammt ursprünglich aus dem Mittelmeerraum; ist aber schon seit der jüngeren Steinzeit bei uns verbreitet. Ein typisches Wildkraut der Feldfluren. **Persischer Ehrenpreis** (*Veronica persica*): Fehlt in keinem Ackerbaugebiet Europas. Aber noch vor 1800 war die Art nur aus botanischen Gärten bekannt. Die Blüten sind ca. 1 cm groß und sind fast das ganze Jahr über zu sehen, da der Lebenszyklus der Pflanze immer wieder blühende Exemplare hervorbringt. **Kornrade** (*Agrostemma githago*): Noch vor 50 Jahren eine „Allerweltspflanze", bei uns aber durch Saatgutreinigung im Rahmen der intensiven Landwirtschaft heute schon sehr selten geworden. Wächst vor allem in Getreideäckern, wo die Kornrade früher zusammen mit Kornblume und Klatschmohn einen Teil der typischen Begleitflora bildete. **Klatschmohn** (*Papaver rhoeas*): Blüht zwischen Mai und Juli. Die Pflanze wird zwischen 30 und 70 cm hoch. In den Alpen bis max. 1800 m Höhe. „Ackerwildkraut" der Steinzeit. **Hirtentäschel** (*Capsella bursa-pastoris*): Auf nährstoffreichen, humosen Lehmböden. Pionierpflanze, die bis 1 m tief wurzelt. Stickstoffzeiger. Alter Kulturbegleiter! **Ackerhellerkraut** (*Thlaspi arvense*): Zerriebene Blätter riechen nach Lauch. Unverkennbar! **Ackerwinde** (*Convolvulus arvensis*): Die Blüten öffnen sich zwischen 7 und 8 Uhr und schließen sich schon vor 15 Uhr wieder. Die weißlichen Blüten sind oft rosa „überlaufen". **Vogelmiere** (*Stellaria media*): Typische Hackfruchtpflanze, die eigentlich in keinem Garten, Acker oder Weinberg fehlt. Flachwurzler, der das ganze Jahr über (Ausnahme: Frost) blüht. **Roter Gauchheil** (*Anagallis arvensis*): Begleitpflanze der „Hack-Unkrautfluren". In Äckern, Gärten und Weinbergen.

Acker-Stiefmütterchen

Acker-Gelbstern

Ackerrettich

Persischer Ehrenpreis

Kornrade

Klatschmohn

Hirtentäschel-kraut

Acker-Hellerkraut

Vogelmiere

Roter Gauchheil

Ackerwinde

78

♂   Großer Kohlweißling   ♀

Tagpfauenauge

Kleiner Fuchs

♂   Goldene Acht   ♀

Saat-Schnellkäfer

Dungkäfer

Junikäfer

Wegwespe

Sandwespe

Ackerhummel

Gelbfüßige
Sandbiene

Hosenbiene

Zottelbiene

Gemeine Wespe

Erdhummel ♀

Weißlingstöter

Wiesenhummel ♀

♀ Gartenhummel

♂

♂

79

Der Regenwurm: ein „weiches" Tier leistet harte Humusarbeit.

Solche Regenwurm-Kothäufchen sind ein deutliches Zeichen, daß sich etwas „unter Tage" tut. Nahezu 10 Jahre kann er Schwerstarbeit leisten.

Manche Regenwurmarten ziehen sogar Blätter, abgestorbene Gräser und andere Pflanzenreste mit Hilfe ihrer muskulösen Mundhöhle in ihre Gänge. Diese Nahrung wird in dem Muskelmagen des Wurms zerrieben.

Regenwürmer „durchpflügen" also die Erde unter Tage. Sie sind eigentlich eine übergroße Genossenschaft von Bauern, die zusammen den Boden aufbereiten. Mit der Verdauung von Pflanzenresten tragen Regenwürmer ganz wesentlich zur Humusbildung bei. Und der Humus wiederum ist die wichtigste Voraussetzung für die Bodenfruchtbarkeit. Zu ihr trägt auch die Umschichtung von Bodenmaterial durch die Regenwürmer bei. Je nach Bodentyp können Regenwürmer pro Hektar und Jahr zwischen 15 und 50 Tonnen verdaute Erde an die Erdoberfläche befördern. Das wiederum entspricht einem Anstieg der Bodenhöhe um einen Millimeter bis zu einem halben Zentimeter. Archäologen messen daher schon seit langem den Regenwürmern eine wichtige Bedeutung bei der Konservierung von antiken Kulturdenkmalen zu.

Im Laufe von Jahrhunderten und Jahrtausenden haben Regenwürmer dafür gesorgt, daß Steine, Waffen, Schmuck, Münzen, Statuen und ganze Gebäude allmählich in den Erdboden eingesunken sind, indem sie Erde und Pflanzenreste verschlingen und sie im näheren Umkreis wieder auswerfen. Dadurch wurden wichtige Relikte aus früherer Zeit erhalten.

Sofern ein Regenwurm nicht von einer Amsel, einem Igel, einer Kröte, einem Laufkäfer oder einem anderen Tier gefressen oder von Autoreifen überfahren wird, kann er durchaus ein Höchstalter von zehn Jahren erreichen.

In Mitteleuropa gibt es an die 30 Regenwurmarten, von denen die meisten in Gängen leben, die zwischen 50 Zentimeter und acht Meter in den Boden hineinreichen. Obwohl man schon einmal stattliche, bis zu 30 Zentimeter lange Exemplare finden kann, sind es doch Winzlinge gegenüber den australischen Riesenwürmern. Dort gibt es Arten, die zwischen einem und drei Metern lang werden können.

Viele Bakterien finden im Regenwurmkot beste Lebensbedingungen und sind so weiter an der Humusbildung und dem Aufschließen von Nährstoffen beteiligt.

Für die Heilmedizin hätte es eine kaum abschätzbare Bedeutung, wenn man einem Geheimnis des Regenwurmlebens auf die Spur käme. Werden nämlich Regenwürmer – etwa durch eine hungrige Amsel oder einen Iltis – verletzt und verlieren so einen Teil des Hinterendes, so wird dieses wieder regeneriert. Das passiert auch, wenn durch einen Spaten oder Pflug ein Teil des Wurmes abgetrennt wird. Es kann sogar geschehen, daß der Kopfteil des Wurmes vom übriggebliebenen hinteren Teilstück regeneriert wird, wenn nicht zuviele Segmente verlorengingen.

Natur auf Spuren der Kultur – einige typische Feldwegbewohner in Steckbriefen

Wege verbinden menschliche Ansiedlungen und trennen gleichzeitig Lebensräume von Tieren und Pflanzen. Das ist aber noch nicht alles: wo Wege naturnah verblieben sind, und zwischen den unbefestigten Erdspuren noch Wildpflanzen gedeihen können, tummeln sich auch interessante Kleintiere. Mit den ersten Wegen hat der Mensch also auch vielen Lebewesen quasi den „Lebensweg" geebnet. Wege ohne Beton, Schotter oder Asphalt sind also nicht lebensfeindlich, weil sie auch Lebensräume verbinden und selbst Natur auf den Weg bringen.

1 Geißkleebläuling (*Plebejus argus*)
Die Falter fliegen von Juli bis August. Wie bei vielen anderen Bläulingsarten auch, werden die Raupen oft von Ameisen „bewacht" (s. Seite 72).

2 Kleiner Kohlweißling (*Pieris rapae*)
Einer der häufigsten Tagfalter. An die Kulturlandschaft angepaßt. In der Regel entwickeln sich in einem Jahr 2 Generationen.

3 Feldmaus (*Microtus arvalis*)
Die weit verzweigten Gänge der Feldmaus haben zahlreiche Öffnungen und sind oberirdisch vielfach durch Wechsel verbunden. Oft kann man solche Wechsel auch an Feldwegen feststellen, wo sich also Mauswege mit dem Feldweg kreuzen (wie auf der Zeichnung angedeutet).

4 Feldgrille (*Gryllus campestris*)
Früher war dieses Insekt überall in den Feldfluren den Sommer über zu hören (es zirpen übrigens nur die Männchen). Weil viele Kulturlandschaften in monotone „Agrarproduktionsräume" verwandelt wurden, sind Feldgrillen vielerorts bereits verschwunden und zur Seltenheit geworden. Feldgrillen leben in bis zu 40 cm tiefen Röhren, die sie selbst ausgraben.

5 22-Punkt-Marienkäfer (*Psyllobora vigintiduopunctata*)
Dieser nicht einmal einen halben Zentimeter große Marienkäfer bevorzugt vegetationsarme Bereiche. Feldwege sind also für ihn idealer Lebensraum. Im Gegensatz zu anderen Marienkäferarten, die sich von Blattläusen ernähren, ist der 22-Punkt-Marienkäfer auf Mehltaupilze spezialisiert.

6 Wegwespe (*Anoplius fuscus*)
Diese 1–2 cm große Wegwespe ist auf den Fang von Spinnen spezialisiert. Dabei orientiert sich das Insekt mit dem Geruchssinn. Die Beute wird mit einem Stich gelähmt und im Rückwärtsgang zum Bau – der in den Boden gegraben wird – transportiert. An die gelähmte Spinne wird ein Ei gelegt. Anschließend verschließt die Wegwespe die Bodennische mit Sand- und anderen Bodenpartikeln.

7 Eine **Jagdspinne**, die selber zur Jagdbeute – nämlich der Wegwespe – wird.

8 Feld-Sandlaufkäfer (*Cicindela campestris*)
Sandlaufkäfer sind farbenprächtige Tiere, die bei steigender Temperatur am aktivsten werden. Bei drohender Gefahr fliegen sie urplötzlich einige Meter davon. Die Larven graben sich bis zu 30 cm tiefe Röhren in den sandigen Boden. Dort lauern sie auf Beute (andere Insektenlarven). Die erbeuteten Tiere werden dann in den Gang gezogen.

9 Getreidewanze (*Eurygaster maura*)
Diese Wanzenart wird rund 1 cm lang. Die Weibchen legen ihre Eier auf der Oberseite von Pflanzenblättern ab. Die Larven schlüpfen nach einigen Wochen und ernähren sich von Pflanzensäften, die sie aus Getreide, aber auch aus Wildkräutern saugen.

10 Gemeiner Grashüpfer (*Chorthippus biguttulus*)
Eine unserer häufigsten Heuschrecken, die aber überall, wo artenreiche Wiesen in Grasäcker umgewandelt wurden, immer mehr verschwindet. Ihren typischen „Gesang" erzeugen Grashüpfer (es musizieren Männchen und Weibchen) mit einem „Sägekamm" am Hinterschenkel, der über eine Kante der Flügeldecken bewegt wird.

11–16 Löwenzahn (*Taraxacum officinale*) ist eine der anpassungsfähigsten Pflanzen, **Gänsefingerkraut** (*Potentilla anserina*) blüht gelb zwischen Mai und Juli, **Weißklee** (*Trifolium repens*) Blütezeit zwischen Mai und Herbst, **Breitwegerich** (*Plantago major*) ist die typische Wegpflanze überhaupt, **Strahlenlose Kamille** (*Matricaria discoidea*), **Vogelknöterich** (*Polygonum aviculare*): die Blüten sind so klein, daß man sie fast nur mit der Lupe richtig betrachten kann. Auffälliger sind schon die Samenstände.

Im Hintergrund: Wegwarte, Gelber Rainfarn, Wilde Möhre, Schafgarbe, Ackerwinde, Vogelwicke.

FAUST

Blühendes Hotel garni

Wo Feldwege noch nicht in Asphaltbänder umgewandelt wurden und nur dann und wann einmal ein Traktorgespann fährt, gedeiht die robuste hellblaue Wegwarte sogar zwischen den Fahrspuren mitten auf dem Weg. Diese unverkennbare Blume ist als Tiefwurzler eine richtige Pionierpflanze und für viele Insekten sogar eine Art Hotel garni. Sie wird nämlich gerne von Schwebfliegen und Bienen besucht. Weil aber die Wegwarte nur morgens ihre Blüten geöffnet hat und gegen Mittag ihre leuchtenden Blütenblätter einfach schließt, können die Insekten nur am Vormittag dort Nektar saugen. Viele Schwebfliegen, Honigbienen und andere Insekten müssen danach auf andere Blütenpflanzen ausweichen.

Eine Wegwarte erhält „Besuch" von einer Honigbiene.

So auch die knapp einen Zentimeter große Zottelbiene, die gerne bei der Wegwarte „einkehrt". Sie muß am Nachmittag Habichtskräuter anfliegen, um genügend Pollen für den Nachwuchs sammeln zu können. Wo es Feldwege mit lockerem, sandigem Boden gibt, oder wo ein solches Ödland an den Feldweg grenzt, lebt die Zottelbiene in enger Nachbarschaft mit der Wegwarte. Diese Wildbiene gehört nicht zu einem Bienenstaat wie die Honigbiene, sondern gräbt sich allein ihren Bau in den Boden. Sie trägt auch ihre Nahrung anders nach Hause. Statt kleine Pollenpakete an den Hinterbeinen zu formen, kriecht die Zottelbiene kreuz und quer durch die Blüten, bis der ganze Insektenkörper mit Pollen bedeckt ist, der dann im Erdbau mit den Beinen abgestreift wird. In der Höhle wird der Pollen zu einer Kugel geformt, die dann später den Larven als Nahrungsvorrat dient. Diese Einsiedlerbiene baut zwar ihre eigene Höhle, lebt aber vielfach in Nachbarschaft mit Bienen der gleichen Art, so daß sich richtige Erdbienen-Kolonien bilden.

Speisekammer auf Ständer

Eine andere Wegwarten-Besucherin ist die 1,5 Zentimeter große Hosenbiene. Auch sie bewohnt ödlandartige, sandige Wegbereiche. Dort gräbt sie als Nest eine bis zu 60 Zentimeter lange Röhre in den Boden, die sich am unteren Ende in mehrere Kammern verzweigt.

Der Pollen wird mit Hilfe der dichten Behaarung der Hinterbeine in großen Mengen eingetragen. Vor der Eiablage wird der Pollenklumpen auf drei kleine Füßchen gesetzt. So befindet sich der Pollen nicht direkt auf dem Boden, was den Vorrat vor Verpilzung schützt. Jede Kammer enthält ein Pollenklümpchen auf einem Ständer, an das dann jeweils ein Ei gelegt wird. Woher dieses kleine Wesen die Gebrauchsanleitung für so eine gezielte Vorratswirtschaft hat, ist genauso ein Geheimnis der Natur wie viele der anderen erstaunlichen Vorgänge in Feld und Flur.

In wenigen Tagen wandelt sich der gelbleuchtende Löwenzahn ...

... in die filigrane Pusteblume.

Schon seit jeher erfreuen sich Kinder daran, die silberweiß schimmernden Fruchtstände des Löwenzahns auseinanderzupusten, so daß die kleinen Schirmchen mit dem Samen daran in alle Winde geweht werden. Viele Menschen haben so – zunächst ganz spielerisch – den ersten unmittelbaren Kontakt zur Pflanzenwelt unserer Feldfluren bekommen. Nicht umsonst trägt der Löwenzahn auch den Namen Pusteblume.

Zu Tausenden in alle Winde

Alle Pflanzen, die unsere Äcker, Wegränder, Wegmittelstreifen, Brachland und andere offene Bereiche besiedeln, können ihre Art nur durch eine große Samenproduktion sichern. Würde eine Wildpflanze wie der Löwenzahn nur einige wenige Samen hervorbringen, wäre die Chance gering, daß ein Samenkorn gerade an eine für das Wachstum günstige Stelle fällt. Denn viele Samen „landen" auf Wiesen mit geschlossener Pflanzendecke, auf der ein Neuling nicht emporkommen kann. Andere fallen auf Wasserflächen, bleiben an Bäumen und Sträuchern hängen oder werden – zumindest seit der regen Bautätigkeit von uns Menschen – auf befestigte Flächen wie Straßen, Häuser und dergleichen geweht. Aber die Natur hat für solche Wildpflanzen Vorsorge getroffen: Allein eine Löwenzahnpflanze kann im Jahr bis zu 5.000 Samen hervorbringen. Die Vogelmiere – ebenfalls eine häufige Pflanzenart der Feldfluren – bringt es auf 15.000 Samenkörnchen. Und die vom Landwirt ungeliebte Ackerdistel kann – zum Glück – schwerlich ausgerottet werden, wenn man bedenkt, daß im Jahr eine einzige Pflanze nahezu 20.000 Samen produzieren kann. Das unscheinbare, sogar mitten im Winter blühende Kreuzkraut kann es pro Pflanze sogar auf 40.000 Samen in einem Jahr bringen. Das aus Nordamerika bei uns eingeschleppte Berufskraut konnte sich in den Feldfluren nicht zuletzt durch die unwahrscheinliche Samenzahl von 120.000 behaupten. Der mehr als Kräuterwürze für Geflügel statt als Bewohner der Äcker und Wegbereiche bekannte Beifuß bringt es pro Pflanze sogar auf 700.000 Samen.

Fruchtstand der Kratzdistel. Bald schon werden die Samen in alle Winde verweht sein.

Feldwege können Bindeglieder von Natur und Kultur gleichermaßen sein – wenn sie nicht zu monotonen Asphaltbändern degradiert werden. Vom alten Erdweg zum modernen Wirtschaftsweg...

Klatschmohn scheidet keinen Nektar aus. Insekten fliegen ihn zum Pollensammeln an.

Früher „Allerweltspflanzen" – heute botanische Kostbarkeiten der Ackerränder: Ackerwachtelweizen (oben) und Ackergoldstern (links).

Wo in unseren Ackerfluren
auf Dünger und Chemika-
lien verzichtet wird, entwickeln sich wieder artenreiche Getreidefelder oder
Ackerränder.

Warten auf die große Chance

Die Samen vom Roten Wiesenklee bleiben ein Jahrhundert keimfähig.

Die Fortexistenz als Art sichern sich viele Wildpflanzen auch durch eine lange Keimfähigkeit ihrer Samen. Nun kommt es natürlich ganz auf die äußeren Umstände an, ob etwa ein Samenkorn des Löwenzahns nach zwei oder drei Jahren, in denen es unter einem Stein gelegen hat, wieder anfängt zu keimen, wenn es durch einen Zufall wieder an die Oberfläche gelangt.

Aber es ist schon ganz erstaunlich, nach welch langer Zeit die Samen verschiedener Pflanzen noch keimfähig sind. Es wurden schon Löwenzahn-Samen gefunden, die noch nach 68 Jahren keimten. Ähnliche Daten gibt es von Samen anderer Wildpflanzen, die man etwa unter Fundamenten datierbarer Gebäude aufgefunden hat. So hat man festgestellt, daß Wiesenklee-Samen noch nach rund 100 Jahren keimfähig sind. Und Samen des kriechenden Hahnenfußes blieben sogar 600 Jahre lang erhalten. Vielleicht ist die lange Keimfähigkeit verschiedener Wildkräuter, Gräser und Blumen unsere größte Chance für die Wiederbelebung vieler Flurbereiche, wenn sich der Wandel von der intensiven Agrarproduktion hin zu einer umweltschonenden Landwirtschaft endlich vollzieht.

Die Ackerwinde treibt innerhalb einer Vegetationsperiode bis zu 50 cm lange Ausläufer.

Schritt für Schritt das Feld erobern

Eine Vielzahl von Pflanzen verläßt sich nicht allein auf die Verbreitung durch Samen, sondern vermehrt sich auch durch Ausläufer. Die „vegetative" Vermehrung, wie diese Fortpflanzung in der Wissenschaft genannt wird, kann bewirken, daß binnen kurzer Zeit eine Pflanzenart größere Flächen bedeckt. Während die Ausläufer der Schafgarbe in einem Jahr ungefähr 10–15 Zentimeter lang werden, bringt es die Ackerwinde schon auf 50 Zentimeter Länge. Beim Hahnenfuß sind es sogar 60 Zentimeter, während das ebenfalls von der Wegmitte her bekannte Gänsefingerkraut in einem Jahr Ausläufer von über einem Meter Länge bilden kann. Die Vermehrung durch Ausläufer können wir im eigenen Garten oder bei einem Gemüsegärtner am Beispiel der Erdbeeren gut erkennen. Während im Frühjahr zu Beginn der Wachstumsperiode nur einzelne büschelartige Erdbeer-

Das Gänsefingerkraut – die Fingerkräuter sind nahe Verwandte der Erdbeeren aus der Familie Rosengewächse – produziert in einem Jahr Ausläufer von einem Meter Länge.

pflanzen dastehen, haben sie bis zum Spätsommer und Herbst lange Ausläufer gebildet, an deren Ende bereits wieder kleine Erdbeerpflanzen wurzeln und gedeihen. Während sich Gärtner, die Erdbeerfelder angelegt haben, die vegetative Pflanzenvermehrung zunutze machen und so im Herbst die jungen Erdbeerpflanzen gewinnen und verkaufen, ist vielen Landwirten die vegetative Pflanzenvermehrung – zumindest bei den Wildpflanzen – ein Dorn im Auge. Denn im Laufe einer Vegetationsperiode wachsen viele Wildkräuter vom Weg her allmählich in den Acker hinein. Dort stehen sie dann in Konkurrenz zu Getreide, Mais und Zuckerrüben.

Im Hinblick auf die vielen Probleme und Gefahren, die der Chemieeinsatz gegen „Unkräuter" mit sich bringt, sollten wir uns bei unseren Streifzügen durch Feld und Flur ruhig mal überlegen, ob wir unsere Einstellung zu dem, was man fälschlicherweise seit Jahrhunderten „Unkraut" nennt, aufrecht erhalten können. Ist eine wunderschön blühende, dunkelrote Zierrose mitten in einem Kartoffelacker nicht auch ein Unkraut? Und was ist eigentlich Unkraut? Nehmen wir einmal den wilden Ackerrettich. Würde es diese Pflanze mit ihrer holzigen, zähen Wurzel nicht geben, hätten Generationen vor uns keine Gartenrettiche züchten können. Jeder kann sich an einem einfachen Beispiel bei einem Spaziergang entlang der Feldwege davon überzeugen, daß alle unsere Nutzpflanzen „wilde" Vorfahren haben. Nimmt man nur ein Stück von einem der gefiederten Blätter der wilden Möhre und zerreibt es zwischen den Fingern, dann ist sofort der unverkennbare, aromatische Geruch von Möhren zu riechen. Vergleicht man die Wurzeln der wilden Möhre mit denen der gelben Rüben aus dem Garten, so wird man von der äußeren Gestalt her keine allzu großen Gemeinsamkeiten feststellen können.

Abgesehen davon, daß alle Pflanzen und Tiere ein ureigenes Existenzrecht haben, sollten wir berücksichtigen, daß wir jede der Wildpflanzenarten in unseren Fluren vielleicht noch eines Tages brauchen können. Schon seit langem wird Getreide immer wieder mit Wildgerste und Einkorn rückgekreuzt, damit die unterschiedlichen Sorten gegen mögliche neue Krankheitserreger resistent gehalten werden können. Ähnlich ist es auch bei der Kartoffel. Durch Rückkreuzungen mit wilden Nachtschattengewächsen werden in die Kultursorten Bitterstoffe eingelagert, damit Ungeziefer wie zum Beispiel Blattläusen der Appetit vergeht.

Sag mir, wo die Blumen sind...

B. Faust

Im Hochgebirge oberhalb der Baumgrenze. Die sogenannten Gebirgsmatten. Weil dort die meiste Zeit des Jahres der Boden mit Schnee und Eis bedeckt ist. Der sehr spät einsetzende Frühling und der sehr kurze Sommer reichen einfach nicht aus, daß waldbildende Gehölzpflanzen keimen, aufwachsen und gedeihen können. Ansonsten gab es früher in der Urlandschaft noch eine schmale Zone für natürliche Wiesen. Das waren die Randstreifen der Flußauen, die regelmäßigen Überschwemmungen ausgesetzt waren. Bei dem nachwinterlichen Hochwasser mit treibenden Eisschollen wurde hier jeder Sämling, der einmal ein Baum hätte werden können, eiskalt abgehobelt. Einfache Merkformel: Wiesen gibt es nur da, wo Gehölzaufwuchs verhindert wird. Durch Mahd oder Weide. Die Urwald-Lichtungen könnte man auch als partielle Ur-Wiesen sehen. Sie entstanden durch das Weiden und den Verbiß der ausgestorbenen Wildrinder Wisent und Auerochs.

Die Wiesen in der Kulturlandschaft sind künstliche Anlagen der Landwirtschaft. Grasäcker zur Gewinnung von Viehfutter. Entweder durch direkte Beweidung mit Viehauftrieb (Trift), oder Schnitt von frischem Grünfutter für Stallvieh oder zur Heuernte. Aus den verschiedenen Standorten, deren Bodenbeschaffenheit, ihrer Feuchtigkeit, des in der Region vorherrschenden Klimas, besonders aber auch aus der unterschiedlichen Bewirtschaftungsweise ergibt sich für den interessierten Naturfreund eine verwirrende Vielfalt von Wiesentypen, und ebenso verwirrend viele Bezeichnungen. Wir wollen nur die wichtigsten Fakten und Begriffe erwähnen. Eben so viel, wie wir brauchen, um die stark abweichenden Erscheinungsbilder von Wiesen, ihre mitunter so andersartigen Pflanzen- und Tiergesellschaften besser zu verstehen.

Der wichtigste Faktor bei der Erhaltung einer Grünfläche ist der Schnitt (auch Schur oder Mahd). Allein dadurch und durch die Anzahl der Schnitte pro Jahr werden gewisse Pflanzen von ihrer lichtschluckenden Konkurrenz befreit, also begünstigt. So hat dieselbe Wiese, wenn sie mehrmals gemäht wird, vor und nach jeder Mahd ein anderes Aussehen. Seit es Mähwiesen gibt, haben sich auf ihnen nur solche Gräser und Kräuter ausgebreitet, die sich dem jeweiligen Rhythmus der menschlichen Bewirtschaftung anzupassen imstande waren.

Die meisten Wiesen waren von jeher Futterwiesen. Sie gedeihen auf Böden mit genügend Nährstoffen und einer Feuchtigkeit, die in optimaler Balance zwischen feucht und trocken steht und die als frisch

Wo gibt es noch natürliche Wiesen?

Drei typische Wiesenblumen:

Rundblättrige Glockenblume

Die Wiesentypen im Kulturgrünland

Wiesen-Pippau

Kuckucks-Lichtnelke

91

bezeichnet wird. Daher auch der Ausdruck Frischwiese. Eine solche wurde früher zweimal pro Jahr gemäht und danach mit Stallmist gedüngt. Das waren hauptsächlich die bunten Blumenwiesen, von denen wir heute noch schwärmen.

In Gegenden, in denen das Weideland und sonstiges Kulturgrünland den Getreideanbau überwog, war Stroh als Stallstreu Mangelware. Daher ließ man einige, vorzugsweise feuchte Wiesen ungedüngt liegen und wachsen, bis die Gräser und Kräuter strohtrocken waren, um dann das Mähgut als Stallstreu zu verwenden. Das waren die klassischen Streuwiesen. Diese übertrafen an Blütenpracht und Insektenreichtum stellenweise die Frischwiesen. Ähnlich wurde in Gegenden, wo es sehr wohl viel Stroh gab, mit den als wertlos eingestuften Sauerwiesen verfahren. Das sind oder waren Wiesen auf feuchten und nassen Standorten, wo nur Riedgräser und scharfkantige Seggen vorherrschten, die vom Vieh als Futter verschmäht werden. Solche Flecken überließ man den Kleinlandwirten, den „Armutsbauern", die nur geringen Viehbestand, vielleicht nur eine Kuh und eine Ziege hatten. Die nutzten die Sauerwiesen sinngemäß auch als Streuwiesen. Auf nährstoffarmen, kargen Böden standen die Magerwiesen. Entweder als Schafweide genutzt, oder nur einmal gemäht. Auch sie reich an Blumenpracht. In andersartiger Zusammensetzung

als die vorigen. Auf flachgründigen, wasserdurchlässigen, z. B. sandigen Böden stehen die Trockenrasen und, bei weniger Trockenheit, die Halbtrockenrasen. Auch sie wurden über die Jahrhunderte durch Beweidung von Schafen und Ziegen baumfrei gehalten und höchst selten oder nie gemäht. Daß sandige und kiesige oder verkarstete Böden außer ihrer Trockenheit auch arm an Nährstoffen sind, liegt auf der Hand. Sie waren Standorte von in jeder Hinsicht bunten Pflanzengesellschaften mit überaus reichem Insektenleben. Auffallend reich vor allem an Schmetterlingen und Hautflüglern (Wildbienen und Wespen). Manche ihrer pflanzlichen Bewohner stammten ursprünglich aus fernen Ländern und wurden irgendwann, in der Antike oder im Mittelalter, durch die Bewegungen auf den Fernhandelsstraßen unbeabsichtigt eingeschleppt oder auch absichtlich eingeführt. Einige davon zunächst als Gewürz- wie auch als Heilkräuter, andere einfach ihrer schönen Blüten wegen. Weil sie aus ihren Heimatgebieten an karge und trockene Böden angepaßt waren (Grassteppen Asiens und Nordafrikas, Karsthänge des Nahen Ostens, mediterrane Trockengebiete), breiteten sie sich nach und nach auf ihnen zusagenden Standorten Mitteleuropas aus. Das waren eben vorzugsweise die Trockenrasen.

Der Wald rückt vor. Auf selten gemähten und nicht mehr beweideten Magerwiesen haben bereits einzelne Gehölzgruppen Fuß gefaßt, um die Freiflächen zurückzuerobern. Wenn nicht eingegriffen wird, ist in einigen Jahrzehnten das jetzige Wiesengelände wieder vom Wald beherrscht. So zeigt sich deutlich: Wiesen sind ein Produkt von Sense, Mähbalken oder den Mäulern des Weideviehs.

Wald-Frischwiese mit
Akelei und Schlüs-
selblumen

Feuchtwiese mit Quellflu-
ren. Vorherrschend März-
becher und Knabenkräuter.

Unten: Feuchte Orchideen-
wiese, Ausschnitt.

Unten rechts: Hochmoor-
artige Naßwiese mit Woll-
grasbeständen.

Wiesenlandschaft im Mittelgebirge, bestehend aus Weiden und Futterwiesen.

Zur Rarität geworden: Das Echte Tausendgüldenkraut. Ein Enziangewächs der Mittel- und Tieflagen.

Alte Obstwiese unter Apfelbäumen aus Großvaters Zeiten.

Mähwiese und Wegrain mit Hochstaudenflur.

Mineralgedüngte Fettwiese. Gras und Löwenzahn; das war's. So werden aus einstigen Wiesen artenarme Grasäcker.

95

Sterile Einheitswiese. Außer einigen wenigen robusten Gräsern sind sämtliche Wildkräuter eliminiert.

Die Gefahr der Verödung

Die moderne Agrarindustrie hat die in über zweitausend Jahren langsam gewachsene Grünlandbewirtschaftung binnen weniger Jahre total umgekrempelt. Den herkömmlichen Bauernhof gibt es nur noch in Form von Heimatmuseen oder in alten Bilderbüchern. Die industrielle Intensivtierhaltung hat ihn verdrängt. Das Tier steht nicht mehr auf Streu, sondern auf Betonrosten. Bedeutet: Streuwiesen überflüssig. Stallmist fällt als Dünger kaum noch an. Wozu auch? Es gibt ja chemischen Mineraldünger. Es war das erklärte Ziel einer ausschließlich auf Ertragsmaximierung ausgerichteten modernen Landwirtschaft, möglichst aus allen Wiesentypen, gleich auf welchem Standort, optimal einheitliches, maximal ertragreiches Wirtschaftsgrünland zu schaffen.

Waren die Magerwiesen und ehemaligen Streuwiesen zu unergiebig, so wurde mit kräftigen Düngergaben nachgeholfen. Infolge des Düngens wachsen Pflanzen, gegen die die an nährstoffarme Böden angepaßten Pflanzenarten nicht konkurrenzfähig sind. Nur die schnellwüchsigen Süß- und Fettgräser schießen ins Kraut und können drei- bis viermal gemäht werden. Der schärfste Dünger ist die Gülle. Jener zum Himmel stinkende Flüssigmist aus der Massen-Schweinemast. Wo Gülle im Grünland ausgebracht wird, halten nur noch die standfestesten Zinnsoldaten unter den Gräsern durch. Mit Überdüngung und Übernutzung wurde so die blumenlose Fettwiese erzielt. Die Feuchtwiesen, die nassen Seggenriede, sogar die sehr nassen Moore durften auch nicht bleiben, wie sie waren. Durch Entwässerungsgräben und Drainage wurden sie trockengelegt. Den sauren pH-Wert kann man korrigieren, und dann auch hier tüchtig düngen. So ist unser Wirtschaftsgrünland zwar saftig grün, aber gemessen an der einstigen Vielfalt verödet. Neueste Bestrebungen von Naturschutzverbänden und -behörden wollen dieser Entwicklung entgegenwirken. Auf kleinen Flächen wurden auch schon Erfolge erzielt. Durch Verzicht auf Düngung und nur einmaliges Mähen stellen sich allmählich die blühenden Wildkräuter und damit Insekten und andere Tiere wieder ein. Die allerletzten Stückchen Feuchtwiesen und Trockenrasen stehen nun unter Schutz.

Die Wiesen haben viele Bewohner, aber sicherlich ebensoviele Gäste, die nur zu Besuch kommen, ihre Kinderstuben und Wohnungen aber im Wald oder sonstwo haben. In beiden Gruppen gibt es seltsame Tiere, die, wenn man ihren Lebenslauf und ihr Erscheinungsbild überblickt, wie lebendige zoologische Rätsel wirken. Jeder kann sich dabei selber testen.

Ganz links:
Der selten gewordene
Dukatenfalter.

Krabbenspinne mit erbeuteter Honigbiene. Diese Spinne nimmt die Farbe
der Blüten an, auf denen sie Insekten
auflauert. Sie hat also vorwiegend auf
gelben Blüten gesessen.

Grüner Grashüpfer vor der
letzten Häutung, die ihm
vollständige Flügel
beschert.

Larvennest der Wiesen-Schaumzikade

Hummelschweber

Soldatenkäfer

Zwei ungleiche Gesellen
mit gleicher Lebensweise:
Links ein Pinselkäfer,
rechts ein Gefleckter
Schmalbock. Beide ver-
bringen ihr Larvenstadium
in moderndem Holz der
Wälder, und als Vollkerfe
besuchen sie Blüten auf
Wiesen und Wegrändern.
Ein kleines Beispiel für vielfältige Vernetzungen von
Lebensräumen!

Lebende Rätsel

Es sieht aus wie eine Hummel, fliegt und ernährt sich wie ein Kolibri, läßt seinen Nachwuchs parasitisch aufwachsen wie ein Kuckuck, ist aber eine Fliege. Was ist das?

Keine Rarität. Im Frühjahr sieht man sie an sonnigen Tagen im Schwebflug umhersurren. Auf der Stelle stehend, dann urplötzlich „aus dem Stand", seitwärts, vorwärts, rückwärts, auf- und abwärts wegzischend, so pfeilgeschwind, daß unser Auge kaum folgen kann. Und das nicht nur über Wiesen und an Weg- und Waldrändern. Auch in Parkanlagen und Gärten, wo immer genügend nektarspendende Blüten sind. Davor stehen sie dann im Schwebflug, tauchen den langen Saugrüssel wie einen Schnabel in den Blütenkelch und trinken. Das macht sie den Kolibris so ähnlich.

Zur Erhaltung ihrer Art bedienen sie sich parasitischer Praktiken. Sie lassen ihre Larven von Solitärbienen, vorzugsweise der Gattung Andrena ernähren. Was deren Larven das Leben kostet. Die Weibchen der rätselhaften Insekten können zwischen zwei gleichermaßen effektiven Methoden wählen, ihre „Kuckuckseier" unterzubringen. Entweder legt das befruchtete Weibchen seine Eier auf solche Blüten, die von den vorgesehenen Wirtsbienenarten angeflogen werden, damit die Ahnungslosen die selbstklebende gefährliche Luftfracht zu Hause einfliegen, oder das weibliche Rätselinsekt schleudert seine Eier direkt vor den Nesteingang der unterirdisch lebenden Solitärbienen. Die geschlüpften Larven finden dann instinktmäßig ihren Weg ins Bienennest, wo sie die ursprünglichen Bienenlarven aufzehren.

Auflösung:

Der *Hummelschweber* (Bombylius major), Familie Wollschweber, Unterordnung Fliegen, Ordnung Zweiflügler.

Es hört mit dem Bauch, singt mit den Beinen, wechselt siebenmal die Haut und springt hundertmal weiter als es selbst lang ist. Was ist das?

Sie sind sehr musikalisch. Ihre ganze Verwandtschaft ist es. Sie sind in der Lage, aufgrund der Tonhöhe zu erkennen, ob es sich um einen Artgenossen oder um einen ferneren Verwandten handelt. Und unwahrscheinlich taktvoll sind sie auch. Das heißt, sie haben ein ganz ausgezeichnetes Empfinden für Takt und Rhythmus. An Tonhöhe und Takt des Gesanges – die Gesänge dieser Tierfamilie erfüllen im Sommer die Luft über den Wiesen – können sie sogar ermessen, in welcher Stimmung der Nachbar ist. Das Weibchen hört (mit dem Bauch wohlgemerkt), ob es ein Minnelied ist, das ihr gilt, oder ob sich nur zwei Rivalen übertönen wollen.

Was den Nachwuchs betrifft, so sind sie allesamt harmlos und lassen ihre Jungen nicht von Fremden und auf deren Kosten aufziehen. Kümmern tun sie sich allerdings nicht um die Brut. Es wird ein Loch in die Erde gebohrt. Eier hinein und fertig. Die Larven sehen den Eltern schon sehr früh sehr ähnlich. Machen also keine Verwandlung durch. Flügel, die die extrem weiten Sprünge unterstützen, bekommen sie erst nach der letzten Häutung.

Auflösung:

Ordnung Schrecken. Lateinisch: saltator = der Springer.

Grashüpfer aus der Familie Feldheuschrecken (in Mitteleuropa ca. 36 Arten, weltweit 5.000 Arten), Unterordnung Kurzfühlerschrecken,

Es sieht aus wie Spucke, ist aber ein Nest. Das Nest wurde nicht von einer Tiermutter für ihre Brut erbaut, sondern von einem einzigen Jungtier für sich selbst. Was ist das?

Früher nannte man es mancherorts „Kuckucksspeichel". Obwohl es mit einem Kuckuck oder mit Brutparasitismus überhaupt nichts zu tun hat. Was da wie Spucke aussieht, wird von einer Insektenlarve in sehr komplizierten chemischen und hydraulischen Prozessen hergestellt. Zum eigenen Schutz, gegen Austrocknung und gegen Entdeckung durch Feinde. Letzteres Bemühen ist vielfach vergebens. Es gibt unter den unzähligen räuberischen Insekten versierte Experten, die den kleinen Schaumschläger gezielt aufspüren und verzehren oder ihre eigene Brut damit füttern. Die Eltern der in ihrem Bläschenzelt sitzenden Larve sind überaus flinke Bürschchen und sehr gut zu Fuß. Um ihren eingeschäumten Nachwuchs kümmern sie sich, wie viele Insekten, nicht im geringsten.

Auflösung:

ger.

lie Schaumzikaden, Unterordnung Zikaden, Ordnung Pflanzensau-

Das *Larvennest der Wiesenschaumzikade* (Philaenus spumarius), Fami-

---

Einige Wiesenpflanzen (Kurzbeschreibungen zu den Erkennungsbildern auf der nächsten Seite)

Schafgarbe *(Achillea millefolium)*: Eine unserer typischen und häufigeren Wiesenpflanzen. Blüten weiß oder rosa. Kuckuckslichtnelke *(Lychnis flos-cuculi)*: Blüht zwischen April und Juli auf Wiesen mit hohem Grundwasserstand. Wilde Möhre *(Daucus carota)*: Stammform unserer Gemüsepflanze. Raupenfutterpflanze u. a. des Schwalbenschwanzes. Aufrechte Trespe *(Bromus erectus)*: Zeigt magere Böden und Trockenheit an. Wo die Aufrechte Trespe vorkommt, hat man auf jeden Fall wenigstens einen Halbtrockenrasen vor sich. Kalkliebend. Knäuelgras *(Dactylis glomerata)*: Auf nährstoffreichen Böden. Bis 100 cm hoch. Margerite *(Christanthemum leucanthemum)*: Blütezeit von Mai bis Anfang August. Wiesenstorchschnabel *(Geranium pratense)*: Blüht vom Frühsommer bis in den Herbst hinein. Wiesenkerbel *(Anthriscus sylvestris)*: Leicht mit anderen Doldenblütlern unserer Wiesen, Wegränder und Waldränder zu verwechseln. Stickstoffanzeiger. Kleine Sommerwurz *(Oro-banche minor)*: Interessante Pflanze, die auf Rotem Wiesenklee schmarotzt. Blüht im Sommer. Vor allem in trockeneren Fettwiesen. Es gibt über 25 weitere Arten, die jeweils an andere Wirtspflanzen angepaßt sind. Spitzwegerich *(Plantago lanceolata)*: Blütenstielchen zwischen 15 und 50 cm hoch. Wiesen-Schlüsselblume *(Primula veris)*: Eine der ersten Blütenpflanzen auf mageren Wiesen, Kalk-Magerrasen, an Rainen und Waldrändern. Wiesensalbei *(Salvia pratensis)*: Blüht ab Frühjahrsende bis zum Hochsommer. Ca. einen halben Meter hoch. Im Tiefland selten. Englisches Raygras *(Lolium perenne)*: 20 bis 60 cm hoch. Blüht zwischen Mai und Oktober. Eines der wichtigsten Weidegräser. Zittergras *(Briza media)*: 20 bis 40 cm hoch, auf trockenen, mageren Wiesen und Rainen. Durch Intensiv-Agrarwirtschaft vielerorts selten geworden. Blüht zwischen Mai und Juni. Wiesenfuchsschwanz *(Alopecurus pratensis)*: 30 bis 100 cm hoch. Eines unserer häufigsten Gräser. Blüht im Mai und Juni. Wiesenschaumkraut *(Cardamine pratensis)*: Eine der ersten Blütepflanzen, die oft ganze Wiesen wie einen „Schaumteppich" überziehen.

Schafgarbe

Kuckucks-
Lichtnelke

Wilde
Möhre

Aufrechte
Trespe

Knäuelgras

Marge-
rite

Wiesen- storchschnabel

Wiesenkerbel

Kleine
Sommerwurz

Spitzwegerich

Schlüsselblume

Wiesensalbei

Englisches
Raygras

Zittergras

Wiesenfuchsschwanz

Wiesen-
schaum-
kraut

Dungkäfer

Scheinbock

Langhornbiene

Wespenbiene

Gelbfüßige Sandbiene

Saat-Schnellkäfer

Deutsche Wespe

Rote Wespe

Gemeine Wespe

Weichkäfer

Steinhummel ♀

Gartenhummel ♂

♀

♂

Erdhummel ⚥

♀

Schutthummel ⚥

Waldhummel ♀

♂

Wiesenhummel ♀

♂

Mooshummel ♀

Ackerhummel

Hüte, hüte den Fuß und die Hände
Eh sie berühren das ärmste Ding!
Denn Du zertrittst eine häßliche Raupe
und tötest den schönsten Schmetterling!
Theodor Storm

Schmetterlinge

Aus der verwirrenden For-
menfülle der Schmetter-
lingsraupen sind hier nur
einige wenige vereinfacht
dargestellt, um einen Eindruck von der Vielgestaltig-
keit zu geben. Zu den
abweichenden Körper-
Merkmalen kommen noch
die verschiedenartigsten
Generationsfolgen und
Überwinterungsstrategien:
Als Ei, als Raupe, Puppe
oder als Imago. Die Pup-
pen lassen sich in drei
Grundtypen einteilen.

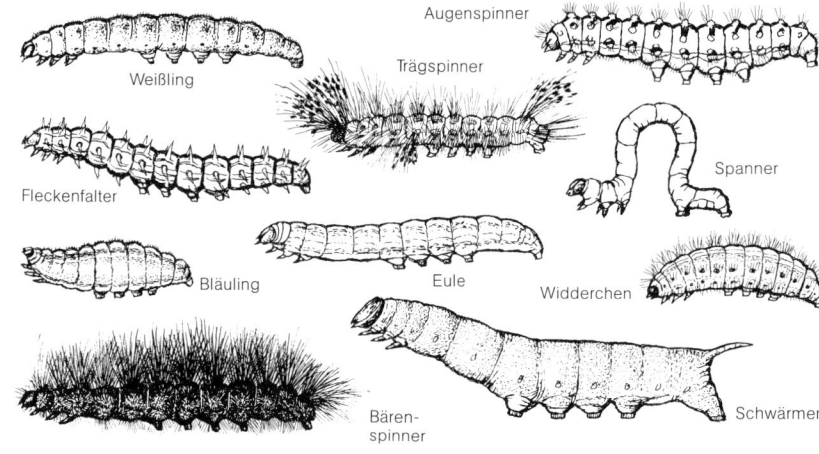

Weißling
Augenspinner
Trägspinner
Fleckenfalter
Spanner
Bläuling
Eule
Widderchen
Bären-
spinner
Schwärmer

Stürzpuppe

Gürtelpuppe

Mumienpuppe

Wenn man von dem jagdbaren Wild absieht, hat außer den Vögeln
kaum eine andere Tiergruppe so sehr die Aufmerksamkeit und die
Zuwendung des Menschen auf sich gezogen wie die der Schmetterlinge. Im wissenschaftlichen System bilden sie eine Ordnung, während die Vögel im Tierreich eine Klasse darstellen. Die Klasse der
Schmetterlinge ist die der Insekten. Hier allerdings rangieren sie als
eine der familien- und artenreichsten Ordnungen. Bekannt und
beschrieben sind mehr als hunderttausend Arten. In Deutschland
lebten bis zum Beginn der ökologischen Krise etwa 1.300 Groß-
schmetterlingsarten, 41 % sind schon ausgestorben oder gefährdet.
   Oberflächlich betrachtet sind sich die meisten Falter recht ähnlich.
Nur wenigen Gattungen ist schwer oder nicht anzusehen, daß sie
überhaupt Schmetterlinge sind. Insgesamt ist die Lebensweise und
vor allem die Fortpflanzungsbiologie der Schmetterlinge so unein-
heitlich, sind die Gattungen und Arten in den verschiedenen Stadien
ihrer Entwicklung, vom Ei über die Raupe und Puppe bis zum fertigen
Insekt so vielgestaltig, daß es ganz unmöglich ist, hier auch nur einen
kurzen Abriß davon zu geben. Dafür gibt es Schmetterlingsbücher. Es
ist auch nicht die Absicht dieses Buches, eine Gruppe von Pflanzen
oder Tieren vollständig und erschöpfend abzuhandeln. Dieses Buch
will Interesse wecken am Beobachten an sich und die Faszination all-
täglicher, leider oft übersehener Vorgänge deutlich machen. Trotzdem wollen wir hier wenigstens einige der schönsten und noch drau-
ßen anzutreffenden Tagfalter nebeneinander abbilden und kurz
beschreiben. Es handelt sich bei den auf den folgenden Seiten darge-
stellten Schmetterlingen sinngemäß nur um Tagfalter. Die einzige
Ausnahme, das Blutströpfchen, gehört zwar dem System nach zu den
Nachtfaltern, fliegt aber am Tage.

Kurzbeschreibungen zu den Tagfaltern der beiden folgenden Seiten.

Großer Kohlweißling *(Pieris brassicae)*
Mehrere Generationen pro Jahr. Mai/Juni – Juli/August. In günstigen Jahren zum Sommerausgang eine dritte Generation. Die Sommergeneration ist größer und hat mehr Schwarz an den Flügelspitzen. Die Schwarzfleckung ist bei den Weibchen stärker.

Aurorafalter *(Anthocharis cardamines)*
Ein auffälliger Frühlingsfalter. Besonders die Männchen mit ihren orangegelben Vorderflügelspitzen sind kaum zu übersehen. Fliegt über blütenreichen Wiesen, Wegrainen und Waldrändern.

Goldene Acht oder **Gemeiner Heufalter** *(Colias hyale)*
Ein Wanderfalter, der in manchen Jahren aus Mitteleuropa nordwärts in skandinavische Länder zieht. Von Mai bis in den Herbst auf Blumenwiesen und Kleefeldern. Die Raupe, die an Klee, Luzerne und Wicken lebt, überwintert.

Zitronenfalter *(Gonepteryx rhamni)*
Nicht jeder Zitronenfalter ist so kräftig gelb gefärbt wie das abgebildete Männchen. Die Weibchen sind blaßgelb oder fast weiß. Diese langlebige Art kann mehr als einen Winter überdauern. Futterpflanze ist der Faulbaum *(Rhamnus frangula)*.

Schwalbenschwanz *(Papilio machaon)*
Flugzeit in Europa von April bis Oktober. In Mitteleuropa gewöhnlich zwei Generationen, in nördlichen Zonen nur eine, im Süden je nach Wärme mehrere. Futterpflanzen der Raupen sind Doldengewächse, hauptsächlich Wilde Möhre.

Tagpfauenauge *(Inachis io)*
Falter mit guter Kondition überwintern in Baum- und anderen Höhlen, in Waldhütten, auf Dachböden u.ä. Diese sieht man dann im zeitigen Frühjahr fliegen. Die schwärzlich-borstigen Raupen hängen oft in traubenartigen Kolonien an Brennesseln.

Kleiner Fuchs *(Aglais urticae)*
Mit Tagpfauenauge und Zitronenfalter einer der ersten Frühlingsboten. Lebensweise ähnlich Tagpfauenauge. Raupen wachsen auch an Brennesseln heran. Zwei bis drei Generationen. Häufigster Fleckenfalter.

C-Falter *(Polygonia c-album)*
Der stark gezackte Flügelsaum wirkt ausgefranst. Das namengebende „C" erscheint auf der Unterseite der Hinterflügel. Eine zweite Generation kann überwintern. Futterpflanzen: Wilder Hopfen, Weiden, Ulmen, Nesseln.

Trauermantel *(Nymhalis antiopa)*
Der rar gewordene große Edelfalter (55–75 mm) durchfliegt lichte Wälder über weite Distanzen. Flugzeit ab Juni/Juli bis in den Herbst. Überwinterte Vollinsekten erscheinen dann im Frühjahr.

Großer Schillerfalter *(Apatura iris)*
Die schwarzbraune Oberseite der Flügel hat bei den Männchen eine Interferenz-Feinstruktur, die durch Lichtbrechung einen violettblauen Glanz erzeugt.

Admiral *(Vanessa atalanta)*
Wanderfalter, der in unterschiedlichen Wellen von Süden her nach Mittel- und Nordeuropa einfliegt. Hier gelingt es, eine Sommergeneration zu zeitigen (August). Man trifft sie oft an Fallobst.

Landkärtchen *(Araschnia levana)*
Zwei im Aussehen sehr verschiedene Generationen, die früher sogar für getrennte Arten gehalten wurden. Die braune Frühjahrsform fliegt von April bis Juni, die schwarze Sommerform von Juli bis August. In Flußniederungen, lichten Wäldern, an Hecken und Brachlandstreifen.

Großes Ochsenauge *(Maniola jurtina)*
Noch einer der häufigen Augenfalter auf Wiesen aller Art. Die Raupen ernähren sich an Gräsern.

Distelfalter *(Vanessa cardui)*
Wandert noch weiträumiger als Admiral. Ausgehend vom zentralen Heimatgebiet Nordafrika fast über die ganze Erde. In Mitteleuropa erzeugen die Eingewanderten höchstens eine Sommergeneration.

Kleiner Feuerfalter *(Lycaena phlaes)*
Zählt systematisch zu den Bläulingen, die keineswegs alle blau sind. Auf Blumenwiesen in zwei bis drei Generationen von Mai bis Oktober. Raupen-Futterpflanzen sind Knöterich- und Ampferarten.

Gemeiner Scheckenfalter *(Mellicta athalia)*
Wird leicht mit nahe verwandten Arten verwechselt. An Waldrändern, Wegrainen und auf Wiesen. 1–2 Generationen. Die Eier werden als kompaktes Gelege meist an die Blattunterseite von Wegericharten geheftet.

Kaisermantel *(Argynnis paphia)*
Ein stattlicher Waldbewohner, selten im offenen Gelände und dann nur in Waldnähe anzutreffen. Überwintert als Ei oder winzige Raupe. Futterpflanzen sind diverse Veilchen, Him- und Brombeere.

Schachbrett *(Melanargia galathea)*
Auf Wiesen und Brachland mit vielen Disteln, Flockenblumen und Skabiosen. Das Weibchen wirft die Eier einfach im Flug ab. Nur eine Generation, Juni/Juli.

Kleiner Heufalter *(Coenonympha pamphilis)*
Aus der großen Familie der z. T. sehr ähnlichen Augenfalter einer der häufigsten in offenem Grasland. Je nach Klimazone zwei oder mehr Generationen. Die Raupen leben von Gräsern.

Ockergelber Braundickkopffalter *(Thymelicus sylvestris)*
Mitglied einer zum Verwechseln ähnlichen Gattung. Lebt auf blütenreichem Wiesengelände. Eine Generation. Die an Grashalme gehefteten Eier überwintern. Die Raupen schlüpfen im folgenden Frühjahr.

Hauhechelbläuling *(Polyommatus icarus)*
Recht anspruchslose Art. Sie braucht nur ausreichende Vorkommen von ungespritzten Schmetterlingsblütlern (Klee, Wicken etc.) als Raupen-Futterpflanzen.

Geißkleebläuling *(Plebejus argus)*
Dieser relativ häufige Bläuling lebt auf trockenen Ödländereien, Magerwiesen, Heiden und Dünen. Zwei Generationen ab Mai.

♂   Großer Kohlweißling   ♀

♂

Aurorafalter

♂   Goldene Acht   ♀

♀

Zitronenfalter ♂

Schwalbenschwanz

Tagpfauenauge   Kleiner Fuchs   C-Falter

Großer
Schillerfalter

Trauermantel

Admiral

Frühlingsform

Landkärtchen

Sommerform

♂

Großes Ochsenauge

♀

Distelfalter

Gemeiner Scheckenfalter

Kaisermantel

Kleiner Feuerfalter

Schachbrett

Kleiner Heufalter

Ockergelber Braundickkopffalter

♂

♀

Hauhechelbläuling

♂

♀

Geißkleebläuling

Blutströpfchen

FAUST

Phasen aus der Metamorphose eines Tagfalters

(Schwalbenschwanz, Papilio machaon)
Bei dieser Art werden die Eier nicht in ganzen Gelegen, sondern immer nur eines pro Futterpflanze angeheftet. Als solche kommen Doldengewächse in Betracht, vorzugsweise die Wilde Möhre. Die Raupen wachsen, fast pausenlos fressend, rasch heran und verpuppen sich als Gürtelpuppe, wozu sie meist eine nahegelegene Gehölzpflanze erklimmen. Nach dem „Angurten" überzieht sich die Raupe von oben nach unten mit einer festen Hülle, unter der die totale Umwandlung des Insektenkörpers auf geheimnisvolle Weise vonstatten geht. Die Imago schlüpft im selben Sommer.

Sie haben sich im Laufe der unendlich langen Stammesgeschichte aufeinander eingestellt. Weil sie wechselseitig etwas voneinander wollen. Die blütenbesuchenden Insekten wollen Nektar und Pollen. Die Blüten, als Geschlechtsorgane der Pflanzen, wollen, daß ihre Bestäubung und damit die *Fort-Pflanzung* gesichert ist. So kommt es, daß ganz bestimmte Insekten vorzugsweise, in manchen Fällen sogar ausschließlich, ganz bestimmte Blüten aufsuchen. Da ist die in Co-Evolution erfolgte Anpassung so perfekt, daß Sinnesleistungen, Anatomie, Färbung und Duftstoffe ineinanderpassen wie Schloß und Schlüssel. Bei manchen Schmetterlingen und Wildbienen ist der Saugrüssel genauso lang, wie der entsprechende Blütenkelch tief ist. Das Farbsehen ist beim Insekt in jenem Teil des Spektrums besonders entwickelt, den die zu ihm passenden Blüten ausstrahlen. So daß also die so spezialisierten Insekten „nur Augen für ihre Blüte" haben. Die Anpassung betrifft vor allem auch den Geruchsinn und den Duftstoff. Das kann so weit gehen, daß die Blüte in groben Umrissen die Form, ziemlich genau die Färbung und ganz genau den Duft eines weiblichen Insekts einer ganz bestimmten Art vortäuscht. Die drei Komponenten Form, Färbung und Duft wirken so überzeugend auf das Männchen der betroffenen Insektenart, daß es die Blüte als Braut umwirbt und zu begatten versucht. Dabei werden dem Betörten die Blütenpollen in kleinen Päckchen angeheftet, daß er bei seinem nächsten Reinfall etwas davon abgibt und die Befruchtung der Pflanze ist vollzogen. Zu beobachten ist das zum Beispiel an einigen Knabenkräutern aus der Gattung der Ragwurz-Arten. Da das Familienleben der solchermaßen angelockten Insekten ohnehin schon kompliziert ist, kann es zu den abenteuerlichsten Verwicklungen kommen.

Manche Blüten und Insekten haben ein festes Verhältnis miteinander

Hummelragwurz
Ophrys fuciflora

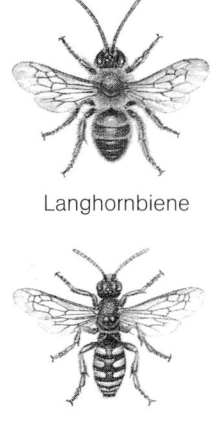

Langhornbiene

Wespenbiene

Das Knabenkraut namens *Hummelragwurz* wird nicht von Hummeln umworben, sondern von der männlichen *Langhornbiene*. Man möchte meinen, der Bienenmann hätte eigentlich besseres zu tun, denn zu Hause droht seiner Brut Gefahr. Von einem Parasiten, der wie eine Wespe aussieht, wie ein Kuckuck parasitiert, aber in Wirklichkeit auch eine Biene ist: die *Wespenbiene*.

Ein Weg – zwei Welten: an Waldrand und Hecke

C.-P. Hutter

Vor Tagen hat es geschneit. In der trocken-kalten Dezembernacht fiel ein zarter Pulverschnee. Und der hat jetzt die ganze Gegend in eine märchenhafte Zuckerbäckerlandschaft verwandelt. Wiesen, Äcker, Hecken, Feldgehölze sind mit einer weißen Naturdecke aus Schnee bedeckt. In der schwachen Morgensonne glitzern die Schneekristalle auf dem Geäst des Waldrandes um die Wette. Es scheint, als ob der Schnee die Geräusche in der Landschaft dämpft. Nur ein paar Wacholderdrosseln, die sich lärmend um die schwarzen Beeren an einem Ligusterstrauch streiten, scheren sich wenig um Ruhe und Idyll. Aber auch sonst ist noch Leben in der Landschaft. Nur viel leiser, verborgener und vielleicht auch deshalb etwas geheimnisvoller. Bei einem Schneespaziergang auf dem alten Holzabfuhrweg entlang des Waldrandes wird das deutlich. Überall sind Spuren zu sehen, die den Weg kreuzen und in den Wald führen oder von dort kommend sich irgendwo am Bach in der nahen Wiesenaue verlieren. Wer nicht achtlos daran vorbeiläuft und sich schon etwas „Natur-kundig" gemacht hat, kann schnell erkennen, wer hier unterwegs war. Deutlich sind die Spuren im Schnee abgedrückt. Da ist ein Fuchs entlang geschnürt. Nur wenige Meter davon entfernt sind zahlreiche Fährten der Beweis für einen Rehwechsel. Auch die Spuren von Wiesel und Marder sind auszumachen. Und fast den gesamten Waldtrauf entlang verlaufen kreuz und quer Feldhasenspuren.

All die Fährten und Spuren im Schnee verdeutlichen uns, was wir in der übrigen Jahreszeit nur ahnen können. Der Waldrand ist eine für viele Tiere wichtige Kontaktzone. Kein Wunder; denn dort, wo zwei Lebensräume aufeinanderstoßen, ist die Vielfalt immer besonders groß. So ist es auch am Waldrand. Dort gibt es nicht nur die Tiere und Pflanzen des Waldes und der angrenzenden Wiesen oder Felder, sondern zusätzlich noch solche Arten, die sich genau auf diese Grenzlinie spezialisiert haben.

Fuchs

Reh

Hase

Dachs

Leben wie im Schlaraffenland

Der Waldrand ist also nicht nur die Grenze des Waldes zum Umland, sondern gleichermaßen ein besonderer Lebensraum. Unregelmäßig ineinander übergehende Zonen mit Kräutern, Stauden, Sträuchern, kleineren und größeren Laubbäumen in lockerem und verschiedenstufigem Aufbau bieten für eine Vielzahl von Tieren unterschiedlichste ökologische Nischen.

Aber fast noch wichtiger als die vielen Brut-, Versteck-, Schlaf- und Aufenthaltsplätze für Tiere ist das überaus reiche Nahrungsangebot des Waldrandes.

Jeder kann sich selbst davon überzeugen, wenn er zwischen Spätsommer und Herbst einen Waldrand etwas aufmerksamer als sonst betrachtet. Eine Vielzahl von Früchten und Samen geben dann dem Waldrand bunte Tupfer. Zum leuchtenden Rot der Hagebutten und verschiedenster Wildrosen kommen die matt-blauen Früchte der Schlehen, die jeweils schwarzen Fruchtstände von Holunder, Hartriegel und Liguster und die roten Beeren vom Bergholunder. Je nach Standort leuchten die hellroten Dolden des Vogelbeerbaums sowie die dunkelroten Früchte von Weißdornsträuchern. An feuchteren Waldrändern kommen die rosa-farbenen – und giftigen! – Früchte des Pfaffenhütchens dazu. Das ist aber noch lange nicht alles. Man denke nur an Haselnüsse, Eicheln, Bucheckern und, wo es Nadelgehölze gibt, an Tannen-, Fichten- und Kiefernzapfen mit ihren Samen. Hinzu kommen Samen von Spitz- und Bergahorn, Feldahorn, Mehlbeere, Wildapfel, und – ebenfalls an feuchteren Waldrändern – Esche und Erle. Unermeßlich ist das Nahrungsangebot für Wildtiere durch die Samen und Früchte von Wildkräutern, Blumenstauden und Gräsern. Der Waldrand erweist sich jedoch nicht nur während des Herbstes als Schlaraffenland der Natur. Im Frühjahr locken zahllose Blüten von Schlehen, Wildkirschen sowie anderen Sträuchern und Bäumen die unterschiedlichsten Insekten an. Sie sind wiederum unentbehrliche Nahrungsgrundlage für viele Vogelarten, die am Waldrand brüten und ihre Jungen aufziehen oder die aus anderen Lebensräumen dorthin zur Nahrungssuche kommen. Im späteren Frühling und im Sommer kommen dann die zahlreichen blühenden Blumen des Waldrandes als Nahrungsgrundlage und Jagdgebiet für Bienen, Hummeln, Wespen, Schmetterlinge, Käfer und Spinnen hinzu. Die vielen Kräuter und Blumen sind gleichzeitig wichtige Äsungsflächen und eine Art Hausapotheke für das Wild. Im Sommer gibt es für Tier und Mensch schon die ersten Früchte am Waldrand zu ernten: da sind die kleinen, aber süßen Wildkirschen, die ersten Wilderdbeeren und die Waldhimbeeren; einige Wochen später laden dann saftig reife Brombeeren zum Verweilen und Naschen ein. Neben diesem Nahrungsangebot stehen für Insekten und andere Tiere noch Knospen, Jungtriebe, Blätter, Rinde, Holz und Wurzeln zur Verfügung.

Der Waldtrauf ist wie ein schützender Mantel für den Wald. Die Waldränder bewahren die dahinter liegenden Forsten vor den Unbilden von Wind und Wetter. Dem Waldmantel vorgelagert ist der oft nur ein oder zwei Meter breite Waldsaum.

Diese Saumsituation wirkt sich durch den Ausgleich von Temperaturunterschieden in der Landschaft und den damit verbundenen Wärmehaushalt positiv auf das Pflanzen- und Tierleben dieses Grenzbereiches aus. Dazu kommt ein recht ausgeglichener Wasserhaushalt. So würden viele großblättrige Pflanzen des Waldrandes ohne den Verdunstungsschutz, den benachbarte Büsche und Sträucher durch zeitweisen Schattenwurf gewähren, im freien Gelände schnell austrocknen. Im Waldesinnern dagegen fehlt diesen Pflanzen oftmals das Licht. Während Wiesenpflanzen von einer stetigen Nährstoffzufuhr abhängig sind, können viele Pflanzen der blumenbunten Waldränder auch an extremen, stickstoffarmen Standorten konkurrenzlos gedeihen. So können sich Schmetterlingsblütler – wie Ginster-, Klee-, Wikken- und Platterbsenarten – durch eine besondere Einrichtung Nährstoffe „erschließen". An ihren Wurzeln befinden sich kleine Knöllchen, in die Bakterienkolonien eingelagert sind. Diese wiederum sind in der Lage, aus dem Stickstoffanteil der Bodenluft Stickstoffverbindungen aufzubauen, die dann von den Pflanzen verwertet werden können.

Es gibt wohl soviel unterschiedliche Waldrandgesellschaften wie es überhaupt Waldränder gibt. Die Zusammensetzung der Tier- und Pflanzenwelt hängt eben von sehr vielen, unterschiedlichen Faktoren wie Boden, angrenzende Landschaft, Klima, Kleinklima und menschlichen Einflüssen ab. Pflanzensoziologen unterscheiden aufgrund verschiedener „Leitpflanzen" mehrere Waldrandtypen. So ist es schon ein Unterschied, ob sich ein Waldmantel im Gebirge, in einer Mittelgebirgslandschaft oder in einem Niederungsgebiet entfaltet. Eine genaue Klassifizierung wird dem naturkundlichen „Einsteiger" genausowenig möglich sein wie dem engagierten Naturschützer. Das ist Spezialistensache. Einige Unterschiede aber kann jeder schnell selbst feststellen. Da gibt es die nach Süden exponierten, trockeneren Waldsäume mit einer oftmals an Trockenrasen erinnernden Vegetation. Dort wächst dann vielfach der Wilde Majoran, den wir schon vom Wegrain her kennen. Solche Bereiche sind vor allem durch die Vielzahl von Blüten-Pflanzen gekennzeichnet. Dagegen finden sich an den schattenseitigen Waldrändern ganz andere Pflanzenvergesellschaftungen. Charakteristisch sind rankende und kletternde Winden, Bittersüßer Nachtschatten und Labkraut, Hopfen sowie die Waldrebe. Ihre weißlichen Fruchtstände bilden im Herbst einen wolligen Überzug, der den Waldrand fast urwaldartig erscheinen läßt. Andere grüne Kletterer an diesen Waldsäumen sind Zaunrübe, Wilder Wein und das an Bäumen emporklimmende Efeu. Wer bei einer Wanderung im Sommer zuerst an einem sonnigen Waldmantel und dann an einem nord- oder ostexponierten, schattigen Waldrand vorbeikommt, kann nachempfinden, was Wissenschaftler unter Kleinklima verstehen.

Kein Waldrand ist wie der andere

Scharbockskraut

Blühende Kornelkirsche

Eberesche/Vogelbeere

Roter Hartriegel

Schwarzer Holunder

Roter Holunder

Wilde Brombeere

Wilder Hopfen

Hecken- und
Waldränder sind
Bindeglieder in
der Kultur-
landschaft.

Blühende
Schwarzdornhecke
(Schlehe)
und deren Früchte
(rechts)

Heckenrose

Hagebutten sind die Früchte der Heckenrose.

Gehölzstreifen mit doppeltem Rand

Viele Pflanzen- und Tierarten findet man auch im Bereich von Hekken. Das ist auch einleuchtend, wenn man Hecken näher betrachtet. Dann nämlich wird deutlich, daß eine Hecke eigentlich nichts anderes ist als ein Gehölzstreifen mit zwei Waldrändern.

Wie beim Waldrand hängt auch die Zusammensetzung der Hecke von Klima und Boden ab. Wo die intensiv genutzten Felder und Wiesen nicht zu nah an die Hecken reichen, sind diese ebenfalls von artenreichen Krautstreifen umgeben. Diese Heckensäume sind durchaus mit den Waldsäumen vergleichbar.

Hecken und Feldgehölze sind entweder übriggebliebene Waldstücke, oder es handelt sich um künstlich angepflanzte Elemente in der Kulturlandschaft. Manche Hecken entstanden auch von selbst durch natürliche Sukzession auf nicht mehr gemähten Böschungen und brachliegenden Ackergrundstücken.

Da die Hecke ein ähnlich hohes Nahrungsangebot und ebenso viele ökologische Nischen anzubieten hat wie ein Waldrand, ist auch die Artenvielfalt besonders hoch. So haben Ökologen festgestellt, daß etwa in einer Schleswig-Holsteinischen Wallhecke über 1.600 Tierarten leben.

Es gibt ganz verschiedene Hecken: So findet man dauerhafte Niederhecken aus Brombeeren und Kriechenden Rosenarten sowie der Wilden Stachelbeere an Böschungen und Rainen. Mittelhecken setzen sich aus Schwarzdorn, Weißdorn und Wildrosen zusammen. Hinzu kommen Hartriegel und Schneeball. Die Hochhecke besteht aus Schwarzem Holunder und Haselnuß und Weiden mit den Sträuchern der Mittelhecke am Rand. Die Baumhecke schließlich enthält einzelne Bäume wie Ahorn und Hainbuche und ist in günstigen Fällen von einer Mittel- und Niederhecke sowie einer Krautschicht umgeben.

Eine mehrschichtig aufgebaute Hecke bietet viele „ökologische Nischen":
1. Deckung für Niederwild (z. B. Hase)
2. Sitzplätze für Lauerjäger (z. B. Raubwürger)
3. Dickicht für Fallensteller (z. B. Kreuzspinne)
4. Nistplätze für Bodenbrüter (z. B. Rebhuhn)
5. Nistplätze für Buschbrüter (z. B. Dorngrasmücke)
6. Nistplätze für Baumbrüter (z. B. Ringeltaube)
7. Baumhöhlen für Höhlenbrüter (z. B. Star)
8. Schlafplätze für Nachtaktive (z. B. Waldohreule)
9. Schlafplätze für Tagaktive (z. B. Fasan)
10. Sonnige Plätze für Reptilien (z. B. Zauneidechse)
11. Schattige Verstecke für Amphibien (z. B. Erdkröte)
12. Winterquartiere für Bilche (z. B. Haselmaus)
13. Kinderstube für Kleinsäugetiere (z. B. Igel)

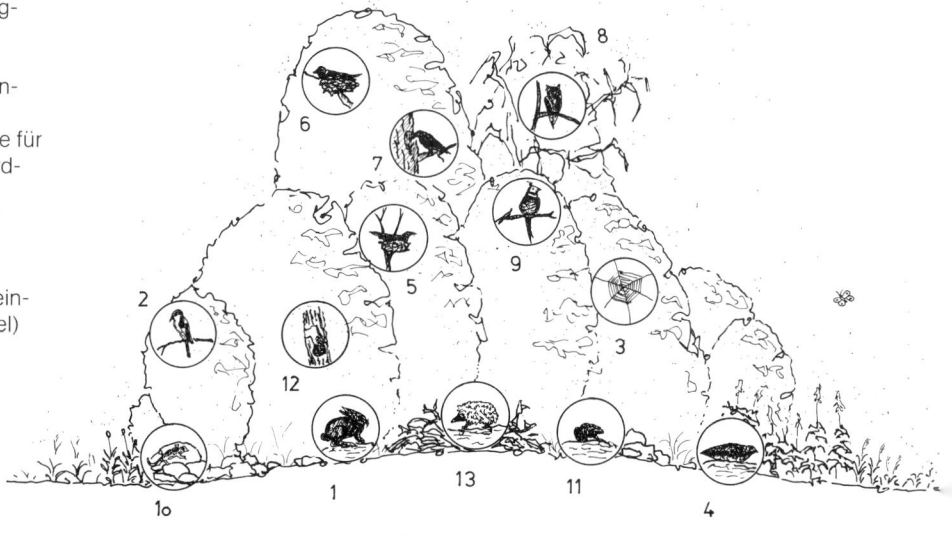

Hecken stehen nicht isoliert in der Landschaft; durch die Aktivität der Heckenbewohner in der Umgebung „strahlt" der Gehölzstreifen regelrecht aus. (nach Wildermuth)

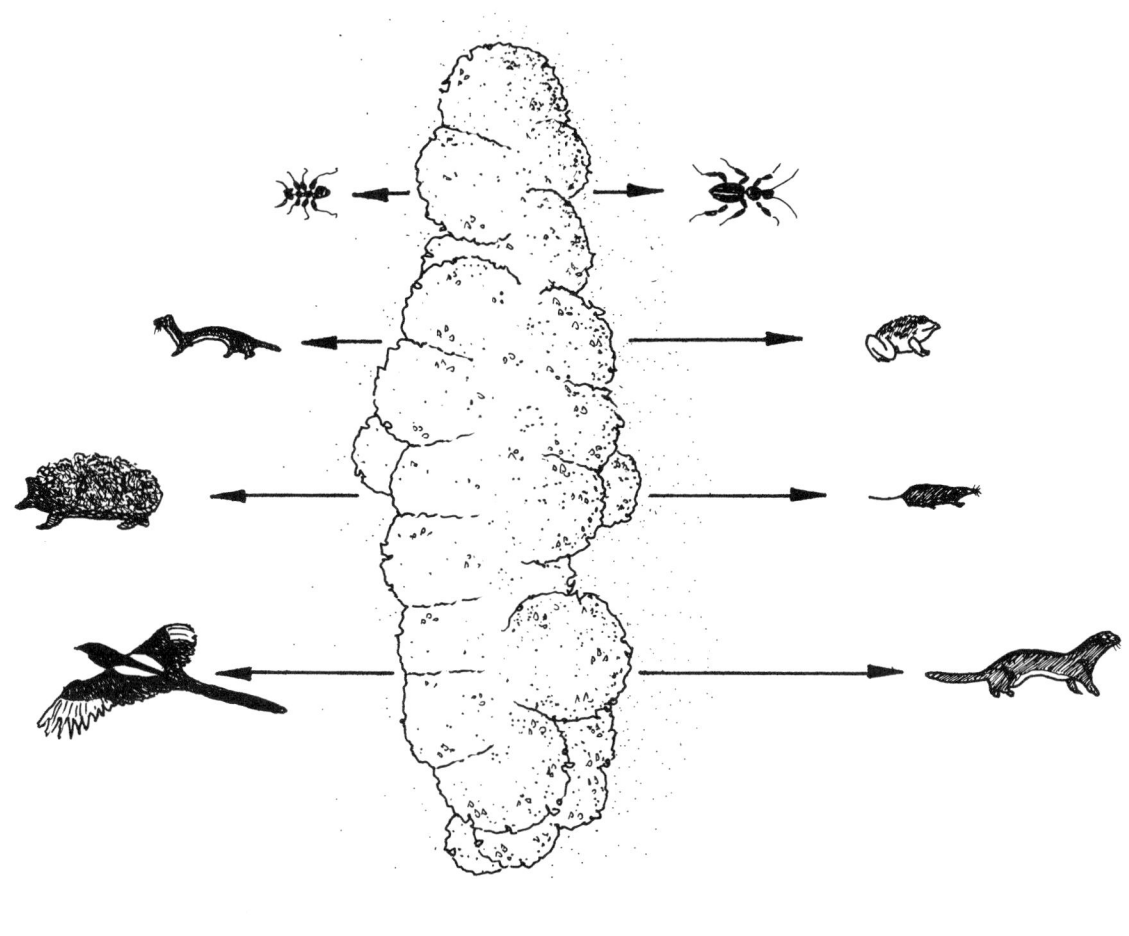

Blumen und Sträucher an Waldrand und Hecke (Kurzbeschreibungen zu den Erkennungsbildern auf der nächsten Seite)

Roter Holunder *(Sambucus racemosa):* Auch Bergholunder genannt, weil im Tiefland selten oder fehlend. **Schwarzer Holunder** *(Sambucus nigra):* Einer unserer verbreitetsten Sträucher. Stickstoffanzeiger. **Roter Hartriegel** *(Cornus sanguinea):* Kennzeichnend sind die roten (jungen) Zweige. Blüht weiß zwischen Mai und Juni. Max. 5 m hoher Strauch. **Heckenrose** *(Rosa canina):* Blüht ausschließlich im Juni. Zwischen 1 und 3 Meter hoch. Es gibt viele weitere Wildrosen-Arten, die oft nur von Spezialisten unterschieden werden können. **Weißdorn** *(Grataegus monogyna):* Eine unserer wichtigsten Waldrand- und Heckenpflanzen. Blüht weiß wie die Schlehe (aber ca. 14 Tage später). **Brombeere** *(Rubus fruticosus):* Über 70 Arten in Mitteleuropa. **Scharbockskraut** *(Ranunculus ficaria):* Einer der zeitigsten Frühjahrsblüher. Meist auf feuchteren Böden. **Liguster** *(Ligustrum vulgare):* Blüht weißlich im Frühjahr. Die schwärzlichen Beeren sind giftig. **Schlehe/Schwarzdorn** *(Prunus spinosa):* Blüht „schneeweiß" zwischen März und April. Eine der ersten Frühjahrsfutterpflanzen für Bienen und andere Insekten. **Waldveilchen** *(Viola reichenbachiana):* Blüht zeitig im Frühjahr. Auf nährstoffreichen Lehmböden. Es gibt über 34 „Wildveilchen-Arten". **Zaun-Giersch** *(Aegopodium podagraria):* Weit verbreitete Pflanze, die eigentlich an keinem Waldrand und keiner Hecke fehlt. **Kuckucks-Lichtnelke** *(Lychnis flos-cuculi):* Blüht zwischen April und Juli. Auf feuchten Böden. **Wald-Habichtskraut** *(Hieracium sylvaticum):* Höhe ca. 30–60 cm. Nicht einfach von den vielen anderen Habichtskräutern (an die 100 Arten) zu unterscheiden. Das Wald-Habichtskraut findet sich auf frischen Böden an eher schattigen Stellen (bis über 2000 m Höhe im Gebirge). **Odermennig** *(Agrimonia eupatoria):* Blüht im Hoch- und Spätsommer. An mehr sonnigen Waldrändern. **Johanniskraut** *(Hypericum perforatum):* Alte Heilpflanze, die zwischen Juni und Oktober blüht. An lichten Stellen. **Wiesenschaumkraut** *(Cardamine pratensis):* Eine der ersten Blütenpflanzen nicht nur auf Wiesen, sondern auch an lichten Wald- und Heckenrändern, in Waldlichtungen. **Buschwindröschen** *(Anemone nemorosa):* Blüht bevor die Bäume ausschlagen und überzieht dann oft den Laubwaldboden zu Tausenden als Blütenteppich.

Roter
Holunder

Schwarzer
Holunder

Heckenrose

Roter
Hartriegel

Weißdorn

Brombeere

Scharbockskraut

Liguster

Schlehe oder
Schwarzdorn

Wald-
veilchen

Buschwind-
röschen

Zaungiersch

Kuckucks- Lichtnelke

Wald-
Habichtskraut

Odermennig

Johanniskraut

Wiesen-
schaum-
kraut

116

Weichkäfer

Gemeiner
Totengräber

Rothalsbock

Prunkkäfer

Eilkäfer

Kleiner
Puppen-
räuber

Erlenblattkäfer

Glanzrüßler

Augen-
Marienkäfer

Scheinbock

Leder-Laufkäfer

Maikäfer

♂

Aurorafalter

♀

C-Falter

Zitronenfalter ♂

Kaisermantel

Großer Schillerfalter

Trauermantel

Gemeiner Scheckenfalter

Blutströpfchen

117

Ein Würmchen, das ein Käfer ist

In schwül-warmen Mittsommernächten kann man nach der Dämmerung in der Nähe von Waldrändern und ausgedehnteren Hecken am ehesten das Glück haben, ein geheimnisvolles gelblich-grünes Leuchten zu sehen. Es kann vorkommen, daß dann überall zwischen Stauden und Sträuchern kleine Lichtlein flimmern und ähnliche Lichter in der Luft umherschweben. Wer eine solche Entdeckung macht, hat ein kleines Naturwunder vor sich. Was da so geheimnisvoll leuchtet, sind Glühwürmchen. Sie haben diesen Namen eigentlich zu unrecht. Denn eigentlich müßten sie Glühkäferchen heißen. Weil aber das flugunfähige Weibchen wie eine dickliche wurmartige Made aussieht, hat man sie wohl zum Wurm „abgestempelt". Das kleine „Neonlicht" dieser interessanten Insekten befindet sich auf der Bauchseite der Käfer in Form von gelblichen oder weißlichen Flecken. Unter den Leuchtzellen haben die Glühwürmchen eine Art Rückstrahler. Er besteht aus einer reflektierenden Schicht, deren Zellen mit mikroskopisch kleinen Kristallen versehen sind. Die Körperhaut über den Leuchtzellen ist glasartig durchsichtig und so zu einem Leuchtfenster umgebildet.

Das Leuchten entsteht bei der Umwandlung des Leuchtstoffes Luciferin infolge einer chemischen Reaktion, die durch ein Enzym verursacht wird. die Lichtausbeute ist bei den Glühwürmchen dabei außerordentlich hoch. Während eine Leuchtstoffröhre eine Lichtausbeute von 35 % erreicht, bringen es die kleinen Käfer auf 98 %. Auch die Larven der 1–1,8 cm großen Leuchtkäfer flimmern.

Die Leuchtpunkte im Gebüsch sind flimmernde Weibchen, die den umherfliegenden Männchen Paarungsbereitschaft signalisieren. In Mitteleuropa gibt es zwei Arten; das Kleine Glühwürmchen und das etwas seltenere Johannisglühwürmchen. Die Unterscheidung ist aber für Nichtfachleute schwierig; erst recht natürlich in der Nacht, wenn nur das zarte Leuchten auszumachen ist.

Während die erwachsenen Glühkäfer kaum noch etwas fressen, ernähren sich die Larven überwiegend von Schnecken, die mit einem giftigen Biß getötet werden.

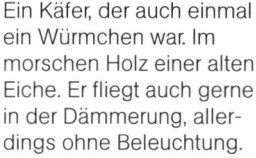

Ein Käfer, der auch einmal ein Würmchen war. Im morschen Holz einer alten Eiche. Er fliegt auch gerne in der Dämmerung, allerdings ohne Beleuchtung.

Wenn die Sonne morgens und abends ihre Kraft schon verloren hat und der morgendliche Tau regelmäßiger als in den Wochen zuvor die Wiesen, Felder und Hecken benetzt, ist es Altweibersommer. Dann nämlich heben sich die taubehangenen Spinnennetze glitzernd vom Hintergrund ab. Und weil das an die schneeweißen Haare alter Frauen erinnert, nennt man die zweite Septemberhälfte vielerorts Altweibersommer.

Jetzt sieht man vor allem in den Büschen und Sträuchern entlang dem Waldrand und der Hecke überall große und kleine Spinnennetze hängen. Man schätzt, daß es weltweit an die 50.000 verschiedenartige Spinnentiere gibt. Von all den vielen Formen sind wohl die Webespinnen am bekanntesten. Doch auch davon gibt es auf der Erde 30.000 bekannte Arten. Viele weitere sind vermutlich noch gar nicht entdeckt. Am bekanntesten sind den aufmerksamen Natur-Wanderern wohl die Kreuzspinnen. Rund 50 Arten gibt es davon in Mitteleuropa. Gerade zur Zeit des Altweibersommers kann man überall an Hecken und Waldrändern Kreuzspinnen in ihren typischen Radnetzen hängen sehen. Die Fähigkeit des Netz-Webens ist den Spinnen übrigens angeboren. Bereits nach wenigen Tagen beginnen junge Kreuzspinnen mit dem Weben kleiner Netze. Das Netz als Falle für Insekten, die von den Spinnen erbeutet werden, wird immer in derselben Weise gebaut. Zuerst zieht die Spinne einige Hilfsfäden, die später wieder gefressen werden, wenn sie überflüssig geworden sind. Ähnlich wie wir Gerüste nach der Fertigstellung eines Hauses wieder abbauen. Dann spinnen die Tiere ein Y und einige Hilfsspiralen. Daran wird dann die Fangspirale festgeheftet.

Der Spinnenfaden ist durchaus mit der Naturseide des Seidenspinners vergleichbar. Ja der Spinnenfaden ist sogar stabiler, und deshalb hat man vor etwa 200 Jahren versucht, die Spinnenseide wirtschaftlich zu nützen. Für reiche Leute wurden aus Spinnenseide sogar Strümpfe, Geldbeutel und Handschuhe hergestellt. Während der 0,011 mm dicke Raupenfaden des Seidenspinners höchstens 3,8 Gramm trägt und sich um 13 Prozent dehnen läßt, kann der immerhin „nur" 0,007 starke Spinnenfaden mit 4 Gramm belastet werden. Dabei läßt sich der Spinnenfaden um 22 Prozent dehnen. Der Sicherheitsfaden, an dem sich eine Kreuzspinne herabläßt, ist aber ein richtiges Tau, das aus rund 200 Einzelfäden zusammengesetzt ist. Der Spinnenfaden spielt auch bei der Verbreitung dieser – nicht zu den Insekten gehörenden – Tiere eine Rolle. Während des Altweibersommers erklimmen die aus einem Kokon stammenden Jungspinnen Gräser und Zweige. Dort lassen sie aus ihren Spinnwarzen einen Faden austreten, der vom Wind erfaßt und ständig verlängert wird. Hat der Faden die entsprechende Länge und damit die erforderliche Tragfähigkeit, lassen sich die Spinnchen los und treiben nun wie an einem Drachensegler durch die Luft. In über 4.000 Meter Höhe hat man solche „Flugspinnen" schon festgestellt. Auch die in der Luft umherfliegenden Spinnenfäden haben als „Mariengarn" zur Bezeichnung Altweibersommer beigetragen.

Seidene Vernetzung

Kolonie von Jungspinnen

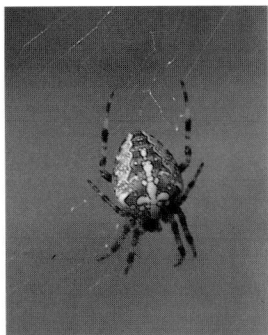
Kreuzspinne

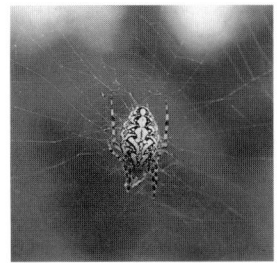
Eichblatt-Radnetzspinne

Illustre Gäste am Waldes- saum

Blaugrüne Mosaikjungfer

Grünes Heupferd

Grünrüßler

Widderbock

Raupe Schlehenspanner

Weißer Birkenspanner

Mittlerer Weinschwärmer

Schlehen-Geistchen

Blindschleiche

Mistkäferversammlung

Fraßrest vom Fuchs

Fraßgänge einer
Blattminiermotte

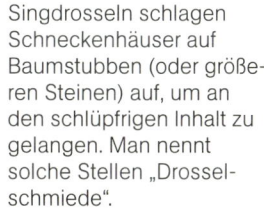

Hier hat der Habicht eine geschlagene Ringeltaube gerupft.

Singdrosseln schlagen Schneckenhäuser auf Baumstubben (oder größeren Steinen) auf, um an den schlüpfrigen Inhalt zu gelangen. Man nennt solche Stellen „Drosselschmiede".

Millionenstaat am Waldrand

Weil die allseits bekannten Roten Waldameisen ihre auffälligen Nesthaufen immer dort errichten, wo die Sonnenstrahlen bis zum Boden vordringen, findet man die aus Nadeln, kleinen Aststücken, Moosteilen und anderen Pflanzenresten bestehenden Ameisenburgen oft an lichten Stellen des Waldrandes. Längst weiß man, daß die Ameisen als Gesundheitspolizei für den Wald fungieren, weil sie sich von Blattläusen, Spannerraupen und anderen Insekten, die in den Bau eingetragen werden, ernähren. Natürlich machen sie auch vor anderen Insekten nicht Halt. Ein Staat der Roten Waldameise sorgt so in seiner Umgebung dafür, daß sich andere Insektenarten nicht übervermehren und zu Schädlingen werden. Daß selbst so kleine Tierchen eine große Funktion im Naturkreislauf einnehmen können, wird deutlich, wenn man bedenkt, daß ein einzelner Staat der Roten Waldameise bis zu einer Million Bewohner haben kann. Meist leben in einem alten Ameisenhaufen einige Hundert Königinnen. Sie entstehen aus geflügelten, geschlechtlichen Tieren, die aus dem Kropf der Ameisen-Arbeiterinnen ein Spezialfutter erhalten. Dieses wiederum enthält Hormonzugaben, die dafür entscheidend sind, ob eine Königin, ein Männchen oder geschlechtslose Arbeiterinnen geboren werden. Das bis zwei Meter hohe Ameisennest kann einen Durchmesser bis gut vier Meter erreichen und wird ständig umgebaut. Teilchen des Baus sinken immer weiter in die Ameisenburg ein und kommen nach einiger Zeit wieder an die Oberfläche. So beugen die Ameisen einer Verpilzung vor. Große Löcher im Nest sorgen im Sommer für eine gute Belüftung des Baus. Zur Wärmeisolierung werden diese Öffnungen bei Kälte geschlossen und die Ameisen ziehen sich in den großen unterirdischen Teil ihrer Burg zurück. Man hat festgestellt, daß die Arbeiterinnen eines Ameisenstaates an einem Tag 50.000 Blattwespenlarven eintragen können. Aber vielfach versorgen die kleinen Tiere dabei nicht nur sich selbst. Denn in der Ameisenburg wohnen noch andere Tiere. Da gibt es Räuber, die sich von den Ameisen und ihrer Brut ernähren und von den Ameisen verfolgt werden. Andere entgehen der Verfolgung durch ameisenähnliche Gestalt. Und eine ganze Reihe von Tieren wie Springschwänze, Schaben, Milben und manche Schwebfliegenlarven sowie Käfer leben als Untermieter bei den Ameisen und zehren von Vorräten und Abfällen im Ameisenstaat. Es gibt Insekten, die sich nur bei ganz bestimmten Ameisenarten einnisten. Man kennt rund 3.000 Arten als „Ameisengäste".

Hier wurde ein Nest der Roten Waldameisen durch ein Maschengitter-Drahtnetz geschützt. Der Nachteil: Wendehals, Grün- und Grauspecht sowie andere Ameisenfresser kommen nicht mehr so leicht an ihre Lieblingsspeise.

Unsere wilden Brummis: Wespen und Bienen
(Beschreibungen der folgenden Seiten)

Selbst beim aktiven Naturschutz waren die Summer und Brummer lange Zeit eher ein stiefmütterlich behandeltes Thema. Als jedoch ganz offenkundig immer mehr Bienen- und Wespenarten durch tiefgreifenden Landschaftswandel aus ihren angestammten Lebensräumen verschwanden, rückten auch diese Insekten in den Mittelpunkt der Artenschutzbemühungen. Im Haushalt der Natur spielen die Hautflügler (zu denen nicht nur Bienen und Wespen, sondern auch Ameisen gehören) eine bedeutende Rolle. Die Hautflügler haben unterschiedlichste Lebensräume erobert und komplizierteste Verhaltensweisen entwickelt. Aber noch wissen wir zu wenig über Lebensweise, Biotopansprüche und Abhängigkeiten vieler Hautflügler. Allein in Mitteleuropa gibt es rund 10.000 Arten. Eines aber wissen wir sicher: jede dieser Insektenarten hat ein Lebensrecht schon um ihrer selbst willen. Und auch weil uns nicht bekannt ist, welche Funktion sie im von uns nicht zu beeinflussenden Haushaltsplan der Natur erfüllt. Stellvertretend einige wichtige Familien- und Gattungsvertreter (die meisten von ihnen leben in Wald- oder Heckennähe):

Birken-Knopfhornblattwespe *(Cimbex femorata)*
Raupen ernähren sich von Birkenblättern. Imagines leben ebenfalls im Wipfelbereich von Birken.

Weißlingstöter *(Apanteles glomeratus)*
Weibchen legen bis 150 Eier in Kohlweißlingsraupen.

Blauschwarze Holzwespe *(Sirex juvencus)*
Lebensraum: Nadelwälder. Weibchen legen Eier mit Legestachel unter Rinde von kranken oder umgestürzten Bäumen. Eier sind mit einem Pilz „infiziert", der sich im Holz entwickelt und von dem dann die Larven leben.

Pfeifenräumer *(Rhyssa persuasoria)*
Die Weibchen bohren Holz an und legen Eier in die darin befindlichen Larven von Pflanzenwespen (vorwiegend in Larven der Blauschwarzen Holzwespe). Diese Larven werden mit einem speziellen „Geruchssinn" aufgespürt.

Feuergoldwespe *(Chrysis ignita)*
Legt Eier in Baue von Pillenwespen der Gattung Oplomerus.

Grüne Blattwespe *(Rhogogaster viridis)*
Alttiere jagen Kleininsekten. Larven auf Weiden, Erlen, Hahnenfuß.

Mauerpillenwespe *(Oplomerus spinipes)*
Lebensraum: steile Lehmwände, Lößbodenanschnitte.

Bienenwolf *(Philanthus triangulum)*
Lebensraum: Trockenrasen, Magerrasen. Diese Grabwespe fängt Honigbienen.

Schwarze Schlupfwespe *(Pimpla instigator)*
Eiablage in Schmetterlingsraupen.

Töpfer-Pillenwespe *(Eumenes pomiformis)*
Baut kleine „Lehmkrüge" und trägt Raupen ein.

Kreiselwespe *(Bembix rostrata)* vgl. Seite 124.

Wegwespe *(Anoplius viaticus)* Jagt Spinnen.

Sandwespe *(Ammophila sabulosa)* Wie viele andere Wegbewohner gefährdet durch Feldwegasphaltierung. Fängt Raupen von Schmetterlingen und Blattwespen.

Deutsche Wespe *(Vespula germanica)*
Lebensraum: lichte Wälder, Gärten.

Hornisse *(Vespa crabro)* vgl. Seite 29 ff.

Mittlere Wespe *(Dolichovespula media)* vgl. Seite 32.

Gemeine Wespe *(Vespula vulgaris)* vgl. Seite 29 ff.

Sächsische Wespe *(Dolichovespula Saxonica)* vgl. Seite 32

Rote Wespe *(Vespula rufa)* Nistet in „Erdbauen".

Gallische Feldwespe *(Polistes gallicus)* Nistet häufig unter Dachziegeln, in Süd- und Westeuropa an Zweigen.

Seidenbiene *(Colletes davicsanus)* Kleidet Bau mit „Seide" aus Pflanzenfasern aus.

Langhornbiene *(Eucera longicornis)* Lebt u. a. in Trokkenrasen und Ödland.

Gelbfüßige Sandbiene *(Andrena flavipes)* Gräbt bis 40 cm tiefe Bodennester.

Zottelbiene *(Panurgus calcaratus)* vgl. Seite 125.

Fuchsrote Sandbiene *(Andrena fulva)* vgl. Seite 38.

Blattschneiderbiene *(Megachile maritima)*

Hosenbiene *(Dasypoda hirtipes)* vgl. Seite 125.

Blutbiene *(Sphecodes monilicornis)* vgl. Seite 125.

Wespenbiene *(Nomada sexfasciata)* Parasitiert bei Langhornbiene.

Pelzmörtelbiene *(Chalicodoma parietina)* Mauert beutelförmige Lehmnester.

Zweifarb-Mauerbiene *(Osmia bicolor)* Baut in Schneckenhäusern.

Gemeine Mauerbiene *(Osmia rufa)* Nistet in Holzlöchern, Natursteinmauern usw.

Gartenhummel *(Bombus hortorum)* Nest in Erdbau oder oberirdisch in altem Gras aus Moos.

Steinhummel *(Bombus lapidarius)* Weibchen fliegen schon bald im Frühjahr, um einen Nistplatz zu suchen.

Erdhummel *(Bombus terrestris)* Fliegt ab April.

Schutthummel *(Bombus ruderarius)* Bewohnt steiniges Ödland.

Waldhummel *(Bombus sylvarum)* Nester oft in alten Vogelnestern.

Wiesenhummel *(Bombus pratorum)* Fliegt schon bald im Frühjahr.

Mooshummel *(Bombus muscorum)* Lebensraum: feuchtere Wiesen.

Ackerhummel *(Bombus agrorum)* Besiedelt alte Vogelnester, Eichhornkobel, Siebenschläfernester, Dachböden usw.

Birken-Knopfhorn-
blattwespe

Weißlingstöter

Blauschwarze
Holzwespe
♀

Feuergoldwespe

Blauschwarze
Holzwespe
♂

Grüne
Blattwespe

Mauer-Pillenwespe

Pfeifenräumer

Bienenwolf

Schwarze   Schlupfwespe

Töpfer-
Pillenwespe

Wegwespe

Kreiselwespe

Sandwespe

Deutsche
Wespe

Hornisse

Mittlere   Wespe

Sächsische Wespe

Gemeine Wespe

Rote Wespe

Gallische
Feldwespe

124

Seidenbiene

Langhornbiene

Gelbfüßige
Sandbiene

Zottelbiene

Fuchsrote Sandbiene

Blattschneiderbiene

Hosenbiene

Blutbiene

Wespenbiene

Pelz-Mörtelbiene

Zweifarb-
Mauerbiene

Gemeine
Mauerbiene

Steinhummel ♀

Gartenhummel ♂

Gartenhummel ♀

Erdhummel ♀

Schutthummel ♀

♂

Wiesenhummel ☿

Waldhummel ♀

♂

Mooshummel
♀

Ackerhummel

FAUST

Einblicke in eine sonst
dunkle Welt. Nester von:
Gelber Wiesenameise,
Schwarzbrauner Weg-
ameise.

Gemeine Rasenameise,
Rotgelbe Knotenameise.

Ameisen, die sich Sklaven halten

In Europa kennt man rund 200 Ameisenarten. Und bei einigen Arten gibt es ganz erstaunliche Vorgänge. Manche Ameisen wachsen sogar in fremden Nestern auf. So kommt es vor, daß ein begattetes Ameisenweibchen – also eine Ameisenkönigin – von einem Volk einer anderen Art aufgenommen wird. Da die Wirtsarbeiterinnen auch für die Brut der „fremden" Königin sorgen, entstehen gemischte Völker. Mitunter sind bestimmte Arten bei einer solchen abhängigen Nestgründung aufeinander angewiesen. Die Schwarze Holzameise etwa wächst bei der Braunen Wiesenameise und diese wiederum bei der Schwarzen Wiesenameise heran. Manche Ameisenarten haben das Schmarotzertum weiterentwickelt und rauben immer wieder Puppen aus Wirtsnestern, um die darin heranwachsenden Arbeiterinnen im eigenen Nest als „Sklaven" zu halten.

Ameisen gehören zu den Hautflüglern und sind so weitläufig mit Bienen und Wespen verwandt.

An allen möglichen Hecken- und Waldrandsträuchern und an verschiedenen Bäumen kann man immer wieder eigenartige Auswüchse sehen. Da gibt es Blätter mit kugelartigen, zipfelförmigen oder linsenähnlichen „Ausstülpungen" und Zweige – vor allem bei Wildrosen –, an denen struppige Knäuel hängen. Diese komischen Auswüchse sind nicht eine Laune der Natur, sondern werden von Insekten verursacht, die wir nur selten zu Gesicht bekommen. Es handelt sich um Gallwespen, die oft nur einen oder zwei Millimeter groß werden. Gallwespenarten, die mit fünf Millimetern schon zu den Riesen zählen, sind selten. Rund 1.600 Arten sind auf der Erde schon wissenschaftlich beschrieben; doch viele sind noch gar nicht entdeckt. So weiß man auch noch nicht genau, wie viele Gallwespenarten in Mitteleuropa vorkommen. Die meisten Gallwespen leben an Eichen; andere an Rosen, Ahornbäumen und verschiedenen Blumenstauden. Am bekanntesten ist wohl die Eichengallwespe, die runde, im Herbst rötliche „Galläpfel" hervorbringt, die auf der Unterseite von Eichenblättern sitzen und gut drei Zentimeter Durchmesser haben. Im späten Herbst oder im Winter schlüpfen daraus die Weibchen der Gallwespe. Es ist eine nur eingeschlechtliche Generation, die an noch unentwickelte Eichenknospen ihre Eier ablegt. Obwohl die Eier unbefruchtet sind, schlüpfen daraus kleine Larven, die an den Eichenblättern kleine – nur zwei Zentimeter große – Knospengallen hervorrufen; aus denen schlüpfen dann im nächsten Frühsommer die beiden Geschlechter der zweigeschlechtlichen Gallwespen-Generation aus. Die Weibchen dieser Generation legen ihre Eier in eine Rippe auf der Unterseite junger Blätter ab. Erst die daraus ausschlüpfenden Larven erzeugen wieder die großen Galläpfel. Es ist schon erstaunlich, daß solch kleine Larven die Pflanzen dazu bringen, ein für die Tierchen schützendes Gehäuse wachsen zu lassen. Aber das schützt die heranwachsenden Gallwespen nicht immer. Oft stellen sich in den Gallen ungebetene Untermieter ein. Es sind Parasiten – oft sogar andere Gallwespen – welche die Larve töten und sich anschließend vom Inneren der Galle ernähren. Dabei gibt es komplizierte Abhängigkeiten, wie sie nur im Kreislauf der Natur vorkommen können: manche Parasiten werden nämlich wiederum von Parasiten befallen. Kleinere Gallen werden auch an Ulmenblättern und an Fichtenzweigen von verschiedenen Blattlausarten hervorgerufen.

Zur Nestbildung angestachelt

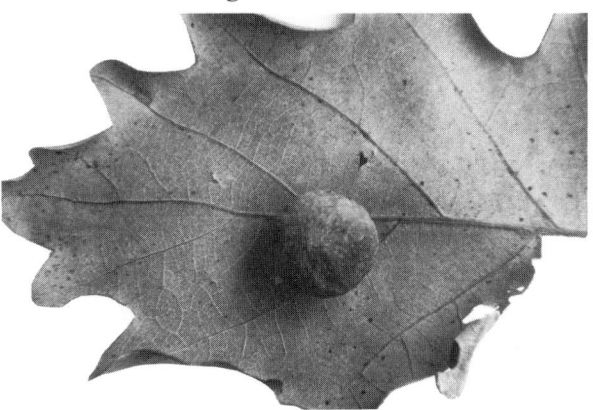

Die Galläpfel an der Unterseite von Eichenblättern sind das „Produkt" der meist nicht mehr als 2 mm großen Gallwespen. Vieles aus dem geheimnisvollen Leben der zahlreichen Gallwespenarten ist noch nicht erforscht.

Von Ödland, das nicht öde ist

B. Faust

Als Ödländereien werden Flächen bezeichnet, die nicht genutzt werden können. Weder land- noch forstwirtschaftlich. Unter diesem Begriff wird vieles in einen Topf geworfen. Kahlflächen aller Art. Wege, Straßen, steinige und karstige Trockenflächen mit schütterer Vegetation, Schuttplätze, wo eben „nichts rechtes", nämlich keine Kulturpflanze wachsen kann. Wurde eine Fläche zur Bodenentnahme ausersehen, so war sie eine Weile nutzbringend. Als Steinbruch, Lehm-, Kies- und Sandgrube. Auch zum Braunkohle-Tagebau oder als Tongrube. Lange Zeit war es (Un-)Sitte, solche „Löcher in der Landschaft" mit Schutt und Schrott und Abfällen zuzuschütten. Was dann übrig blieb, war weiterhin Ödland bzw. Unland. Also alles Land, was aus ökonomischer Sicht nichts taugte. Auch Brachland, war und ist Ödland. Selbst natürliche Moore und Heideflächen, Geröllhalden und dergleichen zählten dazu. Von Ödländereien hat sich der zivilisierte Mensch mit Grausen abgewandt. Die Herkunft des Wortes ist aufschlußreich. Ein heute nicht mehr gebräuchlicher Ausdruck, vom gleichen Stamm wie öde, ist das Wort „odiös". Es bedeutet so viel wie verhaßt, widerlich, häßlich, unerträglich. Es stammt direkt von dem lateinischen Wort „odiosus". Und das hieß eindeutig: Ärgernis erregend, widerwärtig, lästig. Die Variante „Odium" ist komischerweise noch in Gebrauch und ziemlich bekannt als „Widerwille und Abneigung". Damit ist die allgemeine Wertschätzung von Ödland hinlänglich beschrieben.

Was heißt hier Ödland?

Berg-Sandlaufkäfer

Wechselkröte

Künstlich, quasi gewaltsam geschaffenes Ödland sind die Sand- und Kiesgruben aus der Zeit der Baukonjunktur in den Ballungsräumen. Trockene Wüsten und Feuchtbiotope auf einer Fläche. Dementsprechend ist auch die in schroffen Gegensätzen auftretende Flora und Fauna.

Natürlich oder unnatürlich – das ist hier die Frage

Natürliche Ödflächen sind, ebenso wie die durch Menschenhand geschaffenen, nicht von einheitlicher Beschaffenheit. Moor und Heide erwähnten wir schon, auch steinige Trockenflächen. Dazuzählen müssen wir aber auch die Tundren, die Wüsten und Halbwüsten, die Busch- und Grassteppen. Hier müssen wir die europäischen Grenzen überschreiten. Ganz einfach, weil das die Pflanzen und Tiere, die das mannigfaltige Ödland besiedeln, das auch seit eh und je getan haben. In den Alpen haben wir einige Tundrabewohner, vermischt mit Felskletterern aus Süd- und Südosteuropa, auf winzigen Trockenrasen haben wir überhaupt fast nur Einwanderer aus südlichen bis östlichen Himmelsrichtungen. Und nun noch eine ganz bedeutende Form von Ödland, die als Naturprodukt immer nur kleinflächig zu finden war: die Erdabbrüche nach abnormen Wetterereignissen. Also Schlammlawinen, Erdrutsche oder tektonisch verursachte Abgänge an Berghängen mit nachfolgender Erosion. Und ganz ähnliche Flächen, von den natürlichen kaum zu unterscheiden, hat der Mensch, seit es Haus- und Straßenbau gibt, unabsichtlich nachgestaltet. Das sind die oben erwähnten Bodenentnahmestellen. Hier konnten sich Lebensgemeinschaften ansiedeln, die sonst nur auf die natürlichen Abbrüche, Erosionsrinnen und alten Sanddünen sowie nacheiszeitliche, ehemalige Gletschermoränen eingestellt waren. Sie alle und noch viel mehr können wir in älteren Kiesgruben antreffen. Darum ist eine aufgelassene Kiesgrube für den Naturbeobachter ein einzigartiges Eldorado.

Naturbelassener Weg

Durch diese hohle Gasse
muß er kommen . . .

Sonnenexponierte Steilwand

Auch Sanddünen sind interessante
Kleinlebensräume.

Natur aus zweiter Hand:
eine Kiesgrube.

Sonnenexponierter Lößlehmabbruch – einige Bewohner und Gäste in Steckbriefen

Manchem Wanderer erscheinen die Erdabbrüche – wie man sie oft an den Oberkanten von Kiesgruben, Steinbrüchen, Lehmgruben, entlang von Waldwegen, Bach- und Flußläufen oder in Hohlwegen findet – als landschaftliche Wunden in der Natur. Aber das Gegenteil ist der Fall. Vor allem dort, wo solche Erd-Steilwände – und seien sie auch noch so klein – die meiste Zeit des Tages sonnenbeschienen sind, entfaltet sich eine interessante Lebewelt. Viele Bewohner der Lößlehm- und Sandabbrüche sind auf solche Stellen so spezialisiert, daß sie ohne diese scheinbaren „Wunden" keinen Lebensraum finden würden.

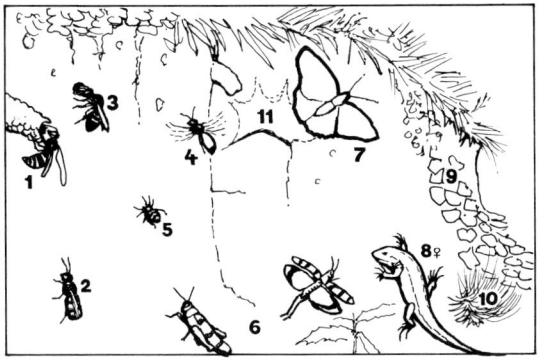

1 Mauerpillenwespe *(Oplomerus spinipes)*
Die 1 bis 1,5 cm großen Weibchen der Mauerpillenwespen tragen in den Erdbau, der mehrere „Kammern" umfaßt, Rüsselkäferlarven ein. Diese dienen dann den Larven der Mauerpillenwespe als „Nahrungskonserve". Der Eingang zur Brutröhre wird mit einem nach unten gebogenen (Sicht- und Wetterschutz) Vorbau aus dem Aushubmaterial versehen.

2 Feuergoldwespe *(Chrysis ignita)*
Die Feuer-Goldwespe lebt immer in der Nähe von Pillenwespen. Sie legen ihre Eier nämlich in deren Nestern ab. In Mitteleuropa gibt es rund 60 Goldwespenarten, deren exakte Bestimmung nur Spezialisten möglich ist.

3 Vierbindige Furchenbiene *(Halictus quadricinctus)*
Als Nahrung für die Nachkommenschaft werden von der Furchenbiene Pollen in den Erdbau eingetragen.

4 Blutbiene *(Sphecodes gibbus)*, Fam. Kuckucksbienen. Schmuggelt Eier in Brutzellen von Furchenbienen. Wie ein Kuckuck kümmert sich dieses Insekt somit nicht um die Nahrungsbeschaffung für die Nachkommen.

5 Zebraspringspinne *(Salticus scenicus)*
Springspinnen sind sonnenliebende Tiere. Rund 70 Arten in Mitteleuropa. Beute wird ohne Fanggewebe im Ansprung überwältigt. Vor dem Sprung (bis 5 cm) wird ein Sicherheitsfaden an den Untergrund angeheftet. Die Spinne duckt sich vor dem Sprung wie eine Katze nieder. Stereoskopisches Sehvermögen zur exakten Entfernungsabschätzung.

6 Blauflügelige Ödlandschrecke *(Oedipoda caerulescens)*
Typischer „Ödlandbewohner". Die breiten leuchtendblauen Hinterflügel sind nur beim Spring-Flug zu sehen. Sitzt diese Heuschrecke am Boden, so ist sie wegen der Tarnfarbe nur schwer zu entdecken. Wesentlich seltener als diese Art ist die Rotflügelige Ödlandschrecke. Sie ist noch mehr auf extrem heiße, trockene Flächen angewiesen (mehr südliche Art).

7 Distelfalter *(Vanessa cardui)*
Wanderfalter, der alljährlich von Nordafrika und Südeuropa über die Alpen hinweg bei uns einfliegt (!). Raupen leben auf Disteln, wildem Hopfen, Brennesseln. Im Herbst ziehen Teile der mitteleuropäischen Distelfalterpopulation wieder zurück in den Mittelmeerraum. Die verbleibenden Falter überstehen jedoch unsere Winter nicht. Distelfalter fliegen bei ihren Zügen in einer Breite von einigen hundert Kilometern.

8 Weibchen der Zauneidechse *(Lacerta agilis)*
Der aufgeblähte Leib zeigt, daß das Tier einen Platz für die Eiablage sucht. Hierzu dienen alte Mauslöcher, oder ein unbewohnter Insektenstollen wird erweitert.

9 Huflattich *(Tussilago farfara)*
Eine der ersten Blütenpflanzen im Frühjahr (blüht oft schon im Februar oder März). Die großen, hufförmigen Blätter (Name) erscheinen lange nach der Blüte.

10 Ackerschachtelhalm *(Equisetum arvense)*
Enthält Kieselsäurekristalle. Weil diese feinstem Sand entsprechen, hat man die ganze Pflanze früher zum Scheuern von Zinngeschirr verwendet (Zinnkraut!).

11 Netz der Baldachinspinne.

Trockenes Ödland und Feuchtgebiet zugleich

Es ist noch nicht so lange her, daß der ökologische Wert dieser künstlich geschaffenen Ödländereien erkannt wurde. Vor etwa zwanzig Jahren herrschte noch die Einstellung vor, die in dem Stammwort odiosus enthalten ist. Und zwar gleichermaßen bei Behörden, Landschaftspflegern und -ästheten wie auch bei naturinteressierten Spaziergängern. „Kraterlandschaften" seien das, „offene Wunden" in der Landschaft, die schleunigst wieder zu schließen – sprich zu verfüllen – seien. Erst als der Begriff „Paradiese aus zweiter Hand" geprägt war, eindrucksvolle Filmdokumentationen über solche Lebensräume und ihre Bewohner durch das Fernsehen ein Millionenpublikum erreichten, setzte sich langsam eine andere Ansicht durch.

Gerade der Umstand, daß in einer Kiesgrube, beinahe als Regelfall, zwei grundverschiedene Lebensräume hart aneinandergrenzen, nämlich die nach Süden abfallenden, extrem trockenen, sonnenexponierten Steilwände und Hänge, die stellenweise ohne Übergang in den tümpel- und weiherartigen Grundwasseransammlungen enden, macht die Pflanzen- und Tiergesellschaften so interessant. An manchen Stellen ist auch Oberflächenwasser, das sich auf der Grubensohle über undurchlässigen Schichten bei reichlichem Niederschlag sammelt und in Trockenzeiten wieder verdunstet, die Basis für periodische Tümpel.

In den aufgelassenen Gruben finden sich Bewohner trockenwarmer Steppenbiotope und wassergebundene Organismen auf engem Raum zusammen.

Weibliche Sandbiene trägt Pollen in den Erdbau.

Männliche Seidenbiene

Weibliche Seidenbiene

Der Wasserfrosch. In Kiesgruben oft vertreten, wie der Teichmolch.

Ödländereien verschiedenster Beschaffenheit, Ruderalflächen, offenes Kulturland und sogar besiedelte Gebiete werden von der zierlichen Töpfer-Pillenwespe bewohnt. Wichtig ist, daß in dem Areal genügend Spannerraupen vorkommen. Davon nährt sich der Nachwuchs. Eine Mörtelmischung aus Lehm, feinem Sand und Speichel ist der Baustoff für die Brutkammern. Sie ähneln winzigen Krügen in Amphorenform. In jeden „Krug" werden paralysierte Raupen eingetragen, und danach unter der engen Öffnung ein Ei angebracht. Dann wird das Gefäß verschlossen. Ein Weibchen baut bis zu 20 solcher Pillenkrüge. Das geschieht im Sommer. Die Larve beginnt alsbald, ihren Vorrat aufzuzehren. Nach einer Winterruhe verpuppt sie sich im zeitigen Frühjahr und schlüpft etwa Mitte Mai. Je nach Standort des Brutgefäßes – es können Baumstämme, Zweige, Steine, Felswände oder Dachtraufen sein – kann sich klimabedingt die Entwicklung verzögern.

Die winzigen „Amphoren"...

...verproviantiert und versiegelt.

Über Winter ist die Larve gewachsen,

verpuppt sich im Frühjahr und

im Sommer schlüpft die Töpfer-Pillenwespe. Etwas benommen sucht sie das Weite.

Wo sich Pillenwespen finden, sind meist auch Goldwespen nicht weit. Sie parasitieren in den Wespenbauen.

Durch die Wälder, durch die Auen...

B. Faust

„Den Wald" gibt es so wenig, wie es „die Wiese" gibt. Bei den Wäldern fällt die unterschiedliche Ausprägung ihrer Zusammensetzung aus verschiedenen Gewächsen jedoch stärker ins Auge als bei den Wiesen. Doch der Parallelen sind viele. Bodenbeschaffenheit, Höhenlage und damit Klima, Feuchtigkeit und, wiederum ganz entscheidend, die Anbau- und Bewirtschaftungsweise bestimmen in übergreifendem Zusammen- und Wechselspiel das Gesicht eines Waldes.

Außer den kleinen Restflächen, die in einem annähernd natürlichen Urzustand in Mitteleuropa belassen wurden, denen die Funktion von botanischen Gärten und Freilichtmuseen zufällt, sind alle unsere Wälder, auch wenn sie stellenweise noch recht wildromantisch wirken, von Forstleuten angelegte Holzplantagen. Je jünger, desto mehr von ökonomischen Zwängen, genauer gesagt von dem krampfhaften Bemühen um Rentabilität geprägt. Seinen gravierendsten Niederschlag findet dieses Bemühen in dem Vorherrschen von Nadelholz-Monokulturen. Und das großflächig auf Standorten, wo weder Fichte noch Kiefer von Natur aus hingehören. Nur der diesen Bäumen eigenen Schnellwüchsigkeit, der rascheren und besseren Verkaufbarkeit ihrer Hölzer wegen. Denn die Zeiten, da Waldbesitz gleich Wohlstand war, sind lange vorbei. Wer in unseren Zeiten Waldbesitzer ist – eine große Zahl derselben sind Privatleute –, für den ist solcher Besitz eine Belastung. Umsomehr, seit der Wald partiell Patient wurde.

Romantische Kulisse und brisanter Wirtschaftsfaktor

Herbststimmung im Erholungswald.

Zurückgedrängt, besiegt und ordentlich frisiert

Flächenmäßig betrachtet sind die Wälder, die wir heute auf befestigten Wegen durchwandern können, nur mehr Bruchteile von dem nach der letzten Vereisungsperiode fast ganz Europa bedeckenden Wald. In Deutschland rein rechnerisch etwa ein Drittel. Aber was das für Wald gewesen ist, um die Zeit, da unsere Zeitrechnung beginnt, davon können die eingangs erwähnten „Freilichtmuseen" nur noch den Schimmer einer Ahnung vermitteln. Die urwüchsigen Urwälder seien menschenfeindlich gewesen. So wurde wiederholt gerade von hochrangigen Forstbeamten und Waldexperten ausgeführt. Man kann den hölzernen Spieß natürlich umdrehen und sagen, die Menschen seien urwaldfeindlich. Aus einer tief im Unterbewußten verborgenen Angst, aus einer rätselhaften Form von schlechtem Gewissen heraus. Denn die frühesten Menschen haben, halb äffisch noch, ihrer archaischen Urheimat Urwald den Rücken gekehrt und sich der offenen Savanne als der freien Bahn des Tüchtigen zugewandt. Den Urwald haben ihre Nachfahren viel später mit Feuer und Axt be-

An dieser sechs- bis achthundertjährigen Eiche, die bis zuletzt vital und schön war, glaubten Baumchirurgen Hand anlegen zu müssen. Das hat sie nicht überlebt. Dafür steht der tote Torso jetzt unter Denkmalschutz. Zu sehen auf dem Kapellenberg bei Hofheim am Taunus.

kämpft und zurückgeschlagen, ausgebeutet, verraten und verkauft.

Unsere Kulturforsten von heute brauchen wir jedenfalls nicht mehr zu fürchten. Allenfalls müssen wir um sie fürchten. Um ihren Fortbestand als aufgeräumte, total erschlossene, menschenfreundlich zurechtgeförstelte Nutz- und Erholungswälder. Vor der Erfindung der Försterei und der Bestallung von beamteten Waldgestaltern bestimmten allein die Gesetze der Natur, was wo wie lange wächst. Der Wald war immer gleichzeitig alt und jung. Vom winzigen Sämling bis zum himmelhoch ragenden Baumriesen gab es alles neben- und übereinander. Drunter und drüber. Das war der angeblich menschenfeindliche Urwald. Aber der ist ja geschafft. Die meist gleichaltrigen Bäume im Wirtschaftswald läßt man nicht so alt werden, wie sie werden könnten. Bis auf die Ausnahmen, die unter Denkmalschutz stehen. Das sind sozusagen die Hochwürden unserer Wälder.

Wenn man den Aussagen weiser Indianerhäuptlinge im vorigen Jahrhundert nur Beachtung, wenn schon keinen Glauben schenkt, so muß man immerhin gestehen: Mensch, die haben das ja alles kommen sehen! Wie eigentlich?

Mit bloßem Auge sichtbare Schadbilder an Laubbäumen.

Solche Buchenstämme bringen noch ihren Preis. Aber wenn sie gefällt sind – was kommt danach – Fichten?

138

Am zentrischen „Kalender" der Jahresringe, die seit 15–20 Jahren immer enger werden und um diese Zeit auch einen deutlichen Schock (dunkle Zone) aufweisen, ist die Waldschädigung zweifelsfrei abzulesen.

Wir haben den schroffen Gegensatz zur Natur geschaffen. In den Großstädten, in den Fabriken, in den hektischen Büros unserer zivilisierten Ballungszentren machen wir uns kaputt. Und der Wald – selbst krank durch die von uns erzeugten Schadfaktoren – soll uns dann, am Wochenende und im Urlaub, wieder gesund machen. Wenn wir lärmend und abfallwegwerfend, Kleintiere und deren Brutstätten zerstörend, erholungsuchend durch das überstrapazierte Ökosystem hindurchtrampeln, -reiten, -radeln, -rasen. Die meisten Fehler werden aus Unkenntnis gemacht. Es war ja gut gemeint, den vermeintlich verwahrlosten Wald ordentlich herrichten zu wollen. Und das mit dem Waldsterben hat niemand gewollt. Nun stehen wir da wie Kinder, die etwas kaputt gemacht haben. Eigentlich könnten wir getrost sagen: Liebe Mutter Natur, wir wollen's ja nicht wieder tun.

Freuen wir uns über jeden gesunden Baum. Über jedes Moospolster im Unterholz. Freuen wir uns über jede Begegnung mit einem freilebenden Tier, dem es gelungen ist, unseren Unverstand zu überstehen. Der gleiche Erfindergeist, dem die großartigen Schadstoffproduktionsapparate eingefallen sind, muß nun noch die mildernden Umstände erfinden.

Ein Waldspaziergang ist viel ergreifender und schöner als ein Buch über den Wald. Und sei, was darinnen gedruckt steht, noch so richtig und wichtig. Also wollen wir uns hier noch kürzer als kurz fassen, was die Prägung der diversen Waldtypen anlangt. Ihre Bezeichnungen erhalten die Forsten ebenso wie die „halbwilden", naturnahen Wälder von den Namen der jeweils vorherrschenden Baumarten. Wo lauter Fichten stehen, ist ein Fichtenwald. Lauter Buchen = Buchenwald. Herrschen zwei Baumarten vor, so bekommt der Wald einen Doppelnamen. Zum Beispiel Eichen-Buchen-Wald. Zu einem richtigen Mischwald gehören Laub- und Nadelhölzer. An manchen Stellen des Schwarzwaldes trifft man solche, oder im Alpenvorland. Da stehen dann bunt gemischt Buchen, Tannen, Fichten und andere Baumarten. Mehr sagen die Bilder der folgenden Seiten.

Erholungswald

Auf solchen Waldwegen kann der Erholungssuchende allezeit trockenen Fußes lustwandeln.

Verschiedene Waldtypen

Eichen-Hainbuchen-Laub-
mischwald

Innen rechts: Alte Eiche im
Novembernebel.

Mittelalter Eichenwald auf
Kiesboden.

Buchenwald mit Naturverjüngung.

Auwald bestehend aus
Erlen, Eschen, Eichen
und kleinen Buchen.

Fluß-Altarm in einem Auwald. Einer der artenreichsten Lebensräume, die es gibt. In Industrieländern leider nur noch in kleinsten Restflächen vorhanden, und auch hier ständigen Gefährdungen ausgesetzt. Zum Beispiel Gewässervergiftung.

Birken-Buchen-Eichenbestand vor dem Blattaustrieb.

Kiefernaufforstung in zwei Altersstufen.

Natürlicher Kiefernbestand auf nacheiszeitlichen Sanddünen.

Gleichaltriger Fichtenforst

Leichte Fälle für Wald-Detektive

In jedem Nadelwald ist in manchen Jahren der Boden übersät mit heruntergefallenen Zapfen. Viele dieser Fichten- und Kiefernzapfen sind so schön anzusehen, wirken so waldig-dekorativ, daß man sie oft in vorweihnachtlichen Gestecken wiederfindet. Unter den verstreut liegenden Koniferenfrüchten findet man aber stellenweise auch solche, die eigentümlich zerfleddert und gerupft ausschauen. Besonders auffällig zur Winterszeit, wenn Schnee liegt. Ringsum ist alles weiß, nur an einer Stelle, unter einer Kiefer liegt ein ganzer Haufen frisch zerdepperter Kiefernzapfen. Wie kommen die da hin? Oben an dem Baum ist vielleicht irgendwo ein abgebrochener Ast mit einem Längsspalt. Oder es sind zwei, drei Äste so dicht am Stamm verwachsen, daß sie eine klammerähnliche Form bilden. Dahinein klemmt ein Buntspecht geschickt einen Zapfen, den er eigenschnäblig von einer Kiefer abgepflückt hat und hämmert die Samenplättchen unter den einzelnen Schuppen heraus. Diese Arbeit betreibt er tagelang, an seiner „Spechtschmiede". Fichtenzapfen sehen aber manchmal ganz anders aus. Wie unten abgebildet. Für jeden kommt nur ein Täter in Frage. Welcher?

Buntspecht

Fichtenkreuzschnabel

Eichhörnchen

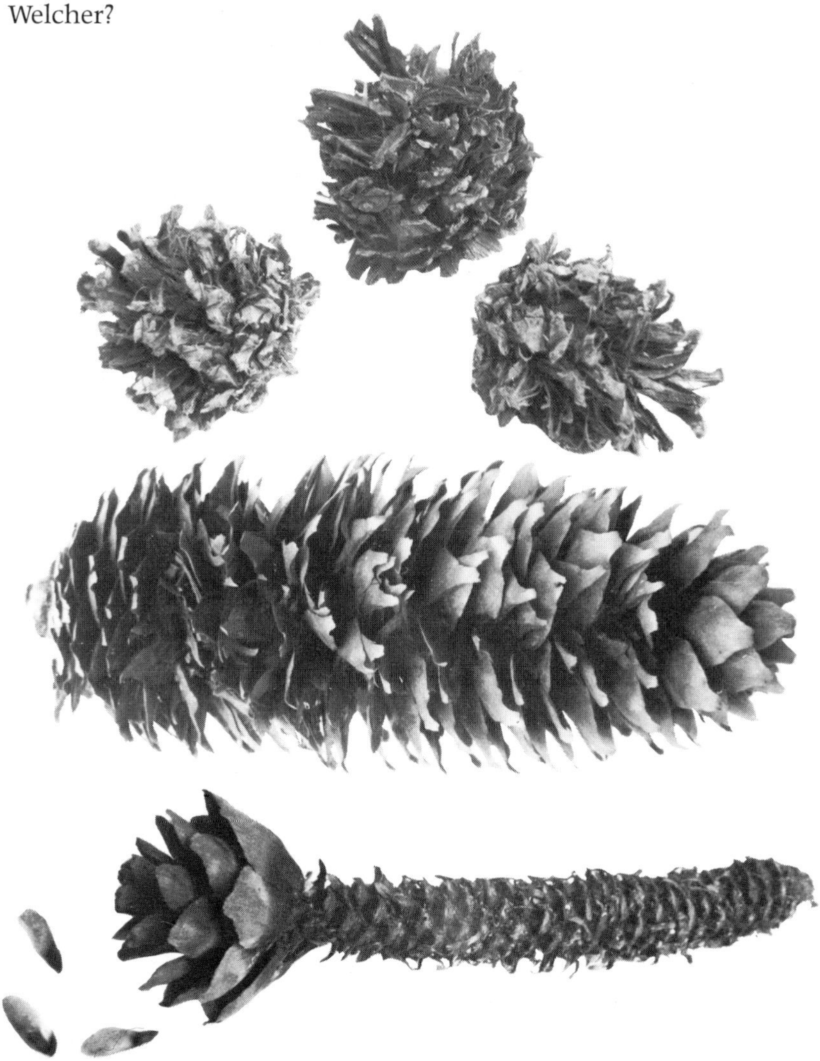

142

Überschwemmung im
Auwaldgebiet Milic/Polen

Links: Verwachsener Graben im Erlenbruchwald
(Mönchbruchwald) bei
Mörfelden-Waldorf – ein
Eldorado für viele Amphibien, u. a. Laubfrosch.

Rechts: Klarer Waldbach
im Hochtaunus.

Wald im Wasser – Wasser im Wald

In Teilen des Auwaldes – auch davon sind ein paar Stückchen übrig geblieben – stehen die Bäume die meiste Zeit des Jahres mit den Füßen im Wasser. Trockenzeiten ausgenommen. Die Bäume, meist Erlen und Weiden, sind daran angepaßt, wochen- bis monatelang im Wasser zu stehen. Erlenbruchwälder sind ein Charakteristikum des Auwaldes in Flußniederungen. Es wimmelt hier von Tieren, deren Element das Wasser oder der Schlamm ist. Oder feuchter Wald. Aber auch die Bergwälder sind nicht ohne Wasser. Nur fließt es hier quicklebendig und frisch als Bergbach, anstatt träge und trübe zu stehen wie in Stillwasserzonen der Neben- und Altarme breiter Flüsse und deren Auen.

Wälder sind überhaupt Wasserspeicher. Darum sind sie ja so wichtig für die Landschaft. Für das Klima. Für das Wetter. Die konsequente Alternative zum Wald heißt Wüste. Außer den genannten Gewässern gibt es natürlich auch noch Tümpel und Weiher in Wäldern. Aber daneben noch eine ganz besondere Form von Klein- und Kleinstgewässern. Und die speziell im Wirtschaftswald, wo schwere Fahrzeuge am Fuhrwerken sind. In den tiefen Radspuren sammelt sich Wasser. Und weil die neuzeitlichen Arbeitsmaschinen tonnenschwere Wuchten sind, bewirken sie auch unter ihren Rädern enorme Bodenverdichtung. Darum bleibt das Wasser darin stehen. Amphibien und andere kleine Wassertiere besiedeln sie. Vorzugsweise die niedliche Gelbbauchunke, nicht größer als ein Laubfrosch, und der Bergmolch stürzen sich hemmungslos in die wäßrigen Spuren menschlicher Technik. Aber auch andere. Gelegentlich findet man im Frühjahr Fadenmolche und im Sommer deren Larven darin und sogar ausnahmsweise Feuersalamanderlarven. Die laut Literatur normalerweise in saubere Gebirgsbäche gehören. Bei Amphibien ist eben überhaupt nichts normal.

Tiefe Fahrzeugspuren im Wald. Für feinsinnige Landschaftsästheten ein garstiger Anblick. Das Leben hat andere Maßstäbe und nutzt die Pfützen auf seine Weise.

Schon nach 1–2 Jahren ist die Radspur ein belebtes Kleinstgewässer, von Gelbbauchunken angenommen.

Sie sind zuallererst da: die Wasserläufer. Wo nur eine Pfütze entsteht, finden sie sich oft schon nach Stunden ein, als ob sie aus dem Nichts kämen.

Das herzförmige Auge ist ein Artmerkmal.

Man kann den Gelbbauchunken mit viel Liebe und Mühe „Biotope" anlegen – sie lassen sie meistens links liegen. Aus unerfindlichen Gründen ziehen sie die Fahrzeugspuren vor.

Kleiner
Puppen-
räuber

Augen-
Marienkäfer

Leder-Laufkäfer

Eilkäfer

Prunkkäfer

Gemeiner
Totengräber

Weichkäfer

Moderkäfer

Dungkäfer

Maikäfer

Saat-Schnellkäfer

Junikäfer

Scharlachroter
Feuerkäfer

Scheinbock

Wollkäfer

Rosenkäfer

Balkenschröter

Sägebock

Buchen-
Ambrosiakäfer

Erlenblattkäfer

Laubholz-Zangenbock

Roter Eichenrüßler

Glanzrüßler

♂ Rothalsbock ♀

Beschreibungen zu Seite 145

Käfer – stärkste Fraktion im Tierreich

Weltweit gibt es über 350.000 Käferarten. Rund zwei Dutzend der mit für ihre Verwandtschaft typischen Arten stellen wir auf der Erkennungstafel, Seite 145, vor. Die meisten davon kommen aus dem Wald, weil sich dort in Bäumen, im Moderholz, in der Bodenstreu, unter Steinen, im Boden ihre Larven entwickeln.

Kleiner Puppenräuber *(Calosoma inquisitor)*
Lebt in Laubmischwäldern, Streuobstgebieten, Parks und Gärten. Ernährt sich vorwiegend von Larven und Puppen des Frostspanners.

Lederlaufkäfer *(Carabus coriaceus)*
Größte Laufkäferart in Mitteleuropa. Lebt in Laubmischwäldern, vielgestaltigem Kulturland, Gärten und ernährt sich von Schnecken, Würmern, Raupen usw.

Eilkäfer *(Natiophilus biguttatus)*
Lebt versteckt unter Moos und Steinen und in der Bodenstreu in Wäldern, an Waldrändern und „wildem" Gartengelände.

Prunkkäfer *(Lebia chlorocephala)*
Lebt von Blattkäferlarven.

Gemeiner Totengräber *(Necrophorus vespilloides)*
Ernährt sich von Aas und besiedelt Mischwälder ebenso wie Gartengelände und vielfältige Kulturlandschaften mit Hecken und Feldhölzen.

Moderkäfer *(Ocypus olens)*
Ein sog. Kurzflügler, der vorwiegend in der zerfallenen Bodenstreu unserer Mischwälder lebt. Erbeutet kleine Tiere. Ernährt sich aber auch von Aas.

Gemeiner Weichkäfer *(Cantharis fusca)*
Lebt im Bereich bunter, artenreicher Wiesen sowie an Waldrändern. Larven erbeuten Schnecken; die Vollkerfe jagen auf Blüten nach Insekten.

Dungkäfer *(Aphodius erraticus)*
Bevölkert wie andere Mistkäfer Kuhfladen und anderen Dung.

Augen-Marienkäfer *(Anatis ocellata)*
Eine der größten Marienkäferarten. Lebt vorwiegend in Nadelwäldern. Larven und Altinsekten fressen Blattläuse.

Saatschnellkäfer *(Agriotes lineatus)*
Der Käfer kann sich durch „In die Luft schnellen" aus einer Rückenlage befreien. Die Larven sind als „Drahtwürmer" bekannt. Lebensraum: Kulturlandschaft, Wiesen, Getreidefelder, Waldränder.

Scharlachroter Feuerkäfer *(Pyrochroa coccinea)*
Lebt in Auwäldern und Laubmischwäldern sowie Auenlandschaften.

Scheinbock *(Oedemera femorata)*
Ca. 30 schwer zu unterscheidende Arten in Mitteleuropa. Die Weibchen erkennt man an den verdickten Schenkeln. Lebensraum: Waldränder. Tallandschaften.

Maikäfer *(Melolontha melolonta)* Rücken- und Seitenansicht. Früher sehr häufig; durch Lebensraumveränderung und Chemikalieneinsatz vielerorts verschwunden oder sehr selten geworden. Larven leben 3–4 Jahre im Boden. Flugzeit der Käfer: April bis Anfang Juni. Der etwas kleinere Waldmaikäfer *(Melolontha hippocastani)* bewohnt mehr lichte Wälder, Waldränder im Bergland und in Heidebereichen, und hat einen braunen Halsschild.

Junikäfer *(Amphimallon solstiale)*
„Erwachsene" Käfer schwärmen an wärmeren Juniabenden bei Dämmerung in Wiesentälern, an Feldrainen und in Gartengebieten auch an Waldrändern.

Wollkäfer *(Lagria nirta)*
Wegen der dichten „Behaarung" leicht bestimmbar. Lebt in lichten Wäldern, und in Wiesentälern (mehr feuchtere Lebensräume). Larven fressen vermoderndes Pflanzenmaterial.

Rosenkäfer *(Cetonia aurata)*
Durch vielfache Landschaftsumwandlung und Chemikalieneinsatz seltener geworden. Lebt an naturnahen Waldrändern. Käfer fressen Pollen und Nektar. Larven ernähren sich vom Mulm alter Wurzeln.

Balkenschröter *(Dorcus parallellopipedus)*
Nicht so sehr wie Hirschkäfer an alte Eichen gebunden. Käfer lecken Saft verschiedener Bäume. Larven fressen pflanzliches Material in altem Wurzelwerk.

Sägebock *(Prionus coriarius)*
Bewohnt Laubmischwälder und Nadelwälder. Dämmerungsaktiv.

Erlenblattkäfer *(Agelastica alni)*
Bewohnt Auen, Bach- und Flußufer. Bei Massenauftreten werden die Blätter der Erlen abgefressen; jedoch sterben die Bäume nicht ab.

Laubholz-Zangenbock *(Rhagium mordax)*
Bewohnt Laub- und Nadelwälder. Larven leben unter der Baumrinde.

Roter Eichenrüßler *(Attelabus nitens)*
(Eichenblattroller), Larven entwickeln sich in einem vom Altkäfer zusammengerollten Eichenblatt.

Glanzrüßler *(Polydrusus cervinus)*
In Laub- und Nadelwäldern, Feldgehölzen, Gärten. Die Weibchen können ohne Befruchtung Nachwuchs „produzieren".

Rothalsbock, Männchen und Weibchen *(Leptura rubra)*
Bewohnt Wiesen in Waldnähe. Vor allem zwischen Juni und September an warmen Mittagsstunden aktiv. Käfer auf Doldenblüten und alten Baumstumpen.

Buchen-Ambrosiakäfer *(Xyloterus domesticus)*
Wenig bekannter Borkenkäfer, der hauptsächlich gefällte oder angebrochene Buchenstämme befällt. Hier ernähren sich die Larven von den Ambrosia-Pilzen, die in den genagten Gängen wachsen.

Viele der vielfältigen Mikroorganismen und Kleintiere konnten sich aus den Urwäldern in den Wirtschaftswald hinüberretten. In „grauen Vorzeiten" belebten sie die an Altersschwäche mit vegetativer Würde langsam absterbenden Bäume. Verstärkt erst recht, wenn die hohen Stämme gestürzt am Boden lagen. Umgestürzte Bäume gibt es zwar auch im Försterwald. Zuzeiten zu viele. Nach orkanartigen Stürmen. Weil der gleichaltrige Reih-und-Glied-Wald viel hinfälliger ist, als der ungleichmäßig gestufte Urwald es war. Aber die geworfenen Bäume dürfen nicht liegenbleiben, bis sie verrotten. Zumal, wenn das Holz verkaufbar ist. Kaum hat sich der Sturm gelegt, da kommen die fleißigen Forstleute mit motorisiertem Gefolge und räumen wieder auf. Die Bäume haben im Wald zu stehen. Nicht zu liegen. Zwei Faktoren wirken diesem Trend in jüngster Zeit entgegen. Der eine ist ein spürbar einsetzendes Umdenken unter den grünen Hüten. Der andere ist Geld- und damit Personalmangel. Doch gibt es bescheidenen Ersatz für moderne Stämme: die Stümpfe der Abgesägten. Das gleiche Getier, das einst in den toten Giganten sein kriechendes bohrendes Wesen trieb, nimmt nun mit den Stubben vorlieb.

Dabei macht es merkliche Unterschiede, aus welchem Holz die Stubbe ist. In moderndem Fichtenholz leben andere Käferlarven als in morschem Eichenholz. Und die sind nicht von gleicher Art wie die im Alt- und Totholz einer Buche. Die Geschmäcker sind verschieden.

Vermodernde Baumstümpfe – Herbergen und Brutstätten

Seltenes Privileg für einen alten Baum: er durfte im Stehen sterben.

Sukzession der Zersetzung

Mit jeder Phase der Dekomposition, der Auflösung der Überbleibsel in den jederzeit für Neubeginn bereiten Boden, wechselt in fließendem Übergang die Struktur der Zusammensetzung der Bewohner modernden Holzes. Im ersten Jahr nach der Fällung, die im Wirtschaftswald in der Regel lange vor dem wirklich erreichbaren Alter der Bäume vorgenommen wird, tut sich an dem Baumstumpf wenig. Erst wenn im zweiten und dritten Jahr die vorzeitig erzwungene Zersetzung einsetzt, wobei Bakterien, Algen, Pilze, Hornmilben und andere unscheinbare Destruenten das Anfangsstadium einleiten, kommen die für uns besser sichtbaren Tierchen, die den modernen Wurzelstock als Versteck, Hotel, Krabbelstube, aber auch als Jagdrevier bevölkern.

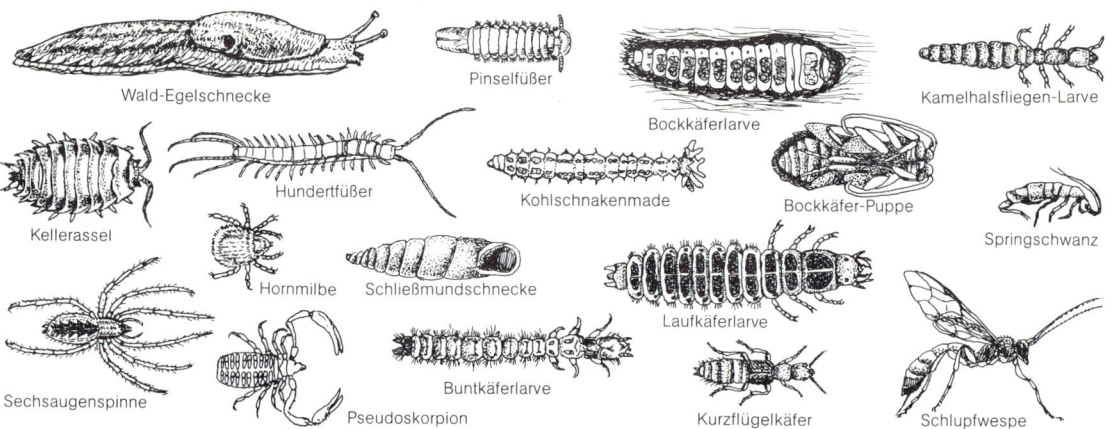

Wald-Egelschnecke

Pinselfüßer

Bockkäferlarve

Kamelhalsfliegen-Larve

Kellerassel

Hundertfüßer

Kohlschnakenmade

Bockkäfer-Puppe

Springschwanz

Hornmilbe

Schließmundschnecke

Laufkäferlarve

Sechsaugenspinne

Pseudoskorpion

Buntkäferlarve

Kurzflügelkäfer

Schlupfwespe

Bewohner, Nachmieter, Untermieter, Hausbesetzer und Schmarotzer

Sobald sich die Rinde zu lösen beginnt und Risse entstehen, kommen kleine *Nacktschnecken* und *Asseln*. Ihnen wird zunächst nicht mehr geboten als eine schützende Bleibe für trockene Tage. Aber garantierte Sicherheit gibt es nirgends in der Natur. Bald kommen kleine Jäger gekrabbelt, räuberische *Spinnen* und *Hundertfüßer*, um die Asseln und andere Winzlinge in ihren Verstecken aufzuspüren. Von dem Heer der *Käfer*, die im Wald ihre Heimat haben oder mindestens ihr Larvendasein hier fristen, gibt es eine ganze Reihe von Spezialisten für faulendes Holz. Nach und nach stellen sie sich

ein. Allen voran Vertreter aus der Gruppe der *Borkenkäfer*. Sie verschwinden unter der Rinde. Ein wirklich großer Spezialist für alte Baumstümpfe ist der *Sägebock* (Abb. S. 145). Seine Larven bohren sich fressend durch das Altholz. Drei bis vier Jahre lang tun sie das. Dabei gehen sie zuletzt immer tiefer, in den Wurzelbereich. Eine stattliche, 5 cm lange Holzmade bereitet sich dann im Untergrund des ehemaligen Baumes eine Puppenwiege, der im folgenden Sommer der fertige Käfer entsteigt. Die Käfer haben bald schon wieder das alte Spiel von Werbung und Fortpflanzung im Sinn. Wozu sie nach Heuschreckenart aufspielen. Die Larven vom *Laubholzzangenbock* (Abb. S. 145) beginnen unter der Rinde und

148

bohren und knabbern dann zwei Jahre durch die gute Stubbe. Weitere Holzbohrer sind der *Balkenschröter,* der *Scheinbockkäfer, Feuerkäfer, Rosenkäfer, Rothalsbock* (alle Abb. S. 145) und andere mehr. Auch *Holzwespen* (Abb. S. 124) sind tüchtige Bohrer und an der zunehmenden Durchlöcherung der morschen Baumstümpfe beteiligt. Wenn größere Partien des Wurzelbereichs und der Anlauf der Stubbe zu Mulm geworden sind, kommen auch gewisse Ameisenarten hinzu. In die Löcher, aus denen die dicken Käferlarven herauskamen, ziehen *Solitärbienen* (Abb. S. 125) ein. Damit kommen auch verschiedene *Schlupfwespen,* die ihre Eier per Legestachel in die Brutkammern von Holzwespen und

Solitärbienen bugsieren. Der modernde Baumstumpf kann sogar zum königlichen Quartier werden. Denn die jungen Hornissenköniginnen verbringen hier gern den Winter. Mit zunehmender Durchlöcherung dringt auch mehr Feuchtigkeit in das alte Holz, und das lockt abermals eine Besetzungswelle von Kleinorganismen, Läusen, Würmern, Schnecken und Insektenlarven an. Das beschleunigt die Zersetzung abermals. In diesem Stadium ist der Baumstumpf auch Asyl für viele Amphibien. Für trockene Tage und den Winter. Das geht so lange fort, bis an der Stelle, wo der gefällte Baum stand, nur noch ein dunkler Fleck von Humus unter der Laubstreu verborgen ist.

Kunstvolle Bauwerke in hohlen Bäumen

Über die *Hornisse* wurde schon einiges berichtet (S. 30). Aber wer hat schon einmal ein *Hornissennest* gesehen? Es ist dringend davon abzuraten, ein solches aufzusuchen, solange es bewohnt ist. Denn am Eingang sind Wachposten aufgestellt. Nähert sich ein Feind, alarmieren die Wachen sofort wehrhafte Arbeiterinnen, die den Feind unverzüglich angreifen. Das kann dann tatsächlich auch für einen vorwitzigen Menschen gefährlich werden. Also, am besten um jedes mutmaßliche Hornissennest einen großen Bogen machen. Erst im Spätherbst, wenn die alte Hornissenkönigin tot und der ganze Staat ausgestorben ist, die jungen Königinnen in einer modernden Baumstubbe ihre Winterruhe begonnen haben, kann man sich in Ruhe den Bau mit seiner vielstöckigen Architektur gefahrlos ansehen. Wenn man ihn findet. Das eigentliche Nest unter der kräftigen Schutzhülle kann fünf und bis zu fünfzehn übereinanderliegende Wabenschichten enthalten.

Eine der vielen Werktätigen, die an einem solchen Bau arbeiten. Sie ist gerade damit beschäftigt, Baumaterial von dem verwitterten Zweig abzuraspeln.
Das Hornissen-Nest wurde der Länge nach aufgeschnitten. Normalerweise sind die inneren Etagen nicht zu sehen, da das Ganze von einer Schutzhülle überzogen ist. Diese dient hauptsächlich der Klimaregulierung.

Einen nicht minder kunstvollen Bau errichten die Arbeiterinnen der *Glänzendschwarzen Holzameise.* Es wird nicht nur für den Sommer erbaut, sondern meistens viele Jahre lang (bis zu 20 Jahren!) benutzt und ständig ausgebessert und erweitert. Der abgebildete Bau steckte am Fuß einer hohlen Fichte und wurde entdeckt, als die Fichte gefällt im Wald lag. Beim vorsichtigen Herauslösen sind leider Teile der äußeren Verbindungswände zum Splintholz der alten Fichte ab-

gebrochen. Auch an diesem beachtlichen Bauwerk, das zu den Besonderheiten der europäischen Ameisenwelt zählt, wurde sicher viele
Jahre gearbeitet. Das Baumaterial besteht im wesentlichen aus dem
gleichen Grundstoff wie das Hornissennest. Nämlich aus abgeraspel-
tem morschen Holz, das mit einer Art Speichelsekret vermischt und
äußerst haltbar wird.

So sieht eine glänzend-
schwarze Holzameise aus.
Um festzustellen, ob es tatsächlich eine ist, hätte ein
Wissenschaftler das Tier
unter ein Mikroskop legen
müssen. Aber so, daß es
nicht weglaufen kann. So
mag uns ein Vielleicht
genügen.

Der filigrane Nestbau der
Glänzendschwarzen Holz-
ameise.

Blumen und Sträucher des Waldes (Kurzbeschreibungen zu den Erkennungsbildern auf den nächsten beiden Seiten)

Wald-Habichtskraut *(Hieracium sylvaticum):* An eher schattigen Stellen auf frischen Böden. **Waldmeister** *(Galim odoratum):* An den vierkantigen Stengeln zu erkennen. Blüht wie viele Waldpflanzen im zeitigen Frühjahr, bevor sich das Laubdach des Waldes schließt. **Scharbockskraut** *(Ranunculus ficaria):* Frühblüher an lichten, feuchten und humosen Stellen im Wald. **Wasserdost** *(Eupatorium cannabinum):* Zwischen 70 und 170 cm hohe Pflanze, die von Juni bis Oktober blüht. Standorte sind meistens lichte Stellen im Laub- oder Mischwald. **Aronstab** *(Arum maculatum):* Unverkennbar! Besiedelt feuchte Laubwälder mit nährstoffreichen Böden (Giftig). **Engelwurz** *(Angelica sylvestris):* Vor allem in Auwäldern verbreitet. Bis 1 m hoch. Blüht im Juli und August. **Bärlauch** *(Allium ursinum):* Frühblüher auf lockeren, grundwasserfeuchten Böden in Auwäldern und Laub-Mischwäldern. Riecht stark nach Knoblauch. **Wald-Weidenröschen** *(Epilobium angustifolium):* Auffällige bis 3 cm durchmessende Einzelblüten. Bis 1,5 m hohe Pflanze. Auf stickstoffhaltigen Böden. **Tollkirsche** *(Atropa belladonna):* Eine bis 1,5 m hohe Waldpflanze, die zwischen Juni und August blüht und als sehr giftig gilt. **Waldveilchen** *(Viola reichenbachiana):* Blüht im zeitigen Frühjahr. **Buschwindröschen** *(Anemone nemorosa):* Zusammen mit der Waldschlüsselblume einer der ersten Frühblüher des Waldes. **Stieleiche** *(Quercus robur):* Bis 35 m

hoher Baum. Graue, dicht gefurchte Rinde, überall verbreitet. **Buche** *(Fagus sylvatica):* Hellgraue, glatte, manchmal leicht aufgerauhte Rinde. Bis 40 m hoher Baum. **Bergahorn** *(Acer pseudoplatanus):* Ursprünglich nur in den Wäldern des Berglandes. Heute als Allee- und Gartenbaum weit verbreitet. **Birke** *(Betula pendula):* Wird bis 120 Jahre alt und 28 m hoch. In lichten Laub- und Nadelwäldern, Mooren, Heiden usw. **Schwarzerle** *(Alnus glutinosa):* In Auwäldern und Niederungen. Bis 25 m hoch. **Esche** *(Fraxinus excelsior):* In Auwäldern und Niederungen. Bis 40 m hoher Baum. **Hainbuche** *(Carpinus betulus):* Oft gewundener, schon in geringer Höhe verzweigter Stamm. **Vogelkirsche** *(Prunus avium):* Auf nährstoffreichen, eher feuchten Böden in lichten Waldungen, Waldrändern und Hecken. **Waldkiefer** *(Pinus sylvestris):* Bis 35 m hoher Baum. **Weißtanne** *(Abies alba):* Charakteristischer Waldbaum des höheren Berglandes. Stark gefährdet durch den „Sauren Regen". **Fichte/Rottanne** *(Picea abies):* Durch die Forstwirtschaft in ganz Mitteleuropa verbreitet. **Eberesche** *(Sorbus aucuparia):* In feuchteren, lichten Wäldern vor allem im Bergland. Als Zierbaum weit verbreitet. **Korbweide** *(Salix viminalis):* Uferstrauch der Auwälder, der durch den Menschen weit verbreitet wurde (Kopfweiden). **Lärche** *(Larix decidua):* Ursprünglich nur in den Alpen; heute als Forst- oder Zierbaum verbreitet. Einziger heimischer Nadelbaum, der über den Winter seine Nadeln vollständig verliert. **Hasel** *(Corylus avellana):* Bis 5 m hoher Strauch der fast an keinem Waldrand und an keiner Feldhecke fehlt.

Waldmeister

Wald-
Habichts-
kraut

Scharbockskraut

Wasserdost

Aaronstab

Engelwurz

Waldveilchen

Bärlauch

Wald-
weiden-
röschen

Tollkirsche

Buschwindröschen   od. Anemone

152

Stieleiche

Bergahorn

Birke

Buche

Hainbuche

Vogelkirsche

Schwarzerle

Esche

Waldkiefer

Weißtanne

Fichte
oder
Rottanne

Eberesche, Vogelbeere

Lärche

Korbweide

Hasel

Am Bach entlang

C.-P. Hutter

Wissenschaftler haben die Fließgewässer schon seit längerem in bestimmte Regionen eingeteilt. Verschiedene Fischarten waren dabei die namengebenden „Paten". In klaren, sauerstoffreichen Bächen lebt die Bachforelle. Dieser Fisch liebt tief eingeschnittene Bäche, in denen das Wasser durch allerlei Steinbrocken, Abstürze und Kiesanlandungen aufgeschäumt wird. Im Gebirge gibt es oft noch in einer Höhe bis über 2.000 Meter Bachforellen. Sie sind dort dann etwas kleiner als in den wärmeren Tieflandbächen. Die Oberläufe von Fließgewässern bezeichnen Gewässerbiologen als „Forellenregion". Natürlich gibt es in solchen Abschnitten auch noch andere Fische wie die Elritze und die Groppe. Dort, wo stellenweise höhere Wasserpflanzen gedeihen, aber das Wasser immer noch sehr sauerstoffhaltig ist, kennzeichnet die Äsche den Übergang zum Mittellauf des Baches oder Flüßchens. Zur „Äschenregion" gehört aber auch noch die Forelle sowie die Groppe und Elritze.

Die Mittel- und Unterläufe der Fließgewässer sind in die „Barben-" und „Brachsenregion" eingeteilt. In diesen vegetations- und nährstoffreichen Abschnitten ist das tierische Leben natürlich viel reichhaltiger als in den nährstoffärmeren Bereichen der Oberläufe.

Die Regionen, mit denen Lebensgemeinschaften der Fließgewässer unterschieden werden, sind nicht klar zu trennen. Da gibt es Übergangsbereiche und verschiedene Ausprägungen. Außerdem kommt es auf die geologischen und klimatischen Verhältnisse an.

Viele, die Tiere und Pflanzen und überhaupt die ganze Lebensgemeinschaft der Fließgewässer beobachten und studieren, wollen oft mehr für die Naturerhaltung tun. Gemeinden, Städte, Naturschutzbehörden und Umweltverbände haben in vielen Gegenden Bachpatenschaften ins Leben gerufen. Solche Initiativen bieten für engagierte Bürger, Jugendliche und Schülergruppen viele Möglichkeiten, sich für die Gewässer und damit für die heimische Natur ganz unmittelbar einzusetzen und bei deren Erhaltung mitzuwirken. So sind viele, längst nicht mehr gepflegte Kopfweiden wieder von Bachpatenschafts-Aktionen „reaktiviert" worden. Natürlich gehört zu dieser Arbeit nicht nur viel Idealismus, sondern auch Ausdauer und natürlich Fachkunde. Damit die gut gemeinten, aber weniger sachkundigen Aktivitäten der Natur nicht mehr schaden als helfen, müssen alle Initiativen mit der Gemeinde und Naturschutzfachleuten abgesprochen werden.

Bäche haben Regionen

Die namengebenden Leitfische der Bach- und Flußregionen:

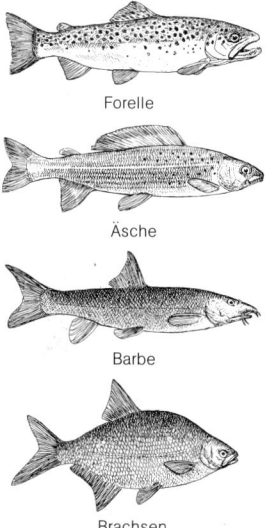

Forelle

Äsche

Barbe

Brachsen

Patenschaft für Bäche

Wo das Ufergehölz nicht zu dicht steht, entwickelt sich am Bach eine bunte Sommerblütenpracht.

Rechts: Blutweiderich.

Bachbunge oder Wasser-Ehrenpreis

Rechts: Mädesüß.

Wasserprobe

Voller Spannung kommen die Kinder über die alte Bogenbrücke an den kühlen Bach. Die letzten Meter bahnen sie sich vorsichtig den Weg durch dichtes Gestrüpp. Zuerst durch das fast 1,50 Meter hohe Staudengewirr aus Mädesüß, Kohldisteln, Bärenklau und allerlei Gräsern; dann durch das Dickicht des Gehölzsaumes aus Weiden, Holunder, Erlen, Eschen und Pfaffenhütchen. Dort, wo sich an der inneren Seite einer Bachschlaufe aus kleinen Steinchen und Sand ein Stück Schwemmland im Kleinformat gebildet hat, machen die vier jungen Wanderer erst einmal Halt. Vor drei Jahren waren sie zum erstenmal da. Zusammen mit ihrem Lehrer hatten sie damals im Rahmen der Naturkunde-AG den Sauerstoffgehalt des Baches gemessen und Wasserproben entnommen. Die wurden dann in einem chemischen Labor untersucht. Das Ergebnis war deprimierend; die Wasserqualität und damit der Zustand des Baches mußten als sehr bedenklich eingestuft werden. Bereits die festgestellten Kleintierarten deuteten auf einen schlechten Zustand des Gewässers hin. Unter Steinen und am Bodengrund fanden sich vor allem kleine Egel, Wasserasseln, Schlammröhrenwürmer und rote Zuckmückenlarven. Nur wenige Bachflohkrebse waren unter den Kleintieren. Immer wieder sind die Kinder seitdem an den Bach gekommen. Sie haben Tiere beobachtet, Pflanzen bestimmt und die Arten nach Standort und Bestandsdichte kartiert.

156

So zeigte damals Lehrer Friedrich seinen Schülern, was alles unter Bachsteinen zu finden ist an Insektenlarven und Kleingetier. Und was man aus der Zusammensetzung der Organismengruppen für Schlüsse auf die Gewässergüte ziehen kann. Später dann haben die Kinder bei ihren Exkursionen nur solche Steine umgedreht, die vom flachen Ufer aus erreichbar sind.

Die Wasserqualität war bedenklich. Unter den Steinen und in den Ritzen waren hauptsächlich Egel, Wasserasseln und nur ganz wenige Köcherfliegenlarven zu finden. Wenige Jahre später fand sich eine veränderte Situation.

Steinfliege

Eintagsfliege

Köcherfliege

Jetzt wollen sie erneut nach „ihrem" Bach sehen. Christiane greift in das kühle, schnell fließende Wasser und hebt einen großen Stein hoch. Auf den ersten Blick ist es ein Stein wie jeder andere. Aber an der Unterseite können die Kinder winziges Leben entdecken. Bizarre Tierchen mit langen Schwanzfäden versuchen sich auf dem Stein kriechend zu verstecken. Es sind Steinfliegenlarven, weiß Thomas. Dazwischen versuchen seitlich flach zusammengedrückte Bachflohkrebschen durch schnalzende Bewegungen zu entkommen. Plötzlich bewegen sich zusammenklebende Sandkörnchen entlang einer Steinritze. Das kann doch nicht sein! Beim genauen Hinsehen entpuppt sich das Ganze als kleines Röhrchen aus Sandkörnern, kleinsten Steinchen und Holzstückchen. Es ist das Gehäuse einer Köcherfliegenlarve.

Diese im Wasser lebenden Larven schützen ihren weichen Hinterleib durch selbstgebaute Köcher. Je nach Köcherfliegenart und der Umgebung, wo die einzelne Larve aufwächst, ist der Köcher gestaltet. Weil die Larve nur das in ihrem Gewässer vorkommende Tarnmaterial verwenden kann, ist das transportable „Röhrenhaus" ideal an den Gewässergrund angepaßt. Mit einer Lupe können die jungen Naturschützer beobachten, wie nach einer Weile Kopf und Beinchen des kleinen Insekts aus dem Köcher kommen. Rund 300 Köcherfliegenarten leben an den Mitteleuropäischen Gewässern. Eigentlich sind es gar keine Fliegen. Vielmehr gehören diese urtümlichen Insekten zu einer eigenen Ordnung. Die im Wasser lebenden Larven produzieren mit Hilfe einer Spinndrüse einen elastischen Faden, der beim Bau des Köchers aus Steinchen, Sandkörnern, Holzstücken, Pflanzenteilen oder Tannennadeln mit verwoben wird. Der Faden ist also fast mit den stützenden Balken in einem Fachwerkhaus vergleichbar. Wächst die Larve, wird der Köcher zu klein. Die kleinen Tiere wissen sich jedoch zu helfen und bauen nach vorne ständig an ihrem engen Eigenheim weiter. Gleichzeitig kann es passieren, daß der hintere, zu eng gewordene Teil abbricht. Jede Köcherfliegenart ist an bestimmte Gewässertypen angepaßt. Die Bewohner der schnell fließenden Bäche bauen ihren Köcher jedenfalls aus schwererem Baumaterial. Damit beugen sie der Gefahr des Abschwemmens vor. Das können die Kinder jetzt an ihrem umgedrehten Stein deutlich beobachten.

Indikatoren (Zeigerlebewesen) für gutes Bachwasser: Rechts die Tiere, wie man sie im Bach antrifft – alle etwas vergrößert dargestellt – oben frei fliegende Imagines (Vollinsekten) in Ruhestellung.

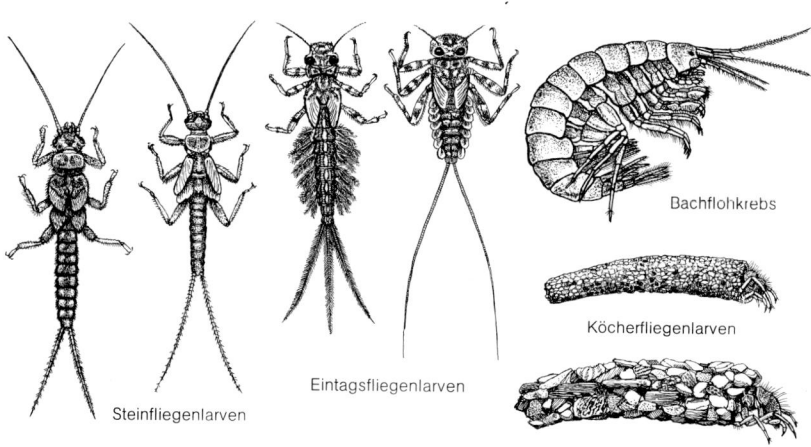

Bachflohkrebs

Köcherfliegenlarven

Eintagsfliegenlarven

Steinfliegenlarven

Die Kinder drehen noch mehr Steine um und beobachten den Grund des Baches genau. Schlammröhrenwürmer, die man auch als Tubifex für die Aquarienfische kennt, können sie jetzt keine mehr finden. Auch Rote Zuckmückenlarven sind nicht mehr da. Nur eine Wasserassel krabbelt an der Unterseite eines Steines.

Die Kinder freuen sich über das Ergebnis ihrer kleinen Bachexkursion. Sie wissen jetzt, daß die Wasserqualität des Baches wieder erheblich besser geworden ist. Die Kläranlage und die Rückführung von intensiven Maisäckern in Wiesen entlang des Baches zeigen jetzt den ersten Erfolg.

Die Kleinlebewelt ist nämlich ein lebendes Barometer für die ökologische Situation eines solchen Fließgewässers. Kommen in einem Bach mehrere Exemplare Steinfliegenlarven, Köcherfliegenlarven und Eintagsfliegenlarven sowie Bachflohkrebse vor, so kann man davon ausgehen, daß die Wasserqualität gut bis zufriedenstellend ist. Diese Tiere brauchen nämlich einen hohen Sauerstoffgehalt im Wasser.

Finden sich dagegen in einem Bach jeweils mehrere Exemplare von Egelarten, Wasserasseln und Schlammröhrenwürmern, ist die Wasserqualität schon als bedenklich einzustufen. Kommen in größerer Anzahl noch Rote Zuckmückenlarven und Rattenschwanzlarven hinzu, ist die Situation des Baches schon sehr schlecht. Gerade die blutroten, 1–2 Zentimeter großen, wurmförmigen Larven einer bestimmten Zuckmückenart und die nach ihrer bis drei Zentimeter langen Atemröhre benannten, weißgrauen dicklichen Rattenschwanzlarven einer Schwebfliegenart sind hinsichtlich ihrer Umgebung sehr anspruchslos. Man kann sie sogar in Güllepfützen an Dunglegen finden. Wo diese Kleintiere leben, handelt es sich immer um zu nährstoffreiche und damit sauerstoffarme Gewässer. Jeder kann sich also bei der Wanderung entlang eines Bachlaufes wenigstens einen groben Eindruck über die ökologische Situation des Gewässers verschaffen. Selbstverständlich muß beim Studieren der interessanten Lebewelt im Bach große Rücksicht auf Natur, auf Tiere und Pflanzen genommen werden. Es versteht sich von selbst, daß man nicht im Bach umherwatet und die Beobachtungen so vom Ufer aus vorgenommen werden, daß die bachbegleitende Vegetation nicht zertreten wird.

Diese „Ja-Nein-Methode", nach der man auf Grund des Vorkommens oder Fehlens von Kleinorganismen Rückschlüsse auf die Gewässergüte ziehen kann, ermöglicht natürlich nur eine ungefähre und, wissenschaftlich gesehen, oberflächliche Orientierung. Fundierte Ergebnisse sind letztlich nur durch systematische Untersuchungen der Lebensgemeinschaft im Bach und von Fachleuten mit umfangreichen ökologischen Kenntnissen zu erzielen. Dabei werden natürlich noch eine Vielzahl anderer Organismen und Faktoren untersucht. Gewässerbiologen können dabei exakt die Güteklasse eines Bachlaufs oder eines Flusses feststellen. Dabei kommt es auch darauf an, ob es sich um sommerwarme oder sommerkalte Gewässer handelt. Außerdem ist entscheidend, ob es sich um den Oberlauf oder Unterlauf eines Fließgewässers handelt und ob der Bach im alpinen Bereich, im Mittelgebirge oder im Flachland vor sich hinplätschert.

Indikatoren für bedenkliches bis schlechtes Bachwasser:

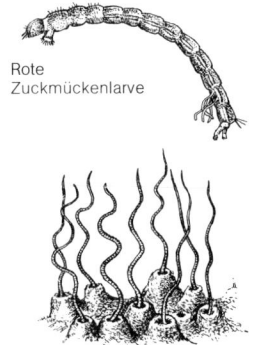

Rote Zuckmückenlarve

Bachröhrenwürmer (Tubifex)

Rollegel

Wasserassel

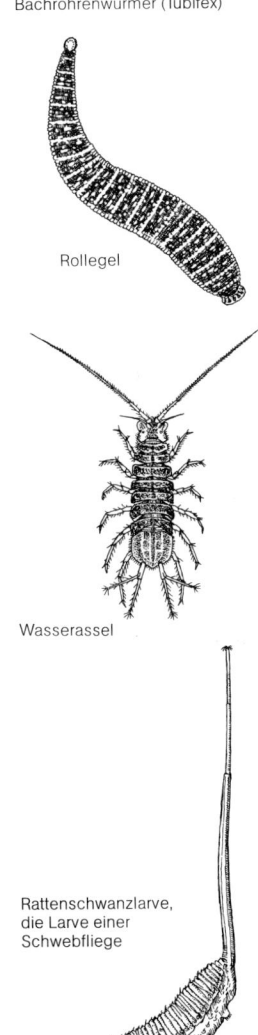

Rattenschwanzlarve, die Larve einer Schwebfliege

Blauflügel-Prachtlibelle *(Caropteryx virgo)* Flugzeit (FZ) Ende April – Ende August. An sauberen Bächen mit Wasserpflanzen und dichtem Uferbewuchs. Bestand gefährdet.

Gebänderte Prachtlibelle *(Caroteryx splendens)* FZ Mitte Mai – Mitte September. An langsamer fließenden, klaren Bächen und Flüssen. Bestand gefährdet.

Frühe Adonislibelle *(Pyrrhosoma nymphula)* FZ Ende April – Ende August. An langsam fließenden Bächen, Gräben und Kanälen. Auch stehende Gewässer.

Helm-Azurjungfer *(Coenagrion mercuriale)* FZ Ende Mai – Anfang August. Langsam fließende Wiesenbäche und Gräben. Vom Aussterben bedroht!

Kleine Zangenlibelle *(Onychogomphus forcipatus)* FZ Ende Mai – Ende Juli. Schnell fließende Bäche und Flüsse mit Geröll- und Schotterbänken. Vom Aussterben bedroht!

Spitzenfleck *(Libellula fulva)* FZ Mitte Mai – Ende Juli. Wiesenbäche, Flüsse, auch Waldseen.

Kleiner Blaupfeil *(Orthetrum coerulescens)* FZ Ende Mai – Anfang August. Langsam fließende Wiesenbäche und Gräben mit dichter Ufervegetation. Stark gefährdet.

Glänzende Smaragdlibelle *(Somotochlora metallica)* FZ Ende Mai – Mitte September. Langsam fließende oder stehende Gewässer in Wäldern und Mooren.

Gestreifte Quelljungfer *(Cordulegaster bidentatus)* FZ Ende Mai – Ende Juli. An Quellen und klaren Bächen. Nur inselartiges Vorkommen.

Zweigestreifte Quelljungfer *(Cordulegaster boltoni)* FZ Juni – Ende August. An schmalen, schnellfließenden Gebirgsbächen.

Blauflügel-Prachtlibelle ♂

Blauflügel-Prachtlibelle ♂ und ♀

Gebänderte Prachtlibelle ♂

Gebänderte Prachtlibelle ♀ und ♂

Frühe Adonislibelle

Helm-Azurjungfer ♂

Kleine Zangenlibelle

Spitzenfleck ♀

Kleiner Blaupfeil

Glänzende Smaragdlibelle

Gestreifte Quelljungfer

Zweigestreifte Quelljungfer

160

Die spätsommerliche Sonne ist gerade hinter dem Horizont verschwunden. Bald werden die Wiesen in der Bachaue von Tau bedeckt
sein. Es ist die kurze Zeit vor der Dämmerung. Schon ist es nicht mehr
recht Tag, aber auch noch nicht richtig dunkel.

Lautlos steigen kleine Wesen mit silbrig flimmernden Flügeln in der
kühler werdenden Luft auf und ab. Erst sind es nur einige wenige.
Dann tanzen schon hunderte solcher „Elfchen" über den Wiesen am
Bach und plötzlich sind es Tausende.

Wir haben den geheimnisvollen Hochzeitstanz der Eintagsfliegen
vor uns. Die Tierchen sind ohne die drei fadenartigen Körperanhänge
kaum einen halben Zentimeter groß; weil sie jedoch zu einem Mas-
sentanz zusammen gekommen sind, kann man das Schauspiel gut

**Elfentanz
am Bach**

beobachten. Die Männchen stellen ihren Körper senkrecht und flattern mit schnellem Flügelschlag empor. Dann lassen sich die Lufttänzer mit waagerechtem Körper und ausgebreiteten Flügeln wie kleine Fallschirme herab, um gleich wieder von vorn zu beginnen. Bis jetzt tanzen nur die Männchen. Die Weibchen warten indessen am Bachufer, auf Gräsern und Sträuchern sitzend. Plötzlich mischen sich auch die Weibchen unter die Tänzer, von denen sie dann zur Paarung ergriffen werden. Dazu unterfliegen die Männchen die Weibchen und lassen sich von den „Tanzpartnerinnen" richtig im Fluge tragen. Inzwischen ist es Nacht geworden. Gleich nach der Paarung erfolgt die Eiablage. Dabei machen es sich die Weibchen der meisten Arten recht einfach und werfen die Eier im Fluge in das Wasser ab. Die an stark strömendem Wasser lebenden Tiere fliegen zur Eiablage mitunter große Strecken bach- oder flußaufwärts. So wird die spätere Abdrift der Eier und Junglarven ausgeglichen.

Schon kurz nach Paarung und Eiablage sterben die Eintagsfliegen. Wenn auch die erwachsenen Insekten nur wenige Stunden bis einige Tage alt werden, so währt ihr Leben eigentlich weit länger. Die erwachsenen, „fertigen" Eintagsfliegen haben nämlich nur die Aufgabe, für Nachkommen zu sorgen. Sie nehmen deshalb auch keine Nahrung mehr auf. In Larvenform haben sie zuvor fast zwei Jahre lang am Gewässergrund gelebt. Allerlei Schwebstoffe, zersetzte Blattreste sowie verschiedene Algen sind Nahrungsbasis für die Eintagsfliegenlarven. Während des Wachstums häuten sich die Larven zwischen 20- und 40mal. Bei der vorletzten Häutung schlüpft aus der bizarr aussehenden Larve ein breites vollbeflügeltes Insekt, aus dem dann wiederum nach eineinhalb Tagen die fertige Eintagsfliege schlüpft. Die Larven sind optimal an das Leben im Wasser angepaßt. Die in stark strömenden Gewässern lebenden Arten sind an der Körperunterseite stark abgeflacht, während sich die Körperoberseite dachförmig wölbt. So wird das kleine Tier vom drüberströmenden Wasser an den Gewässergrund gedrückt. Ganz charakteristisch für Eintagsfliegen sind die drei Schwanzfäden der meisten Arten. Dadurch kann man sie von den Steinfliegenlarven, die meist nur zwei Schwanzfäden haben, gut unterscheiden.

Eintagsfliegen hat es übrigens schon vor rund 300 Millionen Jahren gegeben. Heute kennt man in Mitteleuropa rund 70 verschiedene Arten. Jede hat sich ihre eigene „ökologische Nische" erobert. So gibt es auch Arten, die an stehenden Gewässern leben.

Im Naturhaushalt nehmen Eintagsfliegen zusammen mit Stein- und Köcherfliegen eine bedeutende Rolle ein. Sie erfüllen eine wichtige Funktion in der Nahrungskette. Die Larven werden von Wasserwanzen, Libellenlarven, Schwimmkäfern und von Fischen sowie von Wat- und Schwimmvögeln gefressen. Die erwachsenen Insekten werden oft Opfer von Vögeln. So hart es klingt: die unumstößlichen Naturgesetze bestimmen, daß Eintagsfliegen vor allem auch die Aufgabe erfüllen, gefressen zu werden. Die Art kann so freilich nur überdauern, wenn für viele Nachkommen gesorgt wird. Ein Weibchen der „Gewöhnlichen Eintagsfliege", die mehr langsam fließende Bach- und Flußabschnitte bevorzugt, kann bis zu 5.000 Eier legen.

Nachts kommt der Veteran des Baches aus seinem schützenden Versteck hinter Steinen oder Wurzelwerk am Grund des unterspülten Ufers hervor. Nachdem er dort den ganzen Tag fast regungslos verbracht hat, geht er jetzt auf Nahrungssuche. Tote Fische, kleine Muscheln und Schnecken sowie allerlei Insekten und Würmer werden die Beute des Krustentiers. Früher gehörte der Flußkrebs zu den weit verbreiteten Tierarten. Man konnte ihn fast in jedem sauerstoffreichen Fließgewässer finden. Dann wurden aber gegen Ende des vorigen Jahrhunderts fast alle Flußkrebse durch eine Pilzkrankheit ausgerottet. Und immer wieder sind die spärlicher werdenden Krebsbestände durch diese „Krebspest" bedroht. Weit mehr machte jedoch dieser Tierart eine andere „Pest" zu schaffen: die Begradigung, Verrohrung und Ausbetonierung von Bächen und Flüssen. Mit der Umgestaltung von Fließgewässern zu Vorflutern waren die Verstecke der Krebse ebenso dahin wie jede andere natürliche Vielfalt. Hinzu kam in den 50er Jahren die Gewässerverschmutzung durch damals noch ungeklärte Abwässer und die auch heute vielerorts noch nicht gestoppte Belastung durch schädlichen Nährstoffeintrag aus umgebenden, landwirtschaftlichen Intensivflächen.

Es scheint jedoch, daß die Flußkrebse jetzt wieder eine Chance haben. Der Bau von Kläranlagen hat vielerorts eine Verbesserung der Gewässergüte erbracht. Und seit wieder mehr sauberes Wasser den Bach hinunterplätschert, haben sich auch die Lebensbedingungen der bis 25 Zentimeter großen Krebse gebessert.

Bis zu 20 Jahre kann so ein gepanzerter Kerl alt werden. Dafür muß er sich regelrecht aus seiner „Rüstung" schälen. Während des ersten Lebensjahres häutet sich der Krebs achtmal. Nach fünf Häutungen im zweiten und drei im dritten Lebensjahr ist er dann ausgewachsen und „schält" sich nur noch einmal pro „Saison". Nach der Häutung wird der abgeplatzte Brustpanzer gleich aufgezehrt. Diese Nahrungsreserve braucht er auch, denn nach der Häutung verläßt der Krebs gut eine Woche lang nicht mehr sein Versteck. Er ist dann besonders gefährdet, weil seine neue Panzerhülle noch sehr weich ist. Krebse können übrigens nicht nur vorwärts krabbeln, sondern mit Hilfe ihres paddelartigen Schwanzes blitzschnell nach rückwärts entfliehen. Die Weibchen tragen an den Beinen fast ein halbes Jahr lang den in den mehreren hundert Eiern heranreifenden Nachwuchs mit sich herum. Sie klammern sich noch eine Zeitlang nach der Schlüpfung am Muttertier fest.

Noch ein anderes Krustentier bevölkert unsere Bachläufe: es ist der Amerikanische Flußkrebs, den man erstmals um 1890 in unsere Fließgewässer eingesetzt hat, weil er gegen die Krebspest immun ist. Er stellt auch an die Wasserqualität nicht so hohe Ansprüche wie unser heimischer Bach-Veteran.

Die Ansprüche an die Gewässergüte aber können wir selbst nicht hoch genug ansetzen. Dann wird es künftig wieder öfter die Möglichkeit geben, bei einem Spaziergang im Bachtal einen aufgestöberten oder sich ungestört fühlenden Flußkrebs beobachten zu können. In vielen Gegenden haben verantwortungsvolle Fischer wieder Krebse in die sauberer gewordenen Gewässer eingesetzt.

Quellfluren wie diese rechts im Bild speisen kleine Rinnsale und Wiesenbächlein...

...aus denen im weiteren Verlauf Bäche und Flüsse werden. In den Quellfluren und im Oberlauf gibt es noch Stellen, die von der allgemeinen Verschmutzung verschont geblieben sind. Hier ist die Heimat der letzten Flußkrebse. Auch die auf Seite 158 gezeigten Tiere sind hier zu Hause. Des weiteren Kleinlibellenlarven, Wasserkäfer und mancherlei wenig bekannte Kleinorganismen.

Die Larven des Feuersalamanders stellen ähnliche Ansprüche an die Gewässergüte wie der Flußkrebs.

164

Gelbe Teichrose

Pfeilkraut (oben)

Krebsschere

Die meiste Zeit des Jahres lebt die Krebsschere verborgen unter Wasser. Krebsschere, das ist nicht ein Teil des Krebses oder ein anderes Tier, sondern eine ganz eigentümliche Pflanze. Ihren Namen hat sie wegen der länglichen, gezähnten Blätter, die bei viel Phantasie an die Scheren unseres Flußkrebses erinnern. Viel mehr jedoch sieht die Pflanze aus wie eine kleine, schwimmende Agave. Allerdings bekommt man sie nicht immer zu Gesicht. Am ehesten um den Juni herum. Dann tauchen die Pflanzen auf und schweben dicht unterhalb des Wasserspiegels. Nur die oberen Spitzen der Blätter und die weißen Blüten ragen empor. Krebsscheren schwimmen frei im Wasser; die Wurzeln haben meistens keinen Kontakt zum Grund des Gewässers. Weil sich Krebsscheren durch Ausläufer vermehren können, bilden sie oft richtige Teppiche, und von weitem kann man den Eindruck gewinnen, eine Grünfläche ohne Wasser vor sich zu haben. Fast stehende und träge fließende, nährstoffreiche Gewässer sind Heimat dieser interessanten Pflanze.

Am ehesten findet man die Krebsschere im norddeutschen Tiefland. Dort bilden die vielen, meist künstlich entstandenen Wiesengräben ideale Lebensräume.

Auf Tauchstation im Wassergraben

Diese Wassergräben sind weder Bäche noch Tümpel und Weiher, sondern Biotope besonderer Art. Meist handelt es sich um langsam fließende, relativ nährstoffreiche Gewässer mit schlammig-sandigem Grund. Viele dieser Gewässer sind künstlichen Ursprungs. Hinter den Deichanlagen von Nord- und Ostsee, im Hinterland von Elbe und Weser und deren Nebenflüssen hat man die Wassergrabensysteme schon vor Jahrhunderten zur Abführung von Hochwasserspitzen einerseits und zur Sicherstellung der Wiesenbewässerung andererseits angelegt.

Solche Wassergräben sind Bindeglied von Kultur und Natur gleichermaßen. Sie erfüllen nicht nur seit Generationen ihren kultivierenden Zweck für das Weideland, sondern sind außerdem wertvolle Feuchtlebensräume im ökologischen System der weitläufigen Wiesenlandschaften. Von Mitte Juni bis in den Hochsommer hinein entfalten die Wassergraben-Biotope eine besondere Pracht. Dann bilden nicht nur die Krebsscheren dichte Pflanzenteppiche, sondern es blühen auch die Gelben Teichrosen. Wie schwimmende „Riesen-Butterblumen" sehen sie aus und locken allerlei Insekten zum Blütenbesuch. Dazwischen blühen die weißen Seerosen. Und am Grabenufer leuchten Blutweiderich, Zungenhahnenfuß und andere Sumpfpflanzen um die Wette.

Entlang der Gräben suchen Flußuferläufer, Waldwasserläufer, Uferschnepfen und andere Watvögel nach nahrhaftem Kleingetier. Damit die Wiesenbewässerung und die Hochwasserabfuhr nach dem Frühling weiterhin funktionieren, werden diese Gräben von den Landwirten und teilweise von den Deichverbänden zur Entschlammung immer wieder geräumt. Damit Fauna und Flora darunter nicht leiden, ist man auf Anraten von Naturschutzfachleuten dazu übergegangen, immer nur eine Grabenseite zu räumen. Die andere Hälfte wird dann ein oder zwei Jahre später entschlammt. So bleibt nicht nur eine in Jahrhunderten entstandene Kulturlandschaft erhalten, sondern es wird gleichzeitig ein wertvoller Beitrag zur Erhaltung des ökologischen Potentials der norddeutschen Weidelandschaft geleistet. So kann der Wanderer auch künftig noch die eigentümliche Krebsschere bestaunen und bizarre Libellen entlang der spiegelnden Wasserfläche der Wiesengräben flitzen sehen.

Geheimnisse in der alten Weide

Nebelschwaden hängen im Bachtal. Es riecht förmlich nach Herbst, und in der hereinbrechenden Dämmerung glitzern nur noch die taubehangenen Spinnennetze in den langsam welkenden Gräsern und Blumenstauden. Die Stille wird nur durch ein Rascheln am Bachufer unterbrochen. Wenig später ist dasselbe Geräusch weiter unten am Bach auszumachen. Mit einem dämmerungstauglichen Fernglas können die heimkehrenden Wanderer vom Weg aus bald erkennen, wer sich hier herumtreibt. Es ist ein Steinmarder, der sich jetzt auf den Weg gemacht hat, um in der Dunkelheit im übergroßen Supermarkt der Natur auf Nahrungssuche zu gehen. Entlang des Bachufers findet er allerlei Beeren, Schnecken, Würmer und eine Vielzahl von Kleintieren, die zu den Beutetieren des Marders gehören.

166

Dann wird der Nebel dichter; in der Ferne stehen jetzt regungslos eigentümliche, bizarre Gestalten. Aber keine Angst: der Erlkönig wird nicht um die Ecke kommen. Was da aussieht wie Wesen aus einer geheimnisvollen, fremden Welt ist nichts anderes als eine Reihe alter Kopfweiden, die da seit gut hundert Jahren am Bachufer stehen.

Nun sind Kopfweiden keineswegs von Natur aus so gewachsen. Es sind verschiedene Weidenarten, die seit Generationen von Menschen immer wieder „frisiert" werden. So hat man im Frühjahr die frischen Weidentriebe abgeschnitten, um Körbe und Kinderwiegen zu flechten. Und in Weinbaugegenden nimmt man noch heute die jungen Weidenzweige, um Weinreben anzubinden. Man hat erkannt, daß sich die Zweige eben besser eignen als Plastikschnüre oder Draht.

Manchmal läßt man die elastischen Zweige an der Kopfweide zu dicken Ästen werden, um sie dann nach mehreren Jahren für die Brennholzgewinnung abzusägen. Durch immer wiederkehrendes Ausschneiden erhält die Weide ihren „struppigen" Kopf. Das schadet dem Gehölz keinesfalls, und in jedem Frühjahr treibt die Kopfweide erneut aus.

Lebende Riesenbohrer

Die Ast- und Zweigquirle der Kopfweiden sind für Bachstelze, Fliegenschnäpper und andere Vögel der Bachaue bevorzugte Nistplätze. Und in den oftmals hohlen Stämmen nisten Steinkauz und Zaunkönig. Auch der Steinmarder versteckt sich dort. Genauso Wiesel und Siebenschläfer. Aber es tut sich auch einiges im Holz selbst. Große Löcher in der rauhen Rinde deuten darauf hin, daß hier gebohrt wurde. Hier ist der Weidenbohrer – ein Nachtschmetterling – geschlüpft, um schon bald seine Eier in Rindenspalten anderer Bäume abzulegen. Als „Riesenraupe" von gut zehn Zentimeter Länge hat der Weidenbohrer über drei Jahre in der alten Weide gelebt. Eine besondere Kopfmuskulatur und ausgeprägte Hautmuskeln befähigen die Raupe, mit großer Kraft lange Gänge in den Baumstamm zu bohren. Seltsamerweise bohren junge Raupen meistens stammaufwärts; ältere dagegen in Richtung Baumwurzel. Weil der anfallende Kot und die Bohrspäne ausgeworfen werden, kann der aufmerksame Beobachter schon dadurch den heimlichen Weidenbohrer feststellen. Die Raupen verstopfen den gebohrten Ausgang mit Spänen des abgenagten Holzes und verpuppen sich hinter dieser Schutzwand. Der erwachsene Falter ist durch Musterung und Farbe so geschickt getarnt, daß man ihn auf der Weidenrinde kaum wahrnimmt.

Pyramideneule

Ein Doppelgänger und ein Kollege aus einer anderen Abteilung

Dem oben beschriebenen Weidenbohrer (Cossus cossus), Familie Holzbohrer, sieht ein anderer Nachtfalter in Ruhestellung mit zusammengelegten Flügeln sehr ähnlich. Die Pyramideneule (Amphiphyra pyramidea), Familie Eulenfalter. Deren Raupe bohrt aber nicht in Holz, sondern ernährt sich redlich von den Blättern verschiedener Bäume. Der Raupe des Weidenbohrers ähnelt in der Lebensweise die Larve des Pappelbocks (Saperda populnea), Familie Bockkäfer. Sie frißt sich durch das Mark der Äste von Pappeln und Weiden. Einen derartigen Sachverhalt nennt man in der Fachsprache „Biologische Konvergenz".

Larve des Pappelbocks

Über einen Trampelpfad zum Tümpel

B. Faust

Der weltberühmte Naturforscher Konrad Lorenz schreibt in seinem Buch „Er redete mit dem Vieh, den Vögeln und den Fischen" (der Titel ist ein Bibelzitat und gemeint ist der weise König Salomon) u. a. auch über die Einrichtung eines naturnahen Tümpelaquariums. Er empfiehlt, keine gekauften Fische hineinzusetzen, sondern den zufälligen Fang mit einem selbstgebastelten Käscher aus dem nächsten Tümpel. „Der ganze Zauber meiner Kindheit hängt für mich auch heute noch an einem solchen Käscher…". Die Tradition verlange aber, daß der Käscher kein gekauftes „tadelloses Instrument" sein dürfe, sondern „daß man ihn binnen zehn Minuten selbst bastelt … „Mit einem solchen Gerät habe ich mit neun Jahren die ersten Daphnien für meine Fische gefangen und dabei die *kleine Wunderwelt des Süßwassertümpels* entdeckt, die mich sofort in ihren Bann schlug. Der Käscher hatte die Lupe im Gefolge, diese wiederum ein bescheidenes Mikroskop, und damit war mein Schicksal unwandelbar bestimmt" Weiter meint er, wer die Schönheit angeschaut habe, sei der Natur anheimgegeben. „Und hat er wirklich Augen, wird er unweigerlich Naturforscher."

Auf Konrad Lorenz' Spuren

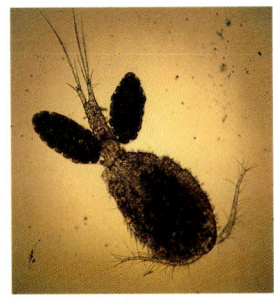

Auch leicht mit dem Käscher zu kaschen: Ein Hüpferling (Cyclops spec).

Als Konrad Lorenz neun Jahre alt war, schrieb man das Jahr 1912. Damals hatte er es zum nächsten Tümpel sicher nicht weit. Die Landschaft, zumal in Flußniederungen, war voll davon. Doch während er diese eindrucksvollen Zeilen niederschrieb, nämlich etwa um 1960, bestimmte bereits allenthalben eine neue Landschaftsmode das Bild. Natürliche Kleingewässer, vom Tümpel bis zum Dorfteich, wurden durch Zuschütten und Einplanieren aus der mitteleuropäischen Kulturlandschaft eliminiert. Selbst wenn sie nicht störend in einer Fläche der gerade aufstrebenden Intensivlandwirtschaft lagen. Aus Prinzip wurden die „Dreckpfützen und Ungezieferbrutstätten" bekämpft. Alles sollte neu, glatt und ordentlich und – aufs äußerste rentabel sein. Neuerdings wendet sich das Blatt wieder. Die letzten Tümpel sind als unverzichtbare Rückzugsgebiete gefährdeter Tiere und Pflanzen anerkannt und die meisten stehen unter Schutz. Zusätzlich wurden ab den achziger Jahren bis heute an geeigneten Stellen neue Tümpel und Teiche von Naturschutzverbänden mit behördlicher Unterstützung angelegt. Natürlich darf man nicht ohne weiteres mit seinem Käscher dorthinziehen und drauflos fangen. Es hat sich halt vieles verändert seit den Knabenjahren des großen alten Mannes.

Die Zeiten ändern sich

Eine soeben geschlüpfte weibliche Königslibelle. Ein Erlebnis am Weg zum Tümpel.

169

Im Eikokon der Wespen-
spinne befinden sich 300–
400 Eier. Sie überwintern.

Dennoch wollen wir auf seinen Spuren etwas entdecken. Und das ist möglich. Man muß nur die Stellen in der Landschaft kennen, wo noch Tümpel sind, zu denen ein erlaubter Pfad führt. Und wenn wir etwas fangen, so nur zum kurzen Anschauen, um es unverzüglich wieder in seinen Lebensraum zu entlassen. Nur einem Kundigen und Befugten ist es erlaubt, ungefährdete Tierchen oder deren Larven mitzunehmen und *für kurze Zeit unter artgemäßen Bedingungen* zu halten. Zum Zwecke des Studiums oder des Unterrichts.

Was wir an Utensilien mitnehmen sollten, hat Altmeister Lorenz schon fast alles aufgezählt. Wer ein Mikroskop zu Hause hat, für den ist wichtig, ein paar wasserdichte Plastikkästchen, -beutel oder Glasfläschchen dabei zu haben. Auch zum Betrachten von Mücken-, Fliegen- und Libellenlarven, Kaulquappen und Molchlarven vor Ort mit einer starken Lupe sind viereckige Klarsichtbehälter aus Kunststoff – sie sind fast in jedem Kaufhaus zu haben – unentbehrlich.

Im Fangnetz der Wespenspinne hat sich eine Libelle verfangen (Weibchen der Großen Heidelibelle).

Das Opfer wird bis zur Bewegungsunfähigkeit verschnürt und dann ausgesaugt.

Unten: Eine sensationell seltene Beobachtung: Ein Kolbenwasserkäfer entsteigt seinem Gewässer und fliegt davon!

Unten: Eine Wasserspinne, die sich in seichtes Wasser verirrt hat (oder vom Fotografen dorthin „verirrt" wurde). Der glänzende Überzug an ihrem Hinterleib ist ein Luftvorrat, den sie in ihre luftgefüllte Unterwasserglocke bringen wollte. Das ist ihre Wohnung und Kinderstube. Vorsicht, Wasserspinnen sind giftig.

Die Larve einer Köcherfliege (Limnephilus flavicornis) in ihrer selbstgebauten Schutzhülle (Köcher).

Urtümliche, primitive Wasserbewohner – eine Posthornschnecke und auf „Tuchfühlung" daneben eine Spitzschlammschnecke. Das Gehäuse der Posthornschnecke ist schon mit Algen überwachsen, das der Nachbarin noch glatt „wie neu".

Im Wasser haben wir's gelernt

Das Atmen, das Wachsen, das Fortbewegen, Fangen, Jagen und das Untertauchen, Verstecken und Anpassen. Auch das Überdauern. Erhalten sich die Einzeller noch durch Teilung, müssen mehrzellige Organismen zwei Geschlechter ausbilden, die sich zur Vermehrung vereinigen.

Das alles begann im Wasser. Sagen die Biologen. Darum ist es sicherlich von großem Wert für das bessere Verständnis des natürlichen Lebens, seine im Wasser erhalten gebliebenen Frühstadien zu studieren. Es ist nicht nur lehrreich, mit dem Wasser in Kontakt zu bleiben. Es ist lebensnotwendig. Ohne Wasser geht es nicht. Der junge Konrad Lorenz wurde sozusagen mit Tümpelwasser auf seiner Lebensbahn als Naturforscher getauft. Wohl ihm! Nicht wohl kann uns sein, wenn wir das heilige Urelement mißachten und vergiften.

Eigentlich sind alle Landbewohner Amphibien

Als Amphibien bezeichnen wir jene Tiere, die im Wasser ihr Leben beginnen und später an Land gehen. Beziehungsweise solche, die sowohl im Wasser als auch auf dem Land leben können. Gebräuchlich ist die Bezeichnung für Lurche. Also Frösche, Kröten, Molche und Salamander. Dem Sinn des Wortes nach wären dann aber auch Libellen, Mücken, Fliegen, viele Käfer, sogar Wasservögel, Wasserratten, Biber, Robben und was sonst noch, Amphibien. Was besagt das Wort überhaupt? Es stammt, wie so viele wissenschaftliche Bezeichnungen, aus dem Griechischen. Amphibios heißt doppellebig. Zusammengesetzt aus *amphi* = zweifach und *bios* = Leben. Demnach sind Amphibien solche, die ein „Doppelleben" führen. In unserem Sprachgebrauch wird es jedoch nur bezogen auf Wasser und Land. Und da auch die Landtiere genaugenommen ihr Leben im feuchten Element beginnen – die Keimzelle und der Embryo sind im Mutterleib wie auch in der Eischale von Flüssigkeit umgeben – leben sie doch auch „amphibisch". Und zeitlebens muß der Körper einen hohen Wasseranteil enthalten. Selbst Wüstentiere, die nie direkt Wasser trinken, verstehen es, ihren Wasserbedarf indirekt aus der Nahrung zu gewinnen.

171

Saisonaler Tümpel, der von Überschwemmung oder Staunässe gespeist wird. Im Sommer fällt er trocken.

Eine braune Varietät des Grasfroschs. Es gibt auch schiefergraue, olivgrüne und ockergelbe, fast ohne Flecken.

Dem Grasfrosch sehr ähnlich: der Springfrosch.

Bergmolch

♂
♀

Bergmolche nehmen beinahe jedes noch so flache oder kleine Gewässer an. Oft müssen dann die Larven im Sommer vertrocknen.

Teichmolch

♂
♀

Fadenmolch

♂
♀

172

Künstlicher Stauteich, der teilweise Tümpel- wie auch Weihercharakter hat; in Flora und Fauna.

Der Rückenschwimmer ist ganz nah im Vordergrund und wirkt deshalb zu groß im Verhältnis zum Gelbrandkäfer.

Die Kaulquappen sind, wenn sie Beine bekommen und immer noch schwarz aussehen, Erdkröten. Sind sie alsbald mit hellen Pünktchen übersät, dann sind es Grasfrösche.

Die Larve des Gelbrandkäfers

Ein Wasserfrosch aus der genetisch schwer durchschaubaren Gruppe der Grünfrösche beim Wegtauchen in gleichfalls schwer durchschaubaren Schlammgrund.

Kammolch

Kammolch-Larve

Aus dem Leben der Libellen

Leider haben viele Menschen noch immer eine völlig unbegründete Furcht vor diesen anmutigen, vielfach bunt gefärbten Raubrittern der Luft, die den größten Teil ihres Lebens als Larve im Wasser verbringen. Sie haben weder einen Stachel noch sonst etwas, womit sie uns weh tun könnten. Auch sind sie nicht giftig. Ihre Beißwerkzeuge reichen lediglich aus, erbeutete Insekten zu zerkleinern.

Wir unterscheiden zwei Unterordnungen: Kleinlibellen und Großlibellen. Diese Unterteilung ist etwas irritierend, weil die kleinsten Großlibellen kleiner als die größten Kleinlibellen sind. Es geht dabei mehr um morphologische Abweichungen als um Körpergröße. Einfachstes Unterscheidungsmerkmal für den Beobachter: Kleinlibellen legen ihre Vorder- und Hinterflügel in sitzender Ruhestellung über dem Rücken zusammen. Die Großlibellen dagegen spreizen ihr doppeltes Flügelpaar seitlich ab, bisweilen auch in schräger Vorwärtsrichtung. Kleinlibellen sind im Fliegen nicht die schnellsten. Bei einer blauen Prachtjungfer z. B., wenn sie über einen (sauberen) Bach dahinflattert, kann man bei guter Sicht einzelne Flügelschläge erkennen. Bei den rasant fliegenden Großlibellen hört man allenfalls während blitzartigen Flugkapriolen aus der Nähe ein leises Knistern der Flügel. Bis auf eine Ausnahme gilt für alles: sie tanzen nur einen Sommer. Paarung und Eiablage sind kompliziert und von Art zu Art verschieden. Das Larvenleben unter Wasser beginnt wenige Wochen nach der Eiablage noch im Sommer oder erst im nächsten Frühjahr. Es dauert zwischen einem und vier Jahren. Je nach Art und Lebensraum. Als ausgebildete Luftjäger fangen die Libellen ihre Beute mit den vorgestreckten Beinen. Als U-Boot-Larven haben sie einen Fangapparat unter der Mundöffnung. Zusammenklappbar, vorschnellbar und fast unfehlbar, durch präzise Koordination mit den großen, stereoskopisch sehenden Augen. Die Libellenlarven laufen auf dem Gewässergrund, manche graben sich auch bis zum Kopf ein, um auf Beute zu lauern. Diese wird fixiert, angepirscht oder erwartet. Dann schießt die „Fangmaske" vor, und um die Mückenlarve, Molchlarve, Kaulquappe oder auch eine andere Libellenlarve ist es geschehen.

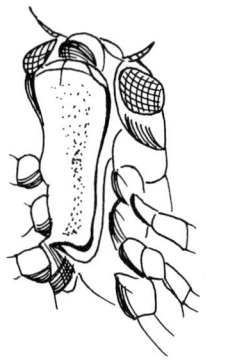

Fangmaske einer Libellenlarve. Eingezogen …

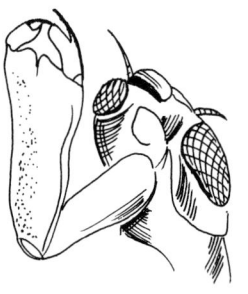

… und ausgefahren.

Die Larven der Großlibellen sind von denen der Kleinlibellen leicht an dem andersartigen Körperbau zu unterscheiden. Das leichteste Bestimmungsmerkmal ist der dreiteilige „Schwanz" der Kleinlibellen. Also: Links eine Kleinlibelle, rechts eine Großlibelle.

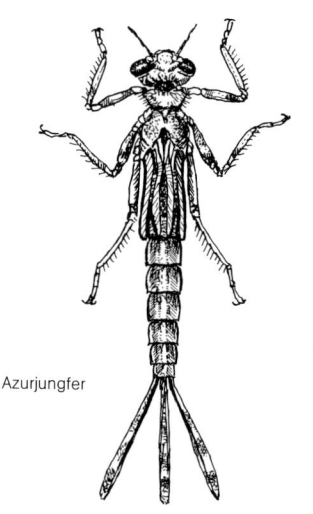

Azurjungfer

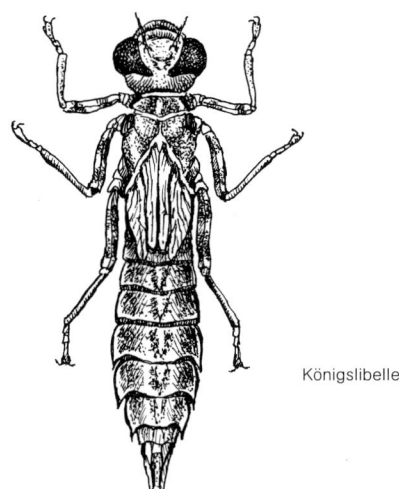

Königslibelle

Die Libellenarten der folgenden Seiten

Pokal-Azurjungfer *(Cercion lindeni)* Flugzeit (FZ) Ende Juni – Anfang September. Mäßig nährstoffreiche Teiche und schwach fließende Gewässer mit Schwimmblattzone.

Becher-Azurjungfer *(Enallagma cyathigerium)* FZ Mitte Mai – Mitte September. Hauptsächlich an Seen, auch an anderen Gewässern. Eine der häufigsten Libellen Europas.

Hufeisen-Azurjungfer *(Coenagrion puella)* FZ Mai – August. An stehenden Gewässern. Noch zahlreicher als vorige Art. Eiablage in Wasserpflanzen.

Gemeine Binsenjungfer *(Lestes sponsa)* FZ Ende Mai – Anfang Oktober. Stehende Gewässer aller Art, auch kleine Pfützen mit genügend Pflanzenwuchs.

Kleines Granatauge *(Erythromma viridulum)* FZ Mitte Juni – Anfang September. Altwässer, Kiesgruben, Weiher mit ausgeprägter Schwimmblattzone für den Schlupf, da diese Art ausnahmsweise nicht an senkrechten Halmen schlüpft.

Federlibelle *(Platycnemis pennipes)* FZ Mitte Mai – Ende August. Stehende, auch langsam fließende Gewässer mit Bachanschluß. Vegetation unwichtig.

Weidenjungfer *(Chalcolestes viridis)* FZ Anfang Juli – Ende Oktober. Stehende Gewässer aller Art, auch langsam fließende mit Uferbewuchs von Erlen und Weiden (Eiablage).

Winterlibelle *(Sympecma fusca)* FZ Ende Juli – Anfang November, Ende März – Mitte Juni. Zwei Generationen, da Imagines überwintern (einzige heimische Ausnahme).

Blaugrüne Mosaikjungfer *(Aeshna cyanea)* FZ Mitte Juni – Anfang November. An Gewässern aller Art, vornehmlich aber stehende vom kleinen Tümpel bis zum See.

Herbst-Mosaikjungfer *(Aeshna mixta)* FZ Ende Juni – Ende September. Stehende Gewässer mit sumpfigen Verlandungszonen. Eiablage in moderne Pflanzenteile.

Kleine Mosaikjungfer *(Brachydron pratense)* FZ Mai – Mitte Juli. An sehr verschiedenen Gewässern, meidet Hochlagen. Braucht dichten Röhrichtbestand. Selten.

Westliche Keiljungfer *(Gomphus pulchellus)* FZ Mai – Juli. Große Seen mit über 2 m Tiefe ohne Bodenvegetation, dafür schlammiger Grund. Eiablage auf Freiwasser.

Große Königslibelle *(Anax imperator)* FZ Mitte Juni – Mitte August. An Seen, auch Baggerseen und aufgelassenen Kiesgruben, Stauteichen und Tümpeln mit ausreichender Vegetation.

Gemeine Smaragdlibelle *(Cordulia aenea)* FZ Juni – September. Hochmoore und andere stehende Gewässer. In Hochlagen bis zu 1.800 m.

Große Heidelibelle *(Sympetrum striolatum)* FZ Juli – Oktober. Stehende Gewässer, ohne besondere Ansprüche.

Blutrote Heidelibelle *(Sympetrum sanguineum)* FZ Juli – Mitte Oktober. Nimmt mit kleinsten Wasserflächen vorlieb. Die Eier werden auf feuchtem Boden oder im Flachwasser abgelegt.

Gefleckte Heidelibelle *(Sympetrum flaveolum)* FZ Ende Juni – Ende September. Verschilfte Teiche, Sumpfwiesen, überwachsende Gräben. An Wasserflächen nur zur Eiablage.

Schwarze Heidelibelle *(Sympetrum danae)* FZ Juli – Anfang November. An Mooren der Hochlagen bis 2.000 m, aber auch tiefer an der Verlandungszone von Seen.

Nördliche Moosjungfer *(Leucorrhinia rubicunda)* FZ Anfang Mai – Ende Juni. Moore und nasse Seggenriede.

Kleine Moosjungfer *(Leucorrhinia dubia)* FZ Ende April – Anfang Juli. Torfmoosgewässer der Mittelgebirge und Hochmoore. Selten.

Vierfleck *(Libellula quadrimaculata)* FZ Anfang Mai – Mitte August. Besonders an Moorseen und Hochmooren sowie anderen stehenden Gewässern.

Großer Blaupfeil *(Orthetrum cancellatum)* FZ Ende Mai – September. Altwässer, Kiesgruben, Baggerseen und Teiche.

Plattbauch *(Libellula depressa)* FZ Mai – Anfang August. Bevorzugt kleine Tümpel, ansonsten stehende Gewässer aller Art. Sogar betonierte Teiche. Die Larven können Trockenperioden durch Eingraben überdauern.

Schlüpfakt einer Großlibelle
(Gemeine Smaragdlibelle)
Die in mehreren Stunden getrocknete Larvenhülle beginnt auf der Rückseite des Brustsegments zu platzen. Die Imago zwängt sich mühsam zunächst rücklings kopfunter aus der Hülle (Exuvie). Senkrecht sitzend wartet die Libelle dann, bis die Flügel durch Blutfüllung und der Hinterleib durch Luft gestreckt und getrocknet sind.

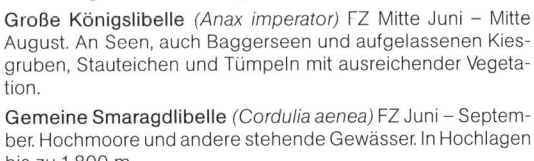

Pokal-Azurjungfer ♂

Becher-Azurjungfer ♂

Hufeisen-Azurjungfer ♂

Hufeisen-Azurjungfer ♀

Gemeine Binsenjungfer ♂ und ♀

Kleines Granatauge ♂

Federlibelle

Weidenjungfer

Winterlibelle

Blaugrüne Mosaikjungfer ♂

Blaugrüne Mosaikjungfer ♀

Herbst-Mosaikjungfer ♂

Herbst-Mosaikjungfer ♀

Kleine Mosaikjungfer

Westliche Keiljungfer

176

Große Königslibelle ♂

Große Königslibelle ♀ b.d. Eiablage

Gemeine Smaragdlibelle

Große Heidelibelle ♀ und ♂

Blutrote Heidelibelle ♂

Gefleckte Heidelibelle

Schwarze Heidelibelle ♂

Schwarze Heidelibelle ♂ und ♀

Nördliche Moosjungfer

Kleine Moosjungfer

Vierfleck

Großer Blaupfeil ♂

Großer Blaupfeil ♀

Plattbauch ♂

Plattbauch ♀

177

Die nur wenige Millimeter lange und nur wenige Stunden alte Schwanzlurchlarve (Bergmolch) ähnelt noch einem Fisch. Der entwickelte junge Molch ist an Land gegangen und bereitet sich auf einen langen Winter vor.

Kopf und Leib sind bei der Froschlurch-Larve ein eiförmiges Gebilde.

Aus der Kaulquappe ist ein Grasfröschchen geworden. Es verläßt das Wasser endgültig, wenn der Schwanz verschwunden ist.

Die amphibische Entwicklung der Lurche

Larve Schwanzlurch

Larve Froschlurch

Nun wollen wir die Entwicklung der beiden bei uns vertretenen Unterordnungen der Klasse Lurche unter die Lupe nehmen. Zu den *Schwanzlurchen* zählen alle Wassermolche und die Salamander, zu den *Froschlurchen* die echten Frösche, Laubfrösche, die Kröten, Krötenfrösche und die Scheibenzüngler. Alles bezogen auf Europa. In anderen Erdteilen kommen noch mehr hinzu. Nicht zu wissen, daß die Knoblauchkröte ein Krötenfrosch, die Geburtshelferkröte samt den Unken Scheibenzüngler sind, das macht nichts. Wir sind schon zufrieden, wenn eine wandernde Erdkröte nicht als Frosch bezeichnet wird, die Bezeichnung Lurche nicht ausschließlich den Wassermolchen zugestanden wird und Molche nicht als schwimmende Eidechsen benannt werden.

Was die beiden Unterordnungen so leicht unterscheidbar macht, sind einige signifikante Merkmale. Die Froschlurche verlieren mit dem Abschluß der Metamorphose den Schwanz, den sie als Larve hatten, die Schwanzlurche behalten ihn lebenslänglich. An feuchten Sommertagen kann man am Rande von Tümpeln und Teichen winzige Fröschlein von den Ausmaßen einer Pfennigmünze sitzen sehen, die noch ein Schwänzchen tragen und bei Annäherung ins Wasser zurückspringen. Innerlich sind sie schon umgebildet, haben Lungen, um Luft zu atmen, Verdauungsorgane für tierische Kost, wohingegen sie als Kaulquappen nur oder fast nur Vegetarier waren und – Fischen gleich – durch Kiemenatmung ihren Sauerstoff aus dem Wasser aufnahmen. Schwanzlurche haben schon im Larvenstadium die langgestreckte Gestalt ihrer Eltern. Nicht den „Dickkopf" (Kopf und Rumpf in kompakter Eiform) wie die Kaulquappen der Froschlurche. Den letzteren wachsen zuerst die Hinterbeinchen, den anderen zuerst die nadeldünnen Ärmchen. Die Schwanzlurchlarven tragen an den Kopfseiten federartige Büschel. Das sind Außenkiemen zur Sauerstoffaufnahme.

Bitte keine Amphibienlarven fangen und zu Hause im Einmachglas halten!

178

Großer, flacher Weiher
unter 2 m Tiefe mit reich-
licher Unterwasservegeta-
tion auf dem Gewässer-
grund.

Großer Teich mit Seecha-
rakter, stellenweise über
2 m Tiefe und frei von
Bodenvegetation.

Stillwasserzone im Altarm-
system des NSG Kühkopf-
Knoblochsaue (Europa-
reservat) mit wechselnd
ineinander übergehenden
Merkmalen von Tümpel,
Weiher und langsam
fließendem Altwasser.
Trocknet in manchen Jah-
ren aus.

Eine Bergwanderung in den Alpen

B. Faust

Im Hochgebirge sind Klimazonen und Biotope übereinander gestaffelt, die im Tiefland einschließlich der Mittelgebirge hunderte von Kilometern trennen. Von sonnenwarmen Hängen durch feuchte Täler über fruchtbares Ackerland, Wiesen und Weiden. Vorüber an tiefen Seen, flachen Weihern, Tümpeln und rauschenden Bächen, über trockene Triften, durch Buschland, Laub-, Misch- und Nadelwälder auf Almwiesen. Aus der Krummholzzone über Heideflächen und alpine Matten in Geröll- und Blockhalden mit den zauberhaften Polsterpflanzen bis an die steilen Felswände, deren Gipfel von ewigem Schnee gekrönt und zwischen denen die Gletscher eingebettet sind. Das alles kann der Bergwanderer an einem Tag erleben. Ohne Hochgebirge müßte man, um zu einer vergleichbaren Abfolge zu kommen, mit Siebenmeilenstiefeln den halben Kontinent durcheilen. Starten vielleicht an der Bergstraße und nordwärts rasen bis nach Finnisch Lappland, wo am Rande der nördlichsten Tundra gleichfalls ewiges Eis beginnt.

Die Temperaturen sinken zu den Polen hin und senkrecht nach oben. In mittleren Breiten der Erde verläuft die Null-Grad-Grenze in etwa 3.000 Meter Höhe. Und die Berggipfel, die diese Grenze durchstoßen, stecken damit im Dauerfrost. Die Hochgebirge entstehen bei den Bewegungen der Landmassen, die einmal auseinanderdriften und stellenweise aufeinander zutreiben und langsam kollidieren. Die Gebirgsmassive sind demnach durch Zusammendrücken aufgefaltete, teilweise übereinander geschobene Platten und Brocken der Erdrinde. Die obersten, zerknitterten und verwitterten Knicke und Falten sind die Berggipfel.

Zusammengefaltete Erdrinde

Silbergrüner Bläuling, vorwiegend auf Berghängen bis 2.000 m Höhe, selten.

„Gestern im Berghotel angekommen. Wunderschön hier. Glück mit dem Wetter. Heute erste Spaziergänge durch den Wald bis zur nächsten Almhütte. Bin zum ersten Mal in den Bergen. Fremde Geräusche, fremde Gerüche. Überall ein Duft nach Tannenholz und Fels. Auch nach Kuhmist. Das pausenlose Bimmeln der Kuhglocken nervt. Vielleicht gewöhnt man sich dran. Ich möchte am liebsten nur wandern und kraxeln. Joachim bleibt alle paar Schritte stehen und entdeckt irgendwas. Entweder er bückt sich nach einem Käfer, versucht einen Schmetterling zu beschleichen, oder er guckt durch sein Fernglas. Morgen müssen wir sehr früh los. Wir wollen auf einen Gipfel."

Traudes Tagebucheintragung

Hochgebirgs-Perlmutterfalter

Hoch hinaus

Bergauf und immer bergauf. Frisch ist es, fröstelfeucht. Und da drunten ist das schöne warme Bett. Allmählich wird es hell. Die Müdigkeit verfliegt in der Morgenluft. Joachim kennt den Weg. Er ist ihn schon gegangen. Damals noch mit seinem Freund. Immer lichter wird der Wald, schmaler und steiniger der Weg. Man sieht den Himmel, den Horizont. Da – da muß man einfach stehenbleiben und tief atmen – die Sonne geht auf. Schweigeminute. Mit der steigenden Sonne steigen die Wanderer. Der steinige Waldweg verliert sich in einem grasigen Pfad. Dort liegen sie auf dem feuchten Weidegrund, die gehörnten Glockenläuter und glotzen gelangweilt über den Talnebel. Gut, daß ein Zaun dazwischen ist. Denkt Traude.

Das Regenmannderl

Taunaß ist das Gras. Die Schuhe hoffentlich wasserdicht. Anhalten, aufpassen. Mitten auf dem Weg, auf einem feuchten Stein, kauert ein kleines schwarzes Tier. Das ist ein Alpensalamander. Regenmannderl heißt er bei Bauern und Bergsteigern. Einziges europäisches Amphib, das zur Fortpflanzung nicht zum Wasser geht. Denn es bringt fertig entwickelte Junge zur Welt. Normalerweise zwei oder nur eins. Die es allerdings ein ganzes Jahr, angeblich bis zu zwei Jahren austragen muß. Trocken werden dürfen sie nie. Wie die meisten Amphibien. Sie „trinken" mit der Haut. Darum sieht man sie nur bei Regenwetter, kurz danach oder im Morgentau. So ein kleines Kerlchen kann bis zu vierzig Jahren alt werden. Wenn die Sonne höher steigt und der Tau verdunstet, kriecht es wieder in sein feuchtes Versteck zwischen Moos und morschem Holz, unter Steinen oder Baumwurzeln. Weiter geht's, an den letzten Bäumen vorbei. Einzelne Lärchen und Gruppen von Zirbelkiefern. Darunter der „Blaubeerwald". Ein kratzendes Geräusch an einem Stamm, ein Fauchen. Unwillkürlich schrickt man zusammen. Ein Eichhörnchen. Aber das ist ja rabenschwarz. Anstatt fuchsrot, wie dort, wo unsere Wanderer herkommen. Ob denn hier oben alle Tiere schwarz seien, will Traude wissen. Nein, das nicht. Aber einige sind tatsächlich dunkler als ihre Verwandten im Mittel- und Tiefland. Das gilt auch für eine Reihe von Schmetterlingen. Die dunkle Färbung verhilft ihnen zu vermehrter Aufnahme von Sonnenwärme.

Je höher man aufsteigt, desto geringer wird die Zahl der Tierarten. Denn je kürzer der Sommer ist, desto schwieriger sind die Lebensbedingungen. Ab der Baumgrenze trifft man fast nur noch Kälte-Spezialisten. Unsere Wanderer sind jetzt schon in der Krummholz-Zone. Knapp 2.000 Meter hoch. Das „Gebüsch" besteht vorwiegend aus Latschen (einer niedrigen Wuchsform der Bergkiefer) und den herrlich rot blühenden Alpenrosen (welche ihrerseits keine Rosengewächse sind, sondern zur Gattung Rhododendron aus der Familie der Heidekrautgewächse gehören). Dann endlich kommt die Blütenpracht der Alpenmatten. Sie näher zu beschreiben braucht ein Botaniker ein ganzes Buch. Alle Blumen sitzen auf verhältnismäßig niedrigen Stengeln. Sie dürfen nicht hoch wachsen. Die scharfen Winde lassen das nicht zu. Und in wenigen Zentimetern über dem Boden ist es tagsüber meist einige Grade wärmer als etwa in der Höhe unserer Köpfe. Mikroklima. An die jederzeit möglichen Nachtfröste sind sie auch alle angepaßt. Ihr innerer Chemismus läuft anders ab als bei den Wiesenpflanzen der tieferen Lagen. Ja, die Matten sind die einzigen Wiesen, die weder gemäht noch beweidet werden müssen, um nicht dem Wald anheimzufallen. Und, sie bleiben immer grün. Auch im Winter! Denn unter einer dicken Schneedecke sinkt die Temperatur kaum je unter Null.

Die Felsblöcke neben dem Pfad sind wie geschaffen zum Niedersetzen. Brotzeit wird gehalten. Das stärkt den Wanderer und macht den Rucksack leichter. Von hier aus kann man schon den angestrebten Gipfel sehen.

Das muß man erlebt haben: Mitten im Sommer barfuß durch Schnee laufen. Zuerst ein entsetzlicher Schock. Aber danach sind die Füße wie rundeneuert. In Gipfelnähe, an Stellen, wo erst mittags die Sonne hinscheint und bald wieder hinter Felsen verschwindet, liegt auch hier, bei 2.500 Metern, noch Schnee. Nicht mehr frisch, aber noch fast weiß. Aber was ist jetzt das? Auf dem gleißenden, verharschten Schnee lauter winzige schwarze Punkte. Sie bewegen sich. Igitt, sind das Flöhe? Nur keine Panik. Sie heißen zwar Gletscherflöhe, aber es sind keine Flöhe. Es sind primitive Urinsekten, und sie gehören zu den Springschwänzen (die wir schon von der Baumstubbe her kennen). Fressen die Schnee? Gewiß nicht. Ihre Nahrung ist Pollenstaub, den der Wind ohnehin überallhin weht. Sie leben auf Schnee- und Eisflächen, in Lagen zwischen 2.500 und 3.000 Metern.

Auf zum Gipfel. Achtung! Ein grauer Flitzer verschwindet in Ritzen zwischen Gestein. Eine Maus. Das kann nur eine Schneemaus gewesen sein.

Leben im ewigen Schnee

Herzblättrige Kugelblume

Gletschermannsschild

Gletscher-Petersbart

Gegenblättriger Steinbrech

Gletscher-Hahnenfuß

Ganzrandige Primel

Links: Stengelloser Enzian, das Dekor aller Touristen-Souvenir-Enzianschnaps-krüglein, obwohl diese Pflanze nichts mit den Ingredienzen zu tun hat. Bei dem Enzian die Gletscher-Nelkenwurz.

Rechts: Das Edelweiß, ohne das es keine rechte Alpenromantik geben kann.

Ist es wirklich der selbe Weg? In der Früh war alles so anders. Luft und Duft. Verschwunden sind die tausend Tauperlen. Flimmernde Panoramasicht in gleißendem Sonnenlicht. Aus dem Tal schwingt das vielstimmige bronzene Bimmeln herauf. O, diese Rindviehcher! Wie sehr haben sie die Alpenlandschaft mitgestaltet. Die Almwiesen und den Bergwald. Ein rundes Jahrtausend greifen die grasenden Mäuler in die Strukturen der Pflanzengesellschaft ein. Mit den Ausscheidungen vom anderen Ende noch zusätzlich. Und mit den tiefen Trittspuren ihrer Hufe können sie Erosionsrinnen beginnen. Diese glücklichen Kühe, deren es zu viele gibt. Nicht nur auf den Almwiesen. Wer hätte gedacht, daß sie mit dem Aufstoßen aus ihren Wiederkäuermägen Abgase in die Luft entlassen, die die Erdatmosphäre fast so belasten wie die Auspuffwolken aus unseren Autos.

Während in den Zirbelkiefern die Tannenhäher heiser rätschen, tritt Joachim mitten hinein. Na in so einen Fladen. Ein Ausrutscher und gerade noch geschafft, nicht drin zu sitzen. Laut schallt Traudes Lachen. Ein Blick zurück ohne Zorn, und er hat schon wieder etwas entdeckt. Die hübschen kleinen, halb rotbraun halb schwarz gezeichneten Alpen-Dungkäfer. Sie leben und vermehren sich in dem Substrat, in das der Wanderer so ungern tritt. In diesem Fall geht Studieren über Probieren. Mit mehr Aufmerksamkeit auch für derlei Kleinbiotope läßt sich der Fehltritt vermeiden und vielleicht noch der Alpen-Mistkäfer entdecken. Fast doppelt so groß wie der Dungkäfer. Dunkelblau metallic.

Müde und durstig kehrt man ein. Jetzt ein Bier! Für die Kehle fast wie Schnee für die Füße. Joachim legt seine linke Hand schwer mitten auf den Tisch, neben den leeren Maßkrug. „Das ist Eurasien", sagt er. Die rechte Hand patscht nahe der Tischkante auf die fest gewebte Tischdecke mit den Folkloremustern. „Das sind die Landmassen von der arabischen Halbinsel bis zum Indischen Subkontinent." Mit der Rechten schiebt er langsam das Tischtuch auf die Linke zu. Es entstehen Falten über Falten, die immer höher werden. „Siehst du, Traudi, so sind die Alpen entstanden. Und der Himalaya." Sie lacht. „Du spinnst ganz schön."

Auf dem selben Weg bergab

Tiroler Rindvieh auf der Hochalm.

Abwege, über die so bald kein Gras wächst

Natur kennt keine Demokratie

C.-P. Hutter

„Zahlreiche Todesopfer, Verletzte und Vermißte forderten langanhaltende Regenfälle in den Alpen, die Erdrutsche und Überschwemmungen nach sich zogen. Betroffen waren die Schweiz, Österreich und Italien, wo die Unwetter auch hohen Sachschaden anrichteten. Ein Erdrutsch zerstörte einen Teil der Gotthard-Bahn in der Südschweiz nahe der Stadt Faido. Der Verkehr auf dieser wichtigen Nord-Süd-Verbindung war bis Sonntag nachmittag unterbrochen. Die Züge mußten über die Simplon-Lötschberg-Linie umgeleitet werden. Bei einem Erdrutsch in Tartano im Veltin stürzten am Sonntag ein dreistöckiges Wohnhaus und ein Hotel zusammen. In dem Katastrophengebiet nördlich von Mailand waren auch am Montag noch immer viele Ortschaften nur mit Hubschraubern erreichbar."

So lauteten Meldungen der Deutschen Presse-Agentur am 20. Juli 1987. Was Ökologen, Naturwissenschaftler und Umweltschützer schon Mitte der 70er Jahre vorausgesagt hatten, war jetzt eingetreten. Nun waren die Ursachen, die zu den Katastrophen führten, nicht überall dieselben. So hatten Fachleute schon lange die geologische Situation im Veltiner Tal als von Natur aus labil bezeichnet. In anderen Gegenden jedoch hat erst der Mensch die Natur in einen gefährlich labilen Zustand versetzt. Und das zeigten die Umweltkatastrophen in diesem gar nicht schönen Sommer 1987 überdeutlich. Wo man unter Mißachtung der Naturgesetze 10 Jahre zuvor die in Jahrtausenden gewachsene Bodenkrume mit der schützenden, aber empfindlichen Pflanzendecke selbst in höchsten Alpenregionen mit Planierraupen zusammengeschoben hatte, um Platz für neue Skipisten zu schaffen, machten sich jetzt ganze Hänge selbständig. Und an vielen Stellen in den Tälern, wo Gebirgsbäche in Betonrinnen gezwängt wurden, um Baugelände für Hotels, Wohnhäuser, Tennisplätze und Minigolfanlagen zu gewinnen, rissen jetzt die zu reißenden Strömen angeschwollenen Rinnsale ganze Straßenstücke mit, brachten Brücken zum Einsturz und vernichteten einige der auf Kosten von natürlichen Überschwemmungsflächen errichteten Gebäude. Natur hat halt eigene, unumstößliche Gesetze und kennt keine Demokratie. Da kann ein Ratsgremium noch so mehrheitlich der Auffassung sein, daß die neuen Skipisten und die Erschließungswege im Gebirge der Landschaft nicht schaden. Werden die einfachen, aber auf Dauer im Gesetzbuch der Natur festgeschriebenen Regeln nicht beachtet, bleiben die Folgen nicht aus.

Ökologische Gesetzmäßigkeiten unterscheiden auch nicht, ob diese Regeln bewußt oder unbewußt mißachtet wurden. Weil Natur keine Demokratie kennt, müssen Demokraten die Natur kennen.

Längst nicht so spektakulär und deshalb meist unbemerkt, aber für den Naturhaushalt genauso dramatisch, vollziehen sich dieselben Entwicklungen im Kleinen in vielfacher Weise direkt vor unserer Haustür. Schon durch die Asphaltierung eines Feldweges wird die Flur in isolierte Lebensräume geteilt, weil zahlreiche Kleintiere diese Barriere nicht überwinden können. Gleichzeitig ist der Lebensraum für Kamille, Wegwarte, Wegwespe und Erdbiene für immer dahin. Durch die Befestigung von Hofflächen und Parkplätzen, die Ausräumung der Landschaft durch die intensive Landnutzung, den Ausbau von Bächen und Flüssen sowie die Überbauung von Tallagen wurde fast überall die Wasserspeicherfähigkeit des Bodens gemindert und der Wasserabfluß wesentlich erhöht. Die Folge ist jetzt seit einigen Jahren die erhöhte Hochwassergefahr auch in den nicht alpinen Gebieten. Abwege vom Pfad der Natur, über die so schnell kein Gras wachsen wird.

Das zeigen uns auch die Straßenabschnitte, auf denen in jedem Frühjahr Tausende von Kröten und Fröschen auf ihrem Zug in die Laichgewässer gefährdet sind. Lebensraumzerschneidung ist hier die Ursache für die Amphibienmassaker.

Alljährlich werden zigtausende Kröten und andere Amphibien überfahren, wenn sie bei ihren Laichwanderungen Straßen überqueren müssen. Ja, Wege verbinden und …

Viele Tier- und Pflanzenarten sind durch die Isolierung der Lebensräume infolge des Wege- und Straßenbaus und der lebensfeindlichen Nutzung aus unseren Fluren verschwunden.

Wir können die Natur nicht grenzenlos unseren Wünschen anpassen, ohne daß die Ökologie und dann wir selbst darunter leiden. Ein einfaches Beispiel mag das verdeutlichen: Seit einigen Jahren gibt es superprächtige, katalogbunte Blumen für die Gärten zu kaufen. Mit ihren üppig gefüllten Blüten bringen solche Pflanzen bunte Farbtupfer in die Gärten. Aber sie sind nur halbe Natur. Denn die Blüten sind so gefüllt, daß Bienen, Hummeln, Schmetterlinge und Schlupfwespen

Viele „moderne" Gartenblumen sind so prächtig gefüllt, daß Schmetterlinge, Bienen und andere Insekten nicht an den Nektar gelangen können.

nicht mehr an den Nektar gelangen können. Andererseits erwarten wir von diesen Insekten, daß sie unsere Nutzpflanzen bestäuben und für eine natürliche Schädlingsregulierung sorgen. Wir sollten überall wieder das kleine Wunderland am Wegesrand entdecken und erkennen, daß jedes – auch noch so unscheinbare – Geschöpf einen kleinen Baustein für das große System Erde darstellt.

Nutzen, den wir noch nicht kennen

Dabei sollten wir nicht immer nach dem Wert und Nutzen von diesem Tier oder jener Pflanze fragen. Wer hätte schon vor den 20er Jahren geglaubt, daß ein Brotschimmel für die Menschheit eine immense Bedeutung erlangen würde, bevor der englische Bakteriologe Sir Alexander Fleming 1928 entdeckte, daß aus dem Stoffwechselprodukt bestimmter Stämme von Schimmelpilzen das „Penizillin" – eines der wirksamsten Antibiotika – gewonnen werden kann. Wie viele Pflanzen und Tiere können noch für unsere eigene Existenz Bedeutung erlangen? Aber ungeachtet dessen müssen wir jeder Art schon um ihrer selbst Willen ein Existenzrecht zugestehen.

Sind wir zu bescheiden?

In der Frage, was für uns intakte Natur darstellt, sind wir bescheiden geworden. Zu bescheiden. Denn wir sollten es nicht hinnehmen, wenn die Wunderwelt der Natur ihren Zauber verliert, wenn immer mehr Tiere und Pflanzen ihre angestammten Lebensräume verlieren und uns selbst damit Stück für Stück ein Baustein unserer eigenen Lebensgrundlage verloren geht.

Werden wir also wieder etwas bescheidener bei dem, was wir der Natur abverlangen und weniger bescheiden bei dem, was wir unserer Landschaft und damit uns selbst belassen. Gönnen wir uns doch Vielfalt in der Natur. Jeder kann selbst dazu beitragen, daß wir beim Umgang mit der Natur und Landschaft nicht auf Abwege geraten. Für die Umwelt kann sich am ehesten einsetzen, wer die Zusammenhänge im Tier- und Pflanzenreich kennt. Entdecken wir doch wieder, was wir nicht verlieren dürfen. Fangen wir einfach beim kleinen Wunderland am Wegesrand an und lassen wir der Natur und uns wieder eine Chance. Wir werden nicht enttäuscht werden, denn Natur macht bekanntlich keine Fehler!

Zum Beobachten, Bestimmen und Sammeln

B. Faust

Ein spontaner Spaziergang und eine geplante Beobachtungswanderung lassen sich nicht scharf voneinander trennen. Bei einem ganz normalen Rundgang zur Bewegung an frischer Luft kann dem Ahnungslosen ein unbekanntes, seltenes Tier über den Weg laufen. Auf derart unerwartete Begegnungen nicht gänzlich unvorbereitet zu sein, mehr davon zu haben, ist u. a. Sinn dieses Buches. Andererseits kann eine zielstrebig geplante Exkursion leicht zum Reinfall werden wegen zu hoher oder falscher Erwartungshaltung.

Vorbereitet sein ist immer gut. Nichts Sensationelles erwarten bewahrt vor Enttäuschung. Mit allem, was da kommen mag, etwas anfangen zu können, ist eine erlernbare Beobachtungs- und Lebenskunst.

Vieles entgeht uns wegen zerstreuter Aufmerksamkeit und mangelnder Kenntnisse. Das muß nicht sein. Es geht aber auch nicht darum, alles was da blüht, kreucht und fleucht, mit Namen nennen und systematisch einordnen zu können. Worum dann? Um das bewußte Erleben. Um das Erlebnis der Entdeckerfreude. Und das ist von anderer Qualität als Auswendiglernen und schematisches Abhaken. Schauen – zur Übung der Aufnahmefähigkeit, zur Verfeinerung der Gestaltwahrnehmung. Systematik gehört sicher dazu, ist aber zweitrangig. Dem interessierten Naturbeobachter ist zu empfehlen, bei jedem Spaziergang eine kleine Klapplupe und ein handliches Taschenfernglas mitzuführen. Für alle Fälle. Solche Geräte werden auf den folgenden Seiten ausführlich dargestellt und der Um-

gang mit ihnen erläutert. Für einen längeren Pirschgang gehören auch einige ausgewählte Bestimmungsbücher in die Wandertasche oder in den Rucksack. Je nach Neigung und Interesse, für Pflanzen, Insekten, Amphibien und Reptilien und Vögel. Letztere haben wir hier im Buch fast gänzlich außer Acht gelassen und uns dafür absichtlich den weniger bekannten und kaum beachteten Kleinen zugewandt. Das besagt ja schon der Titel. Unser Thema ist die kleine Welt am Wege.

Aufmerksame Beobachter entdecken immer etwas. Und finden immer etwas. Leere Schneckengehäuse oder Muschelschalen, leere Hüllen von Libellenlarven (Exuvien), einzelne Vogelfedern oder ganze Rupfungen (s. S. 121), abgestorbene Insekten, verlassene Nester, trockene Fruchtstände usw. Solche Zufallsfunde, wenn sie gut erhalten sind, kann man mitnehmen und daheim in aller Ruhe betrachten und studieren. Auch aufbewahren. Vom systematischen Sammeln jedweder Organismen mit dem Anspruch auf irgendwann zu erreichende Vollständigkeit (die es nie geben kann) raten wir ausdrücklich dringend ab. Angesichts des Arten- und Individuenschwundes nun etwa noch eine Schmetterlingssammlung anzulegen, ist nicht mehr zu verantworten. Als wahrer Naturfreund darf man kein lebendes Tier umbringen, nur um es als Sammelobjekt zu besitzen. Die Fotografie stellt genügend hohe Anforderungen an unsere Jagd- und Sammelleidenschaft. Und auch Naturfotografie ist mit größter Vorsicht und nicht auf Kosten der „Modelle" zu betreiben.

Wir machen große Augen

Eine Anleitung zum Umgang mit Lupe und Mikroskop
sowie zur provisorischen Selbstherstellung einfacher Kombi-Geräte

Dr. F. K. Möllring

„Optische Geräte" – mit dieser Bezeichnung verbinden viele Menschen Gedanken wie kompliziert, schwierig zu handhaben und vielleicht auch unerschwinglich. Gott sei Dank sind es zum größten Teil Vorurteile, die wir schnellstens abbauen wollen, denn ohne optische Hilfsmittel könnten wir nur einen Bruchteil der wunderbaren Welt erleben, die uns in diesem Buch vorgestellt wurde.

Beginnen wir vielleicht mit einer einfachen Überlegung: Wenn wir z. B. an einem Insekt Einzelheiten genauer untersuchen wollen, werden wir es möglichst dicht vor das Auge halten – halbierte Betrachtungsentfernung bedeutet nämlich verdoppelte Sehschärfe (oder Auflösungsvermögen). Im durchschnittlichen Leseabstand von 25 cm können wir zwei feine Punkte in 1/7 mm Abstand gerade noch als getrennt erkennen (= auflösen). Aus halbem Abstand betrachtet (12,5 cm) dürfte ihr Abstand um die Hälfte kleiner sein: 1/14 mm usw. „Nahe heran ans Objekt" heißt also die Devise für die Betrachtung kleiner Dinge.

Leider verliert unser Auge mit zunehmendem Alter die Fähigkeit der Naheinstellung (Akkommodation), so daß wir auf optische Hilfsmittel angewiesen sind, z. B. eine Lesebrille oder eine Lupe brauchen. Eine Lupe ist eine Linse, in die wir hineinschauen, als sähen wir in die Ferne (entspanntes Auge), und die uns trotzdem ein scharfes Bild liefert von einem Objekt, das wir in den Abstand der

Brennweite bringen. Nehmen wir aus unserer Spiegelreflexkamera das Normalobjektiv 50 mm heraus (50 mm ist die Brennweite) und benutzen es als Lupe, so verkürzt sich der Betrachtungsabstand auf 50 mm; verglichen mit dem normalen Leseabstand (s. o.) von 250 mm ist das 1/5, und daher sprechen wir von der „Vergrößerung 5x". (Wir sehen damit also Dinge 5x größer als aus 250 mm Abstand – dem normalen Leseabstand, in der Fachsprache genannt konventionelle Sehweite.)

Die Lupenformel lautet:

$$\text{Vergrößerung} = \frac{250 \text{ mm}}{\text{Brennweite in mm}}$$

Das Kameraobjektiv ständig aus- und einzubauen, ist nun allerdings etwas umständlich; daher empfiehlt sich doch die Anschaffung einer Lupe, die ja auch wesentlich handlicher ist, dazu noch in höherer Vergrößerung zur Verfügung steht. Da mit steigender Vergrößerung das übersehene Sehfeld und der Objektabstand immer kleiner werden, sollte man die Vergrößerung nicht höher als nötig wählen; deshalb sei daran erinnert, daß unter Umständen schon die neuen, asphärischen Lupen aus dem Carl-Zeiss-Programm ausreichen mit Vergrößerungen von 1,5 bis 5x (Abb. S. 192). Unter Naturforschern am weitesten verbreitet sind dann die Einschlaglupen, z. B. in Kombinationsausführung 3x, 6x, zusammen 9x (Abb. S. 192).

Die meiste Freude hat man mit einer stärke-

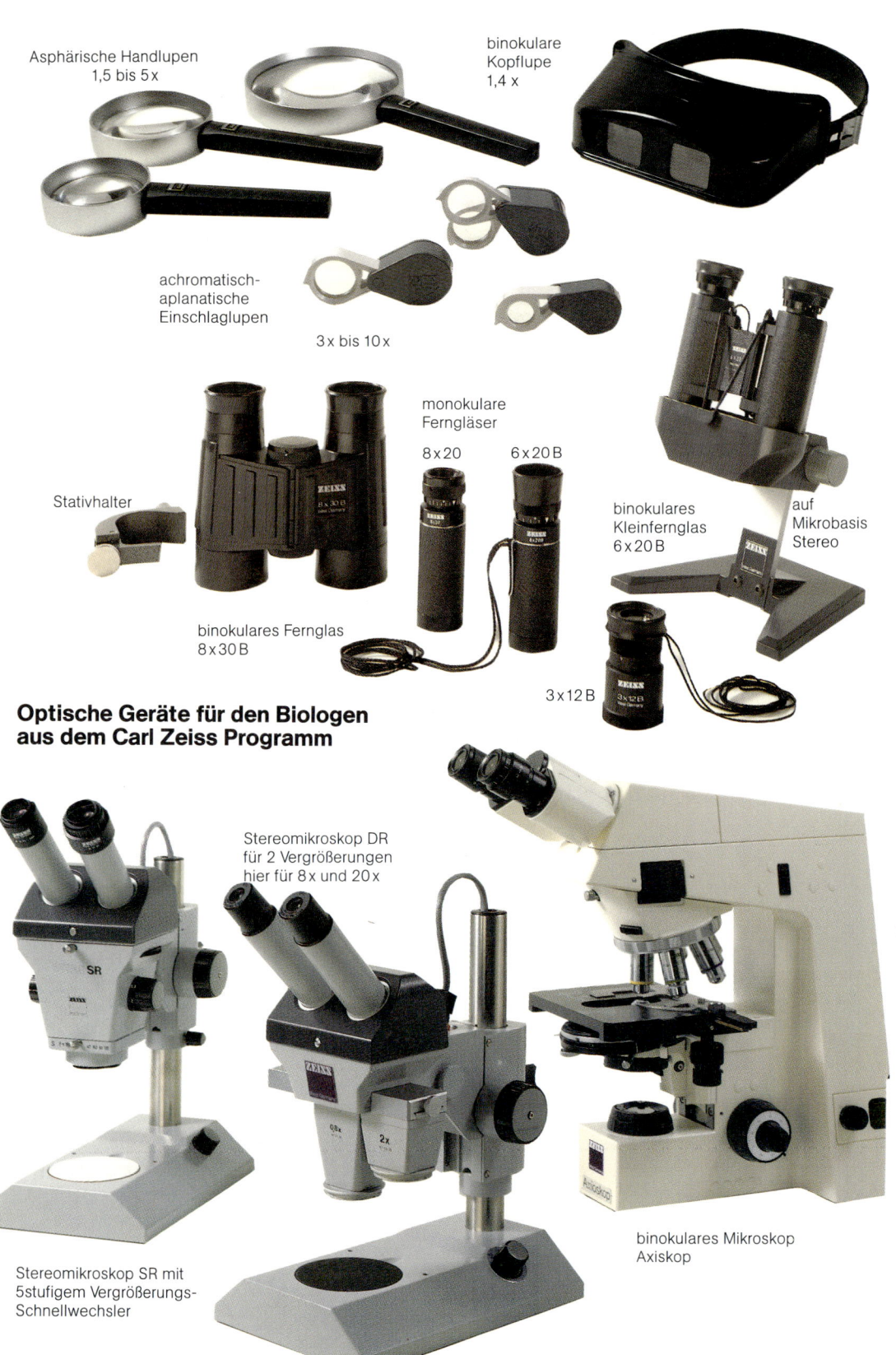

Asphärische Handlupen
1,5 bis 5 x

binokulare
Kopflupe
1,4 x

achromatisch-
aplanatische
Einschlaglupen

3 x bis 10 x

monokulare
Ferngläser

8 x 20   6 x 20 B

Stativhalter

binokulares
Kleinfernglas
6 x 20 B

auf
Mikrobasis
Stereo

binokulares Fernglas
8 x 30 B

3 x 12 B

**Optische Geräte für den Biologen
aus dem Carl Zeiss Programm**

Stereomikroskop DR
für 2 Vergrößerungen
hier für 8 x und 20 x

binokulares Mikroskop
Axiskop

Stereomikroskop SR mit
5stufigem Vergrößerungs-
Schnellwechsler

ren Lupe, wenn man dies beachtet: Ganz dicht vor das Auge (oder die Brille) halten (größtes Sehfeld!), nicht verkanten (sonst unscharfes Bild) und dann Objekt in die Schärfenebene (Abstand der Brennweite) bringen, wofür man schnell Übung bekommt. Günstig ist es, diejenige Hand, die die Lupe hält, auf der anderen, die das Objekt hält, abzustützen. Hier ein Tip, den kaum jemand kennt: Bei räumlichen Gegenständen, wie Insekten, kann der fehlende Tiefeneindruck dadurch geschaffen werden, daß man über der Lupe das Auge quer zur Blickrichtung hin und her bewegt.

So einfach eine Lupe ist – es fasziniert immer wieder, wieviel Erlebnisse sie uns schenkt, nachdem man sich einmal mit der Handhabung richtig vertraut gemacht hat – und sie grundsätzlich ständig bei sich trägt.

Beim Beobachten von Kleintieren ist es manchmal ein Nachteil, daß man sich dem Beobachtungsobjekt bis auf den Abstand der Brennweite nähern muß, d. h. bei einer 5fachen Lupe immerhin auf 250 mm: 5 = 50 mm Abstand. Da wird manches Insekt schon die Flucht ergreifen, bevor es uns in die Schärfenebene (= Brennebene) kommt. Hier werden dann Ferngläser (Feldstecher) interessant, die sich entweder von vornherein auf kurze Entfernung einstellen lassen, oder die man mit einer Vorsatzlinse versieht.

Kaum größer als eine Lupe ist z. B. das monokulare Carl-Zeiss- (Prismen-)Fernrohr

Geräte aus Abb. 1, durch etwas Bastelei funktionserweitert. Rechts: Auf dem Kugelkopf eines Kleinstativs wird die Stereobasis zum Aquarium- und Küvettenmikroskop. – Links: Autoscheiben-Saugstativ, Balgengerät-

Einstellschlitten und Tessar-Objektiv aus ausgedienter 6 x 9-Kamera machen aus dem 8 x 30-Fernglas ein 20faches Präpariermikroskop mit aufrechtem und seitenrichtigem, aber nicht räumlichen Bild (s. Text).

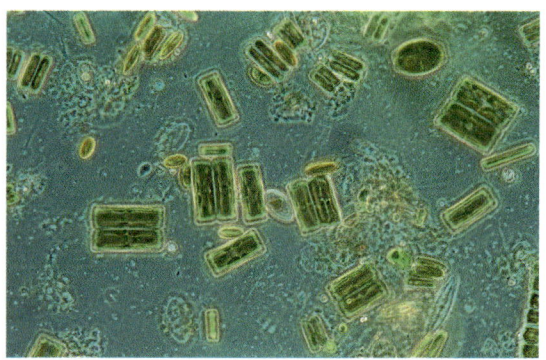

Einzellige Algen – Basis der biologischen Nahrungskette. Die größten im Bild, Kieselalge Diatoma, ca. 1/2000 mm.

Schneckenlaich. Das farbige Aufleuchten im polarisierten Licht zeigt schon die Kalkschalen der Embryonen. Am Rand strudelt ein Einzeller (Trompetentierchen).

Die Mondalge Closterium (ca. ¼ mm lang). Mittleres Exemplar in Teilung (Mikroskop, Dunkelfeld).

Kleiner als manche Einzeller: die vielzelligen Rädertiere. Hier das etwa 1 mm lange, seßhafte Limnias im Gehäuse. Stärkere Vergrößerung läßt alle Details des Strudelapparates erkennen.

Oben von links: Birnengitterrost
(Parasitische Pilze) auf Blattober- und
Unterseite. Sporangien stärker ver-
größert.

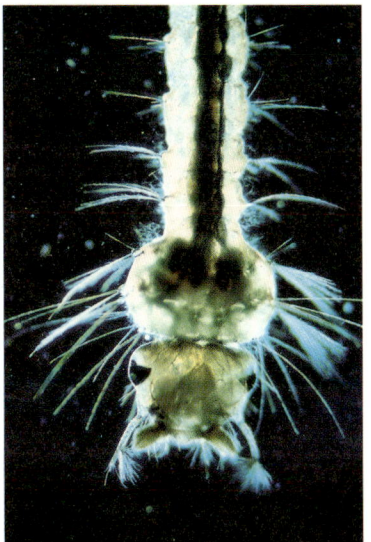

Links: Unsere Gemeine Stechmücke
als Larve – bei Dunkelfeldbeleuchtung kann die gesamte Anatomie in
Funktion beobachtet werden
(Stereomikroskop).

Rechts: Auffällig durch schöne
Tentakelkronen: Moostierchen
(ca. 1 mm, Stereomikroskop, Dunkelfeld).

Unten: Ein Mückenflügel erscheint
im polarisierten Licht besonders
schön (Stereobasis).

3 x 12 B, mit dem man auf 20 cm Nähe einstellen kann und dann etwa 5fache Vergrößerung erreicht (genau 4,77x).

Will man solch eine „Prismenlupe" dadurch schaffen, daß man eine Hälfte eines normalen Feldstechers mit einer (Foto-)Vorsatzlinse versieht, dann darf diese Vorsatzoptik entweder nicht sehr stark sein (Beispiel: ein Brillenglas von 1 m Brennweite = 1 Dioptrie), oder muß sehr gut sein (Beispiel: Eine verkittete Linse – Achromat – oder gar ein mehrlinsiges Photoobjektiv). Ein interessantes Gerät für z. B. Aquarianer oder Insektenbeobachter ist ein monokularer Feldstecher 8 x 20, mit einer achromatischen Vorsatzlinse von 15 cm Brennweite versehen. Er bringt so eine 13fache Vergrößerung, und das bei einem Arbeitsabstand von immerhin 15 cm! Hat man dann noch eine zweite Vorsatzlinse von doppelter Brennweite (= Arbeitsabstand) und damit der Vergrößerung 6x, ist das eine recht universelle Ausrüstung. (Errechnen der Vergrößerung für den ersten Fall:

$$\frac{250 \text{ mm}}{150 \text{ mm}} \times 8 = 13).$$

Zum Gebrauch von Lupen und insbesondere Fernrohrlupen sei erwähnt, daß es bei steigender Vergrößerung immer wichtiger wird, das Gerät zu haltern, um das „Auflösungsvermögen" nicht durch Bildzittern zu ruinieren. Hier muß sich ein jeder entsprechend den vorhandenen Hilfsmitteln etwas Passendes einfallen lassen. Photo- und Lampenstative, Tischstative, Kleinstative, biegsame Arme usw. sollte man sich daraufhin ansehen. Wenn man auf eine Weise präpariert oder untersucht, daß man das Objekt mit den Händen immer in die Schärfenebene der festmontierten Lupe bringen kann, dann ist das natürlich sehr günstig; ist das jedoch nicht der Fall, dann muß man die Lupe zum Scharfstellen in der Blickrichtung bewegen können, eine meistens aufwendige Angelegenheit, denn man wird kaum ohne einen Einstellschlitten von einem Balgengerät (für Nahaufnahmen) oder von einem Reprostativ auskommen.

Bisher besprochene Geräte sind für einäugige Benutzung gedacht (monokular). Will man dagegen echt räumlich sehen – im Lupenbereich übrigens noch eine Größenordnung faszinierender als beim alltäglichen Beobachten! – dann gibt es diese Möglichkeiten:

Schwache Lupen (bis ca. 2 x) kann man mit einem so großen Durchmesser bekommen, daß wir mit beiden Augen gleichzeitig durchschauen können; man übersieht dann zwar nicht mehr das ganze Objektfeld beidäugig, aber immerhin den mittleren Teil und sieht daher räumlich. Die Bildgüte ist merklich besser bei den schon oben genannten asphärischen Lupen.

Da man den ganzen mittleren Teil einer solchen großen Lupe ja nicht braucht, kann man ihn auch weglassen, d. h. die äußeren Lupenteile getrennt vor den Augen anbringen – so entstand die Binokulare Kopflupe (S. 192), die man ohne und auch mit Brille verwenden kann und die sich gut für Präparierarbeiten an nicht zu kleinen Objekten eignet.

Für Vergrößerungen von ca. 12- bis 20fach eignet sich gut die Kombination Kleinfeldstecher plus Stereovorsatz der Firma Carl Zeiss (S. 192). Hier haben wir das Prinzip des Feldstechers plus Vorsatzlinse, aber zusätzlich werden hier die beiden (parallelen) Blickrichtungen zum Objekt in 12,5 cm Abstand durch Prismen zusammengeführt. Der Vergrößerungsfaktor des Vorsatzes ist 2x, so daß z. B. zusammen mit einem 8x-Feldstecher die Vergrößerung 8 x 2 = 16 x erreicht wird. Das Stativ ist flach umlegbar und eignet sich daher gut für Exkursionen. (Bastlertip: Ist die Beleuchtung so stark, daß man sich eine Abblendung zwecks Tiefenschärfegewinn leisten kann – einfach eine Pappschablone mit kleineren Öffnungen zwischen Vorsatz und Feldstecher einfügen).

So praktisch diese Kombination ist – und so preisgünstig, besonders da man den Feldstecher ja meistens ohnehin besitzt –, das „Traumgerät" für jeden Naturfreund und Naturforscher ist zweifellos das echte Stereomikroskop, oftmals auch kurz Binokular genannt, oder zuweilen Stereolupe (S. 192). Es handelt sich dabei um ein Doppelmikroskop – für jedes Auge eines – und ist in vielen Varianten erhältlich. Gegenüber dem Stereovorsatz plus Feldstecher besteht in allen Fällen der Vorteil der größeren Stabilität, ein Punkt, der wichtiger ist, als man zunächst annimmt.

Die ideale Vergrößerung ist 16x, wenn man sich für nur *eine* entscheiden muß. Aufwendigere Stereomikroskope gestatten einen schnellen Wechsel der Vergrößerung, entweder in Stufen (Carl Zeiss Modell SR: 8x, 12x, 20x, 32x und 50x) oder kontinuierlich (Carl Zeiss Modell SV 8: 8x … 64x, „Zoom"-System).

Entdeckungsreisen in der Welt der kleinen Dinge mittels Stereomikroskop vermitteln immer wieder großartige Erlebnisse – die einfachsten Dinge: eine Wespe, eine Blattlaus, ja selbst ein nicht mehr neues Uhrenarmband enthalten große Überraschungen. Gegenüber einem normalen Mikroskop hat man beim Stereomikroskop den Vorteil, daß kaum eine vorbereitende Präparation nötig ist: man nimmt z. B. ein Blatt, so wie es ist, und staunt über die Drüsenhaare, die Oberflächenstruktur, die saugenden Blattläuse usw.

Ein „richtiges" Mikroskop erfordert fast immer die Anfertigung eines Präparats, weil die normale (Hellfeld-)Beleuchtung von unten erfolgt, das Objekt deshalb durchsichtig sein muß. Bei Objekten, die klein und ohnehin mehr oder weniger durchsichtig sind, wie Wasserflöhe und Algen, ist diese Präparatherstellung relativ einfach: man überträgt mit einer Pipette die Kleinlebewesen auf eine Glasplatte von 1 mm Dicke, Objektträger genannt, legt ein Deckglas darauf, das wesentlich kleiner und dünner ist, und kann die Untersuchung beginnen. Die Handhabung eines Mikroskops ist schnell gelernt, kann allerdings nicht in ein paar Worten hier abgehandelt werden; wir empfehlen dafür z. B. die Carl-Zeiss-Druckschrift „Mikroskopieren – von Anfang an" des Verfassers.

Die Präparateherstellung ist ein weit umfangreicheres Thema, das nach unserer Kenntnis am besten in dem Taschenbuch W. Nachtigall „Mein Hobby: Mikroskopieren" (BLV München 1985) behandelt wird, zusammen mit vielen Experimentieranregungen.

Die Wahl eines Mikroskops ist bei dem großen Angebot heute nicht leicht. Die immer wieder gegebene Warnung vor Spielzeug, das den Namen Mikroskop nicht verdient, soll hier unterstrichen werden. Am günstigsten ist es, wenn man bei jemandem, der bereits mikroskopiert, ein Gerät (oder mehrere verschiedene) ausprobieren kann. Hier sind ein paar Punkte, auf die man achten sollte: 1. Das Stativ sollte stabil sein (in das Gelände wird man es normalerweise nicht mitnehmen). 2. Die Objektive sollten „Normgewinde" tragen, um sie später eventuell ergänzen oder durch andere ersetzen zu können. 3. Die Beleuchtungseinrichtung sollte ausbaufähig sein, z. B. eine zugängliche Kondensorblende enthalten. Hierdurch erschließt man sich die Möglichkeit einer u. U. auch improvisierten Dunkelfeldbeleuchtung, die gerade dem Amateurforscher sehr viel nützen kann. 4. Weil längeres Mikroskopieren erst mit einem Binokular-Tubus zum Vergnügen wird, sollte man auch diese Ausbaumöglichkeit ins Auge fassen – wenn man sich nicht von vornherein zu dieser Mehrausgabe entschließt.

Immer wieder trifft man auf die irrige Meinung, daß mit steigender Vergrößerung die Vorteile wachsen. Genau das Gegenteil ist der Fall – das übersehene Objektfeld wird kleiner (d. h. das Zurechtfinden im Präparat wird schwieriger), das Bild wird dunkler, die Detailschärfe und vor allem die Tiefenschärfe werden geringer (d. h. das Finden der Schärfenebene wird ebenfalls schwieriger), die Anforderungen an das Präparat werden höher (begrenzte Dicke, ein Deckglas genauer Stärke von 0,17 mm ist dazu erforderlich) und schließlich der freie Arbeitsabstand (zwischen Objektiv und Präparat) wird kleiner. Außerdem haben schwach vergrößernde Objektive den Vorteil, daß man damit auch undurchsichtige Objekte – von schräg oben beleuchtet – beobachten kann, z. B. Blattoberflächen.

Für die Planung einer optischen Ausrüstung ist es vielleicht günstig, sich die Vorteile und die Einschränkungen der verschiedenen Geräte vor Augen zu halten. – Siehe Übersicht Seite 200, bezogen auf das Programm einer großen optischen Firma (Carl Zeiss Oberkochen). Teure Spezialgeräte sind nicht aufgeführt.

Winzige Destruenten treiben ihr Wesen: Glockentierchen auf der Rippe eines faulenden Blattes.

In der starken Vergrößerung sind im Inneren die Organellen zu erkennen (Stereomikroskop, Dunkelfeld).

Vor- und Nachteile verschiedener optischer Geräte:

Asphärische Handlupen (6, 8, 12, 16 u. 20 dpt, etwa 1,5...5x)

Bild korrigiert betrd. Verzeichnung u. sphärischer Fehler. Relativ großer nutzb. Durchmesser im Vergleich zur Brennweite.

Keine Korrektur von Farbfehlern, d. h. am Bildrand u. U. farbige Säume. – Aufgrund des Durchmessers nur begrenzt beidäugig benutzbar.

Kopflupe 1,4x

Mobilität. – Ohne und mit Brille verwendbar; leicht; preiswert; Blendschutz.

Kopfbewegungen haben Einfluß auf die „Ruhe" des Bildes.

Einschlaglupen 6x; 10x; 3/6/9x

Klein, handlich, farbsaumfreies Bild, da aus mehreren Linsen verkittet. (Achromatisch-aplanatisch).

Arbeitsabstand niemals größer als Brennweite (diese ist $\dfrac{250 \text{ mm}}{\text{Vergrößerung}}$).

Fernglas + Vorsatzlinse (Prismenlupe)

Gegenüber Lupe viel größerer Arbeitsabstand (bei gleicher Vergrößerung etwa um den Faktor der Fernglasvergrößerung größer). – Bild scharf begrenzt durch Okularblende. Qualität des Fernglasokulars bestimmt Bildwinkel (Weitwinkelokular!), Bequemlichkeit der Benutzung (Brillenträgerokular!) usw. – Auch recht hohe Vergrößerungen möglich bei hochwertigem Vorsatzsystem, z. B. Kameraobjektiv. – Preisgünstig.

Da spezielle Vorsatzsysteme nicht mehr im Handel sind, ist meistens etwas Bastelarbeit erforderlich – Beschaffung einer (Foto-)Vorsatzlinse und Befestigung vor dem Fernglas; evtl. Lochblende zur Schärfensteigerung. – In allen Fällen Stativ erforderlich. Möglichst auch Einstellschlitten. – Kein räumliches Bild.

Fernglas + Mikro-Stereovorsatz

Räumliches Bild. Günstiger Arbeitsabstand von 125 mm. Klein, handlich, für Exkursionen geeignet.

Nicht so stabil wie Stereomikroskop. – Mit *einem* Fernglas nur eine feste Vergrößerung.

Stereomikroskop

Räumliches Bild. – Stabile Stative; große Auswahl an Vergrößerungen (6x...120x). Große Okular-Auswahl hinsichtlich Bildwinkel, Pupillenlage (Beobachtungsbequemlichkeit!). Relativ großer Arbeitsabstand (ca. 80 mm); teilweise abblendbar für größere Tiefenschärfe. Fotozusätze erhältlich, auch Zeichenapparate. Integrierte Beleuchtung. – Zum Teil ist abnehmbarer Tubus auch als Fernglas verwendbar (Modelle SR und SV 8).

Beschränkte Verwendung im Gelände. – Billige Geräte können Kopfschmerzen aufgrund schlechter Justierung verursachen.

Mikroskop

Große Auswahl: von sehr einfachen, kleinen Geräten, die sich auch für Exkursionen eignen, bis zu großen Forschungsmikroskopen. Relativ einfacher optischer Aufbau. Großer Vergrößerungsbereich (8x...1300x). Viele Möglichkeiten zur Bildverbesserung durch spezielle Beleuchtungs- und Kontrastierungsmethoden. – Fotomöglichkeiten, TV-Anschlüsse usw.

Normalerweise kein räumliches Bild. – Monokulare (einäugige) Benutzung erfordert Gewöhnung; bequem ist nur binokularer Tubus, der dann relativ teuer ist.

Wichtige Kontaktadressen für Fragen des Natur- und Umweltschutzes:

Baden-Württemberg / Ministerium für Umwelt, Kernerplatz 9, 7000 Stuttgart 1

Bayern / Bayerisches Staatsministerium für Landesentwicklung und Umweltfragen, Rosenkavalierplatz 2, 8000 München 81

Berlin / Senator für Stadtentwicklung und Umweltschutz, Lindenstraße 20–25, 1000 Berlin 61

Bremen / Senator für Umweltschutz, Große Weidestraße 4–16, 2800 Bremen

Hamburg / Umweltbehörde, Steindamm 22, 2000 Hamburg 76

Hessen / Ministerium für Landwirtschaft und Forsten, Postfach, (Ministerium für Umwelt, Dostojewskistraße 8, 6200 Wiesbaden)

Niedersachsen / Niedersächsischer Minister für Ernährung, Landwirtschaft und Forsten, Calenberger Straße 2, 3000 Hannover

Nordrhein-Westfalen / Minister für Umwelt, Raumordnung und Landwirtschaft, Roßstraße 135, 4000 Düsseldorf

Rheinland-Pfalz / Ministerium für Umwelt und Gesundheit, Bauhofstraße 4, 6500 Mainz

Saarland / Ministerium für Umwelt, Hardenbergstr. 8, 6600 Saarbrücken

Schleswig-Holstein / Minister für Ernährung, Landwirtschaft und Forsten, Düsternbrooker Weg 104, 2300 Kiel

In allen Bundesländern gibt es noch Landesämter, Anstalten und Institute zu speziellen Fragen der Ökologie und des Naturschutzes. Anfragen werden von den obengenannten Stellen weitergeleitet oder man erhält eine Auskunft mit der entsprechenden Adresse.
Auskunft darüber, ob eine Maßnahme einer Genehmigung bedarf, geben die Unteren Naturschutzbehörden der Landratsämter und der Stadtkreise.

Zur Vermittlung von Grundlagenwissen zu aktuellen Fragen des Naturschutzes, der Landschaftspflege und der Umweltvorsorge wurden in verschiedenen Bundesländern Akademien (zum Teil mit unterschiedlichen Aufgabenstellungen) eingerichtet. Interessenten können die jeweils aktuellen Programme dort direkt anfordern.

Akademie für Natur- und Umweltschutz Baden-Württemberg, Kernerplatz 9, 7000 Stuttgart 1

Akademie für Naturschutz und Landschaftspflege Postfach 12 61, 8229 Laufen/Salzach

Norddeutsche Naturschutzakademie Hof Möhr, 3043 Schneverdingen

Naturschutzzentrum Nordrhein-Westfalen Leibnitzstraße 10, 4350 Recklinghausen

Naturschutzzentrum Hessen e. V. Friedensstraße 38, 6360 Wetzlar

Schweiz
Schweizerisches Zentrum für Umwelterziehung des WWF, Zofingen

Österreich
Arbeitsgemeinschaft Umwelterziehung, Lehrerservice, Brockmanngasse 53, 8010 Graz

Natur- und Umweltschutzverbände
Deutsche Umwelthilfe e.V., Güttinger Straße 19, 7760 Radolfzell

Bund für Umwelt und Naturschutz Deutschland (BUND) e.V. (auch BUND-Jugend), Im Rheingarten 7, 5300 Bonn 3

Deutscher Bund für Vogelschutz (DBV), Bundesgeschäftsstelle, Am Hofgarten 4, 5300 Bonn

Naturschutzjugend im Deutschen Bund für Vogelschutz, Königsträße 74, 7000 Stuttgart-Degerloch

Naturschutzjugend im LBV, Kirchenstraße 8, 8543 Hilpoltstein

Deutscher Naturschutzring, Postfach 32 02 10, 5300 Bonn

Stiftung Europäisches Naturerbe, Güttinger Straße 19, 7760 Radolfzell

Umweltstiftung WWF (World Wide Fund for Nature) Deutschland, Josefstraße 1, 7550 Rastatt

Schweiz
WWF Zürich, Postfach, 8027 Zürich

Schweizer Bund für Naturschutz, Postfach 73 (Wartenbergstraße 22), 4020 Basel

Österreich
Österreichischer Naturschutzbund, Arenbergstraße 10, 5020 Salzburg

Österreichische Naturschutzjugend, Schillinghofstraße 45, 5023 Salzburg

Luxemburg
„Natura", 6 Boulevard Roosevelt, 2450 Luxemburg

Mouvement Ecologique, 6, rue Vaubau, 2663 Luxemburg

Berthold Faust und Claus-Peter Hutter haben mit „Wunderland am Wegesrand" einen Natur-Wegweiser für die ganze Familie geschrieben und gestaltet.

Beide Autoren waren bereits bei den Naturschutz-Erfolgsbüchern „Rettet die Frösche" und „Naturschutz in der Gemeinde" im Team zusammen.

Claus-Peter Hutter (Jahrgang 1955), Dipl.-Verwaltungswirt (FH), wohnt in Benningen am Neckar und leitet die „Akademie für Natur und Umweltschutz" beim Ministerium für Umwelt Baden-Württemberg. Der Autor zahlreicher Veröffentlichungen zum Natur- und Umweltschutz hat verschiedene Naturschutz-Modellprojekte initiiert und an mehreren ökologischen Untersuchungsprogrammen mitgewirkt.

Er ist außerdem Präsident der „Stiftung Europäisches Naturerbe" und setzt sich dabei für die Förderung des europäischen Umweltverständnisses ein. (1987: Initiative zur ersten Europ. Städte-Umwelt-Partnerschaft). Im Rahmen zahlreicher Maßnahmen und Initiativen bemüht er sich u.a., breiten Bevölkerungsschichten und insbesondere Jugendlichen Zusammenhänge, Gefahren und Schutzmöglichkeiten unserer natürlichen Lebensgrundlagen aufzuzeigen. Viele heute anerkannten Naturschutz-Standards gehen auf seine Initiative zurück.

Berthold Faust (Jahrgang 1935) war nach Schulabschluß zunächst als Volontär in einem grafischen Atelier in Frankfurt tätig. Nach einer Schriftsetzerlehre bildete er sich in Schriftkunst, Typografie und Buchgestaltung weiter. Gleichzeitig wendete er sich dem figürlichen Zeichnen nach der Natur und der Portraitmalerei zu. Privatschüler bei Ludwig Meidner. Ab 1960 arbeitete er als Werbegrafiker und Layouter, später als Art Director und Creative Director in Werbeagenturen. Seit 1974 ist Berthold Faust als freischaffender Grafik-Designer, Illustrator und Autor tätig.

Jahrzehntelange intensive Freilandbeobachtungen – insbesondere bei der heimischen Vogelwelt, Amphibien, Insekten und Pflanzen – werden in seinen Bildern, Illustrationen und Texten lebendig. Bekannt wurde er nicht nur durch größere Einzelausstellungen, sondern auch durch erfolgreiche Bücher wie „Rettet die Vögel" und Sammelbildserien einer bekannten Fernsehzeitschrift sowie Jugendbücher, die er illustriert und getextet hat.

Allen, die zum Gelingen dieses Buches beigetragen haben, sagen wir an dieser Stelle herzlichen Dank. Ganz besonders danken wir der Firma Carl Zeiss, Oberkochen, für die Förderung des Buches. Für vielerlei Unterstützung und Beratung gilt unser Dank Dr. Paul Westrich (Tübingen), Prof. Dr. Gerhard Thielcke (Radolfzell) und Jürgen Resch (Deutsche Umwelthilfe e.V.).

Besonderen Dank für hilfreiche Mitarbeit sagen wir auch: Katharina Georgi, Gerd Rumler, Ulla Schaub, Helmut Göthel, Daniel Neubacher, Kurt Möbus sowie den Zeichnern Heike W. Bader, Barbara M. Liebiger, Robert A. Bader und den zahlreichen Naturfotografen für vielfaches Entgegenkommen und ihre Geduld.

Für das große, weit über die Verlagsbetreuung hinausgehende Engagement danken wir ganz herzlich den Geschäftsführern des K. Thienemann Verlags, Gunter Ehni und Hansjörg Weitbrecht.

DAS NATUR-ERLEBNIS-BUCH FÜR DIE GANZE FAMILIE

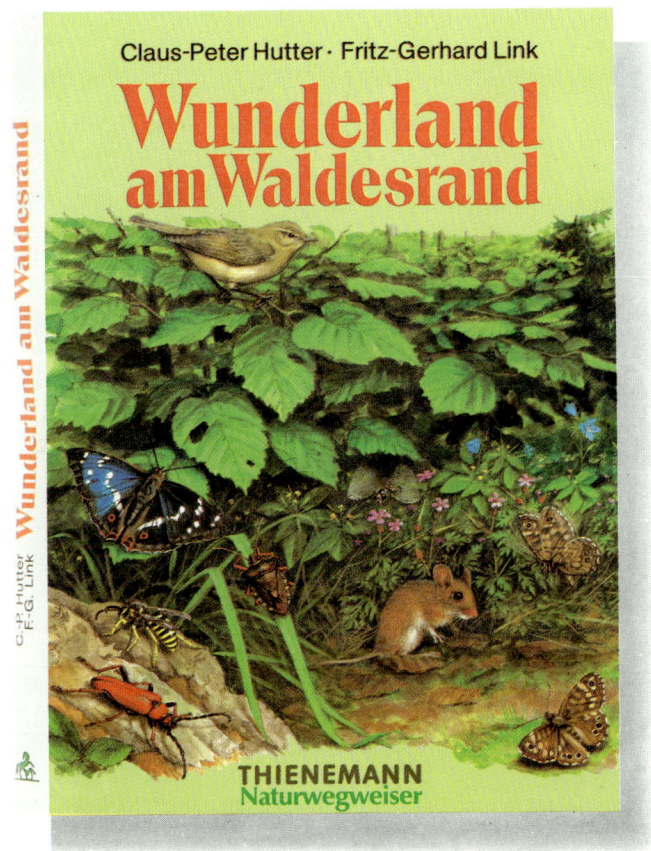

Claus-Peter Hutter/Fritz-Gerhard Link
Wunderland am Waldesrand
208 Seiten, zahlreiche farbige Abbildungen
und Originalzeichnungen
ISBN 3 522 3025 08

Dieses Familienbuch lädt nicht nur ein zum Entdecken einer bunten Umweltvielfalt, sondern möchte auch Verständnis wecken für den Waldsaum als Lebensraum. Vorwiegend farbige Photos sowie naturgetreu gezeichnete Erkennungstafeln helfen, die Pflanzen und Tiere des Waldes genau zu bestimmen. Darüber hinaus vermittelt der Naturwegweiser eine Fülle von Kenntnissen darüber, wie sich die Schätze des Waldrandes nutzen lassen.
Ein Familienbuch für Jung und Alt, für Wanderer und Naturbegeisterte.

THIENEMANN

Literatur

Aichele, D. u. H.-W. Schwegler (1978):
Unsere Moos- und Farnpflanzen
Kosmos-Verlag
Eine allgemeinverständliche Einführung in Bau und Lebensweise der Farnpflanzen und Beschreibungen von Moosen und Farnen.

Aichele, D. u. H.-W. Schwegler (1981): Unsere Gräser
Kosmos-Verlag
Beschreibung, Abbildung und Bestimmungsschlüssel für Süßgräser, Sauergräser und Binsen.

Aichele, D. u. a. (1978): Welcher Baum ist das?
Kosmos-Verlag
Kurzbeschreibung von über 500 Bäumen, Sträuchern, Ziergehölzen.

Blab, J. P. Ruckstuhl, T. Esche, R. Holzberger (1987):
Aktion Schmetterling – so können wir sie retten
Verlag Maier, Ravensburg
Das Buch zeigt die zerbrechliche Schönheit der Schmetterlinge, beschreibt die Biologie und schildert Details aus dem Leben dieser Insekten. Das Buch ist zugleich ein strategisches Konzept zur Rettung der Schmetterlinge und spricht sowohl Änderungen im Bereich der Umweltpolitik wie auch konkrete Hilfsmaßnahmen in der Natur an.

Brun, R. (Hrsg.) u. a. (1981): Ökologischer Garten
Fischer. Alternativ.
Bedeutung von Grünanlagen, Lebensräume im Garten: Der Boden als Lebensraum; Bäume, Sträucher und modernes Holz im Garten; Was ist Unkraut?; Tiere und Pflanzen in Hausnähe; nützliche Tips zum Nutzgarten und zum Pflanzenschutz.

Chinery, M. (1979): Insekten Mitteleuropas.
Verlag Paul Parey
Feldführer mit Bestimmungsschlüssel und 1580 farbigen Abbildungen mitteleuropäischer Insekten. Hinweise und Erläuterungen zur Biologie und Ökologie der verschiedenen Insektengruppen.

Dietle, H. (1974): Das Mikroskop in der Schule.
Kosmos-Verlag

Dittrich, W. (1984): Bäuerliche Gärten.
Verlag Eugen Ulmer
Beispiele von der Vielfalt bäuerlicher Gärten. Darstellung der historischen und landeskundlichen Entwicklung. Tiere und Pflanzen im Bauerngarten.

Drachenfels, O. v., H. Mey und P. Miotk (1984):
Naturschutzatlas Niedersachsen.
Niedersächsisches Landesverwaltungsamt, Hannover.
Gut illustrierte und anschaulich belegte Erfassung der für den Naturschutz wichtigen und wertvollen Bereiche in Niedersachsen.

Ellenberg, H. (1978):
Vegetation Mitteleuropas mit den Alpen.
Verlag Eugen Ulmer
Umfassendes Handbuch der mitteleuropäischen Pflanzenwelt, ihrer Ökologie und Pflanzengesellschaften mit Tabellen und Erläuterungen.

Flindt, R. (1985): Biologie in Zahlen.
G. Fischer Verlag
Eine Datensammlung in Tabellen mit über 9000 Einzelwerten. Tabellen, Daten und Vergleichswerte für Biologen und Nichtfachleute gleichermaßen.

Gerken, B. (1983): Moore und Sümpfe.
Verlag Rombach
Lebendig gestaltete Darstellung der bedrohten Reste einstiger Urlandschaft und ihre Bedeutung für den Naturhaushalt heute.

Gerlach, D. (1985): Das Lichtmikroskop. Eine Einführung in Funktion und Anwendung in Biologie und Medizin.
Thieme-Verlag

Grzimek, B. (Hrsg.), (1970, 1979):
Grzimeks Tierleben
Kindler-Verlag und Deutscher Taschenbuchverlag
Allgemeinverständliches Standardwerk zur Zoologie in 13 Bänden.

Harde/Severa: Der Kosmos-Käferführer
Kosmos-Verlag
Die mitteleuropäischen Käfer mit mehr als 1000 Farbbildern.

Hölzinger, J. (1987): Die Vögel Baden-Württembergs.
Bd. 1, Gefährdung und Schutz
Verlag Eugen Ulmer
Von der Landesanstalt für Umweltschutz Baden-Württemberg – Institut für Ökologie und Naturschutz herausgegebener 1. Bd. (in 3 Teilen) der Avifauna Baden-Württemberg
Ein komplexes und vollständiges Artenschutzprogramm für Vögel mit der Beschreibung der Gefährdungsursachen und Dokumentation verschiedener Elemente der Kulturlandschaft. Darstellung der Gefährdungsfaktoren sowie Funktion und Bedrohung einzelner Lebensräume als Grundlagen des Biotopschutzprogramms.

Hutter, C.-P., G. Thielcke, C.-P. Herrn u. B. Faust (1985, 1988):
Naturschutz in der Gemeinde
Edition Erdmann in K. Thienemanns Verlag
Ein praktischer Ratgeber für alle, die sich gegen fortschreitende Naturzerstörungen in unseren Gemeinden einsetzen wollen. Umfassende Information über Gefährdung der Lebensräume und Möglichkeiten zu deren Schutz; mit einem Stichwortkatalog (Ökolexikon) über 500 der häufigsten Begriffe des Naturschutzes.

Imboden, Ch. (1976): Leben am Wasser.
Schweizerischer Bund für
Naturschutz.
Entstehung und frühere Ausdehnung von Feuchtgebieten: Quellen, Fließgewässer, Stillgewässer, Moore, period. Gew., ökol. Funktionen und Veränderungen durch Menschen.

Jaekel, E. (1983): Gärten nach der Natur mit einheimischen Pflanzen und Materialien.
Verlag Eugen Ulmer
Der Wildgarten – Teil unserer Landschaft. Zur Umgestaltung herkömmlicher Gärten. Teich und Bach. Baulichkeiten im Wildgarten. Wildrasen. Bäume, Sträucher, Hecken. Wildstauden. Sumpf- und Wasserpflanzen. Heidegarten. Tiere im Wildgarten.

Lohmann, M. (1983): Öko-Gärten als Lebensraum.
Grundlagen und praktische Anleitungen für einen Naturgarten.
BLV-Verlagsgesellschaft
Grundlagen zum Verständnis des Themas.
Gesetzmäßigkeit und Ordnung in der Natur. Einblick in die vielfältige Pflanzen- und Tierwelt eines Gartens. Anleitung in Wort und Bild für die Anlage eines Öko-Gartens. Obst- und Gemüsegärten, Hecken und Gehölze. Steingärten. Naturnahe Teiche. Entstehung einer Blumenwiese. Beobachtungen der Tier- und Pflanzenwelt.

Möllring, F. K. (1980): Mikroskopieren – von Anfang an.
Firmendruckschrift Carl Zeiss, Oberkochen

Nachtigall, W. (1985): Mein Hobby: Mikroskopieren.
Technik und Objekte.
BLV-Verlagsgesellschaft

Oberdorfer, E. (1979):
Pflanzensoziologische Exkursionsflora.
Verlag Eugen Ulmer
Umfassendes Nachschlagewerk zur deutschen Pflanzenwelt mit Standortangaben, Ökologie und Soziologie. Ein Bestimmungsbuch für Fortgeschrittene.

Reichelt, G. & W. Schoerbel (1977): Ökologie.
Cornelsen-Velhagen & Klasing
Umwelt von Pflanzen und Tieren. Zusammenspiel der Umweltfaktoren. Ökologisches Gleichgewicht, dessen Störungen (z. B. Schädlingsbekämpfung) und Produktionsbiologie.

Reichholf-Riehm, H. (1984):
Steinbachs Naturführer-Insekten
Mosaik-Verlag
Kurzbeschreibungen und Abbildungen von über 500 Insekten und Spinnentieren.

Seidel, D. u. W. Eisenreich (1978):
Heimische Pflanzen (2 Bd.)
BLV-Verlagsgesellschaft
Farbfotos mit Kurzbeschreibungen der 100 häufigsten wildwachsenden Blütenpflanzen (Bd. 1) und weiterer seltener Pflanzen (Bd. 2).

Stern, H., H. Bibelriether, P. Burschel, R. Plockmann, W. Schröder, H. Schultz (1979): Rettet den Wald.
Kindler Verlag
Ein sachlich fundiertes sowie reich bebildertes Lese- und Lehrbuch über den deutschen Wald, von den Anfängen bis zur Gegenwart.

Svrček, M. u. a. (1979): Der Kosmos-Pilzführer.
Kosmos-Verlag
Kurzbeschreibung und Abbildung von 450 Pilzen Mitteleuropas.

Thielcke, G., C.-P. Herrn, C.-P. Hutter u. R. Schreiber (1983, 1984, 1985): Rettet die Frösche.
Amphibien in Deutschland, Österreich und der Schweiz.
Pro Natur Verlag
Information über Biologie, Ökologie, Biotope, Gefährdungsursachen und praktische Schutzmaßnahmen. Mit Bestimmungsteil aller mitteleuropäischen Amphibien in Lebensgröße.

Westrich, P. (1988):
Die Wildbienen Baden-Württembergs
Verlag Eugen Ulmer
Eine umfassende und allgemeinverständliche Darstellung der Wildbienen Baden-Württembergs mit Hinweisen zu Lebensraumansprüchen, Biologie, Gefährdung und erforderlichen Schutzmaßnahmen. Zahlreiche Fotos und Zeichnungen zu den verschiedenen Arten. Ein Beitrag zum Artenschutzprogramm im Auftrag des Landes Baden-Württemberg.

Wieland, D. (1979):
Bauen und Bewahren auf dem Lande.
Deutsches Nationalkomitee für Denkmalschutz.
Dorf- und landschaftsgerechte Bauweise von Häusern, Zäunen usw.; Erhaltung der Ortsbilder, Dorfbäume, Gärten und Landschaftsstrukturen. Anschauliche und praktische Tips. Planungs- und baurechtliche Hinweise zu einer erhaltungsfreundlichen Ortsentwicklung.

Wieland, D., P. M. Bode, R. Disko (1983): Grün kaputt.
Landschaft und Gärten der Deutschen.
Raben Verlag
Eine eindrucksvolle Dokumentation über unsere Kulturlandschaft, wie sie war, wie sie – stellenweise – noch ist, wie sie leider größtenteils gemacht wurde und wie sie sein könnte. Großartig in Wort und Bild.

Zwölfer, H., G. Bauer, G. Hensinger, D. Stechmann (1984):
Berichte der Akademie für Naturschutz und Landschaftspflege Laufen/Salzach.
Die tierökologische Bedeutung und Bewertung von Hecken. Bericht über ein umfangreiches Forschungsprogramm zur Bedeutung der Hecken in der Landschaft.

Sachregister

Bildnachweis

Arndt, Ingo 143, 150, 160, 169

Bäuerle, Gerhard 161, 163, 164

dpa 186, 201

Epple 156, 164, 165, 170, 171

Faust, Berthold 1, 2, 3, 4, 10, 11, 28, 32, 33, 45, 46, 47, 48, 56, 60, 61, 75, 84, 85, 86, 88, 95, 96, 97, 108, 112, 113, 118, 120, 121, 127, 129, 130, 134, 135, 137, 138, 139, 140, 141, 147, 148, 149, 151, 156, 157, 164, 173, 176, 179, 181, 185, 188, 189

Göthel, Helmut 11, 32, 34, 94, 97, 107, 119, 120, 121, 122, 126, 134, 139, 141, 144, 154, 160, 161, 162, 167, 169, 171, 176, 177

Hutter, Claus-Peter 25, 33, 42, 43, 44, 45, 46, 47, 48, 49, 57, 60, 61, 74, 86, 87, 88, 89, 91, 95, 109, 112, 128, 130, 134, 156, 165, 166

Kalden, Gerhard 182, 183, 184, 185
Klugkist, Henrich 60, 120
Kratz, W. 50, 80, 150

Landvogt, Hermann 10/11, 75, 92/93, 94, 95, 120, 121, 138, 140, 142, 143, 160, 164, 172, 179
Link 31, 32, 130

Mastmann 10, 97, 142
Möbus, Kurt 8/9, 11, 29, 44, 60, 87, 94, 95, 97, 120, 129, 141, 144, 160, 161, 170, 175, 176, 177
Möllring, F. K. 6, 7, 11, 192, 193, 194, 195, 198, 199

Neubacher, Daniel 97, 120, 151, 160, 165, 170, 176, 177

Reinhardt, Eduard 180
Rogée, E. 135, 167

Schmidt, Eckhard 106
Schmidt, Heide 203

Thurn, v. 164, 178

Ulrich, R. 29

Vogt, Horst 119, 142, 160

Westrich, Dr. Paul 54
Wüstenberg, K. 90, 136, 143, 168